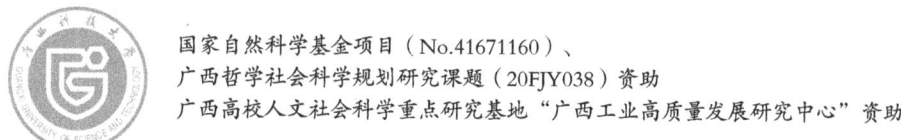

国家自然科学基金项目（No.41671160）、
广西哲学社会科学规划研究课题（20FJY038）资助
广西高校人文社会科学重点研究基地"广西工业高质量发展研究中心"资助

公共交通网络结构与居民出行效率：
基于广州的实践与研究

The Public Transportation Network Structure and
the Residents' Travel Efficiency：
Based on Practice and Research of Guangzhou

梁斐雯◎著

图书在版编目（CIP）数据

公共交通网络结构与居民出行效率：基于广州的实践与研究/梁斐雯著. —北京：经济管理出版社，2021.6

ISBN 978-7-5096-8092-6

Ⅰ.①公… Ⅱ.①梁… Ⅲ.①城市交通—交通运输管理—研究—广州 Ⅳ.①U491

中国版本图书馆CIP数据核字（2021）第127224号

组稿编辑：曹　靖
责任编辑：曹　靖　郭　飞
责任印制：张馨予
责任校对：陈　颖

出版发行：经济管理出版社
　　　　　（北京市海淀区北蜂窝8号中雅大厦A座11层　100038）
网　　址：www.E-mp.com.cn
电　　话：（010）51915602
印　　刷：北京虎彩文化传播有限公司
经　　销：新华书店
开　　本：720mm×1000mm/16
印　　张：12.5
字　　数：217千字
版　　次：2021年8月第1版　2021年8月第1次印刷
书　　号：ISBN 978-7-5096-8092-6
定　　价：88.00元

·版权所有　翻印必究·

凡购本社图书，如有印装错误，由本社读者服务部负责调换。

联系地址：北京阜外月坛北小街2号
电话：（010）68022974　邮编：100836

前　言

　　随着城市社会经济快速发展，城市空间发展不断向外扩张，居民出行范围随着城市空间变化不断拓展。人口大量集聚于城市之中，居民出行量迅速增长与扩大，公共交通已成为居民日常出行的重要手段，随着公共交通出行分担率不断增加，公共交通出行受到的重视程度日益提升。实际上，在公共交通出行量加速增长的过程中，公共交通出行时耗长、准时性差、效率低下等问题凸显，居民被迫转向小汽车出行，导致全国城市"堵城"频现，各大城市交通拥堵现象日益加剧与蔓延，为此公共交通合理发展是解决问题关键。为此，各大城市不断加快公共交通建设，通过构建大容量、快速的公共交通网络体系，提高公共交通分担率，满足居民对公共交通快速、高效到达目的地的要求，争取实现居民出行效率的大幅提升。而在公共交通系统中，公共交通网络是城市居民交通出行的有力保障，其空间布局将直接影响到城市公共交通效率。城市公共交通网络合理布局能够有效提高居民出行的可达性，降低出行迂回，从而促进居民出行空间发展。由于居民出行空间分布与城市公共交通网络布局紧密相关，基于公共交通网络结构研究居民出行效率已经成为急需解决的重要问题。

　　为此，本书旨在对公共交通网络与居民出行效率进行深入研究，厘清基于公共交通网络结构的居民出行效率影响因素及各因素对居民出行效率的影响程度。研究主要从以下四大方面入手：

　　首先，从公共交通网络的构成及广州公共交通网络的空间分布特征入手，引入复杂网络理论，探讨广州公共交通网络拓扑结构及层级特性，对网络 Hub 关键节点进行辨识，探寻网络非 Hub 关键节点多层级结构，并分析线网的层级模块特征，研究了公共交通网络外部与内部多重因素对网络结构形成的影响。

　　其次，运用百度 API 实时数据了解广州公共交通出行效率分布特征。尝试利用公共交通出行空间可达性、出行时间可达性及出行迂回等指标，基于 DEA 模型综合度量广州公共交通居民出行效率，获取居民出行效率分布特征，系统挖掘居民出行效率的空间特性与衰减特性，并基于地理加权回归模型探讨公共交通网络结构与居民出行效率的相关关系。可以发现公共交通居民出行效率呈现圈层分布，存在逐层衰减的特性，且在衰减方向上存在较大差异。

再次，在公共交通网络结构影响下挖掘居民出行效率的差异性。了解不同公共交通线网层级中居民出行效率的空间差异性。探讨在居民公共交通出行移动过程中，不同公共交通出行模式的影响下的居民出行效率差异性。将居民公共交通出行划分为公共交通出行阶段与非使用公共交通出行阶段，明确公共交通居民出行效率中所包含的网络效率和衔接效率，证实了公共交通居民出行效率与网络效率空间上的差异性。可以发现，居民公共交通出行效率与网络效率的空间可达性分布存在一致性，但时间可达性却存在差异性，不同社区从起讫点到公共交通网络的空间与时间可达性差异均较大。

最后，分析基于公共交通网络结构的居民出行效率影响因素。基于结构方程模型，分析以城市布局、人口集聚、经济发展及公共交通网络结构等多重因素作为潜在变量对居民公交出行效率的影响。可以发现，公共交通网络结构从拓扑结构、层级结构及模式结构三个方面对居民出行效率均产生较大影响。在公共交通网络拓扑结构观测变量中节点度值对居民出行效率影响较大，站点途经线路的数量是提高居民出行效率的关键。从网络层级结构对居民出行效率的直接影响值来看，网络层级结构对居民出行效率呈现正向影响，说明当网络层级结构的等级越高，居民出行效率则越高。对于网络模式结构而言，其对居民出行效率呈现正向影响，在网络模式结构中，当网络模式组合越单一，其居民出行效率则越高。

目　录

第1章　绪论 ··· 1
　1.1　研究背景 ··· 1
　1.2　研究意义 ··· 4
　1.3　研究问题 ··· 5

第2章　理论研究综述 ·· 6
　2.1　概念界定 ··· 6
　2.2　研究综述 ·· 14
　2.3　相关研究进展评述 ·· 22

第3章　研究设计 ··· 24
　3.1　研究目标 ·· 24
　3.2　研究框架及技术路线 ··· 25
　3.3　研究范围 ·· 26
　3.4　研究方法 ·· 27
　3.5　资料与数据获取 ··· 28

第4章　广州公共交通网络结构特征及其影响因素 ····················· 37
　4.1　公共交通网络构成与空间特征 ······································· 38
　4.2　公共交通网络拓扑结构与层级特性 ································· 45
　4.3　公共交通网络结构形成影响因素 ···································· 65
　4.4　本章小结 ·· 70

第5章　广州公共交通居民出行效率空间特征与关系 ·················· 71
　5.1　公共交通居民交通出行效率的测度方法 ·························· 72

5.2 广州居民出行效率三大测算指标空间特征 …………………… 75
5.3 广州公共交通居民出行效率空间特征 ………………………… 93
5.4 公共交通网络结构与居民出行效率空间关系 ………………… 102
5.5 本章小结 …………………………………………………… 107

第6章 基于公共交通网络结构的广州居民出行效率差异性 ………… 109
6.1 基于不同公共交通线网层级的居民出行效率空间差异性 …… 112
6.2 不同居民出行模式组合的公共交通网络效率差异性 ………… 122
6.3 公共交通居民出行效率与网络效率的空间差异性 …………… 143
6.4 本章小结 …………………………………………………… 148

第7章 基于公共交通网络结构的居民出行效率影响因素 …………… 149
7.1 公共交通居民出行效率因素分析 ……………………………… 149
7.2 公共交通居民出行效率结构方程模型 ………………………… 153
7.3 基于公共交通网络结构的居民出行效率影响 ………………… 157
7.4 本章小结 …………………………………………………… 164

第8章 广州多模式公共交通网络效率优化对策 ……………………… 166
8.1 合理布局多级站点，实现高效公交出行 ……………………… 166
8.2 构筑完善公共交通网络形态，提高公交集散效率 …………… 167
8.3 核心区与过渡区重点关注轨道交通与常规公交应协调互补发展 … 167
8.4 边缘区对应公共交通缺失问题，应重视提高常规公交线网覆盖 … 167
8.5 城区间公共交通方式积极优化组合 …………………………… 168
8.6 核心区与边缘区跨区公交出行应提高公交多样化发展力度 … 168

第9章 研究结论与研究展望 …………………………………………… 169
9.1 研究结论 …………………………………………………… 169
9.2 主要贡献与创新 …………………………………………… 174
9.3 研究展望 …………………………………………………… 175

参考文献 ………………………………………………………………… 176

第1章 绪　　论

1.1　研究背景

1.1.1　全国城市"堵城"频现，交通出行低效现象日益加剧

随着城市社会经济快速发展，全国各大城市交通拥堵现象日益加剧。通过对全国45个主要城市开展调查，可以发现"堵城"在各大城市之中频频出现，在高德地图发布的《2017年度中国主要城市交通分析报告》（以下简称《报告》）中，其对全国各大城市的高峰拥堵延时指数进行测算，该拥堵延时指数为出行旅行时间与畅通旅行时间之比，指数越高表示出行延时占出行时间的比例越大也就越拥堵，《报告》指出一线、二线及省会城市是交通拥堵的重灾区，从城市拥堵程度来看，经济发达和人口密集的地区拥堵越严重，尤其是京津冀、长三角与珠三角的经济区城市拥堵最突出。2017年十大"堵城"依次为：济南、北京、哈尔滨、重庆、呼和浩特、广州、合肥、上海、大连、长春，十大"堵城"均属于我国城市等级分类之中特大城市与大城市，如图1-1所示。

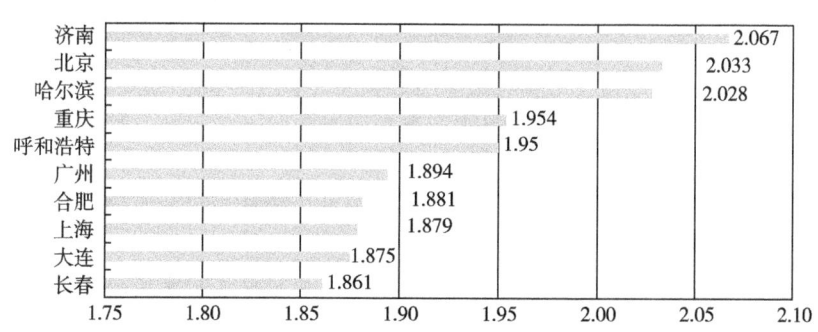

图1-1　2017年中国十大拥堵城市高峰拥堵延时指数

资料来源：高德地图《2017年度中国主要城市交通分析报告》。

1.1.2 快速城市化带来城市扩张与人口集聚加速,居民公共交通出行量日益增长

目前,我国的城市化进程正处于快速发展期,居民出行范围随着城市扩张不断变广,人口大量集聚于城市之中,居民出行量迅速增长与扩大。以广州为例,2005~2015年的城市建成区面积、人口数量及居民出行量均快速增长,其中,广州经历了2014年的行政区划的调整,撤销黄埔区与萝岗区,设立新的广州市黄埔区,撤销增城市与从化市,设立增城区与从化区,广州市由辖10个区和代管2个县级市,变化为下辖11个市辖区,由此广州市2015年城市建成区面积达到1237.55平方千米,面积为10年前的1.58倍,城市总人口数量为1350.11万人,人口数量也增加了1.56倍。同时,以2005年广州居民出行调查结果中的2.33次/日·人作为出行量最低标准,2005年广州居民日出行量为1730.74万人次/日,到2015年至少达到3145.76万人次/日,10年内居民日出行量增长率为81.75%,日出行量也增长了1.56倍,如图1-2所示。

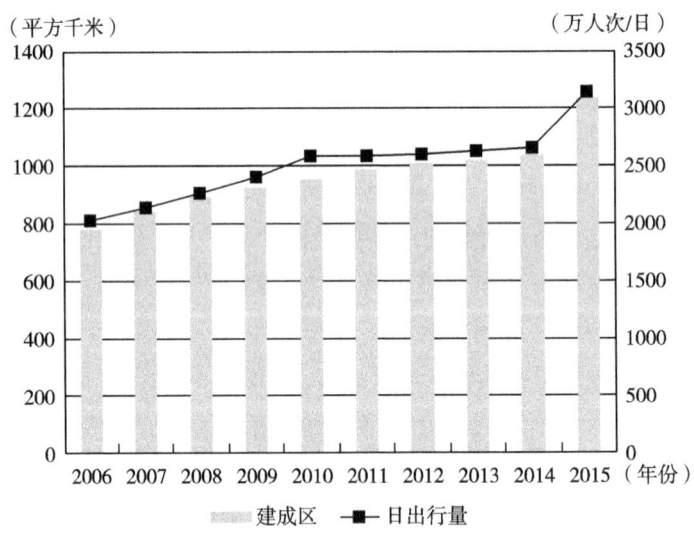

图1-2 2006~2015年广州建成区面积、人口数量及居民日出行量演变

资料来源:《广州市统计年鉴》。

1.1.3 城市扩张导致公共交通出行时间与距离过长,"效率低、出行难"问题显著

随着城市空间发展不断的向外扩张,城市发展与居民出行均提出的迫切需

求,公共交通出行的重视程度日益提升,各大城市不断加快公共交通建设,通过构建大容量、快速的公共交通网络体系满足居民对公共交通快速、便捷到达目的地的要求。但是在公共交通出行量加速增长的过程中,也出现了公共交通出行时耗长、准时性差等问题,大大降低公共交通出行效率,导致了居民公共交通出行量增长率降低,"效率低,出行难"问题十分显著,使城市可持续发展受到限制,如图1-3所示。

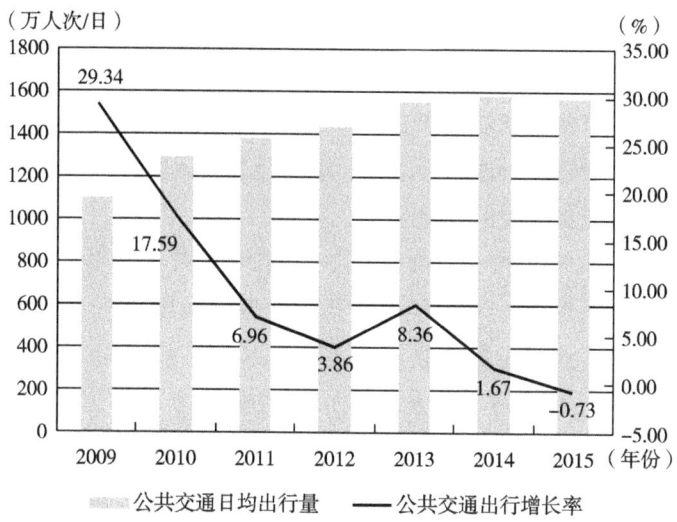

图1-3 2009~2015年广州居民公共交通出行量

资料来源:广州市交通委员会。

1.1.4 公共交通网络作为公交出行的基本载体,其结构布局对公共交通出行效率具有重大影响

城市公共交通系统作为提供公共运输服务的重要基础交通设施,是城市居民交通出行的有力保障,其空间布局将直接影响到城市公共交通服务水平。发展城市公共交通系统能够有效缓解城市交通拥堵状况,值得注意的是,在大力吸引居民公共交通出行时,公共交通系统的出行分担率虽然有所增长,但依然偏低。城市公共交通网络空间布局作为交通运输地理的重要研究方向,正日益受到研究者与管理者的重视。居民出行空间分布受到城市公共交通网络布局的显著影响,城市公共交通网络合理布局能够有效提高居民出行的可达性,降低出行迂回,从而

促进居民出行空间发展。由于居民出行空间分布与城市公共交通网络布局紧密相关,基于公共交通网络结构研究居民出行效率已经成为急需解决的重要问题。

1.1.5 作为交通拥堵程度涨幅之首的特大城市,开展广州公共交通居民出行效率研究具有典型性

广州作为广东省的首府,珠三角地区的重点城市,是我国重要的特大城市之一,其也面临着城市化快速发展过程带来的交通拥堵问题。广州在新城市发展形势下人口激增与城市扩张并举,2017 年末常住人口数量已达到 1450 万,常住人口数量十年间增加了 532.82 万。从化市与增城市在 2014 年 2 月施行撤市建区后,融入广州市成为从化区与增城区,为此,广州市土地面积已扩张至 7434.4 平方千米。面对人口激增与城市扩张,作为公共交通的地铁、公交及 BRT 快速公交等交通方式发展建设增速较缓,在一定的公共交通网络结构模式下,广州市居民出行效率也面临着巨大的考验。

从高德地图发布的《2015 年度中国主要城市交通分析报告》中可以发现,各城市拥堵态势全面加重,2015 年度广州作为拥堵加剧最严重的城市之首,出行拥堵进一步恶化,拥堵指数涨幅超过 20%。利用广州平均工资将拥堵时间与费用进行量化,广州 2016 年上半年的城市拥堵损失达 3917 元/人,拥堵损失总金额约为 528 亿元,如何解决特大城市居民出行效率低下问题十分迫切,同时以广州为例进行居民出行效率研究具有典型性。

1.2 研究意义

1.2.1 理论意义

居民出行效率是反映城市居民出行水平的重要因子,而公共交通作为城市居民出行的基本保障,两者之间关系十分紧密,对公共交通网络结构与居民出行效率之间的关系进行研究是十分重要的。以公共交通网络结构与居民出行效率之间的关系作为研究目的,能够在综合考虑居民出行的基础上,分析基于公共交通网络结构的居民出行效率空间特征及影响因素。探究以公共交通网络结构本身及城市、社会及经济等影响因素对居民公共交通出行效率所产生的影响具有一定创新性,能够为城市居民出行研究提供新的视角,并为公共交通网络结构布局研究提供指导,对城市居民出行行为及公共交通网络规划研究而言具有一定的理论意义。

1.2.2 现实意义

城市在快速扩张的过程中带来了居民出行的问题，城市交通拥堵现象频现，出行难成为城市健康和谐可持续发展的"拦路虎"，居民出行效率低下成为困扰城市发展的难题。快速城市化带来的人口集聚与社会发展加快，但是城市公共交通系统源发展远远滞后于社会经济发展。为此，在公共交通网络结构研究的基础上，探讨公共交通居民出行效率的影响因素，从根源上获取公共交通出行效率的影响因子，对实际操作中提升公共交通出行效率具有现实意义。

1.3 研究问题

本书所关注重点的问题共有三个，分别涉及基于公共交通网络结构的居民出行效率空间特征、差异性及影响因素。

1.3.1 基于现实公共交通网络结构的居民出行效率存在何种空间特征

现实公共交通网络在城市发展与建设过程中已经形成固定结构，那么在现实公共交通网络结构的影响下，综合考虑出行时间、出行距离及出行迂回的居民公共交通出行效率是如何测度，同时居民公共交通出行效率存在何种空间特征？

1.3.2 基于公共交通网络结构的居民出行效率存在何种差异性

在公共交通网络层级结构下城市居民出行效率存在何种差异性？在公共交通出行过程中，受到多模式公共交通网络的影响，公共交通居民出行模式存在多种组合，基于公共交通出行链的居民出行模式有哪些类型？而基于不同公共交通出行模式，居民出行效率又存在何种差异？在两个出行阶段的影响下，公共交通居民出行效率与公共交通网络效率是存在一定差异的，那么在空间上存在何种差异特征？

1.3.3 基于公共交通网络结构的居民出行效率有何影响因素

公共交通网络对居民出行效率有哪些方面的影响，考虑公共交通网络拓扑结构、层次结构及模式结构对城市居民公交出行效率有何影响？从人口、经济、社会及城市布局方面来看，公共交通居民出行效率空间差异是受到什么因素的影响？

第2章 理论研究综述

2.1 概念界定

2.1.1 公共交通网络结构

2.1.1.1 网络结构

网络结构相关研究主要是在网络分析的基础上展开,从网络的内容上来看,有学者认为所谓网络是由点和线共同构成,网络节点可抽象为某一系统中元素,连线可反映系统元素间的相互联系(Newman 等,2003;史定华,2005;Marshall 等,2015)。网络是节点与线路的结合体,节点是网络的"心脏",线路则是构成节点之间、节点与域面之间、域面与域面之间功能联系的"通道"(张弥,2007)。

就网络的类型而言,分为实体网络和虚拟网络,对于两种类型的网络而言,可以发现网络均包括节点与边,其中,节点用来代表真实系统中不同的个体,而边则用来表示个体间的联系,往往是两个节点之间具有某种特定的关系则连一条边;反之则不连边,有边相连的两个节点在网络中被视为是相邻的(高自友,2010)。

针对网络结构的相关研究最早在 20 世纪 60 年代兴起,有学者早期就指出,网络结构是作为衡量网络布局和个体特征的要素(Garrison 和 Marble,1962,1964;Kansky 等,1963)。随着出行需求模型的普及,研究人员开始探索各种几何网络结构对交通流和出行方式的影响。Levinson 教授团队从 2004 年开始,着手研究交通网络结构,其中有学者指出交通网络是存在层级结构的(Yerra 和 Levinson,2005;Zanin 等,2015)。Xie 和 Levinson(2007)分别基于复杂网络、图论及出行需求模型三个方面探讨交通网络结构,其考察 16 个测试道路网络的异质性、连接方式和连续性,从连接方式上来说,轮辐式网络的异质性更高,出行者在异质性高的网络中,出行连续性较差。Xie 和 Levinson(2009,2011)这些研究只是用启发式方法复制了网络拓扑的观察,而没有考虑到驱动传输网络演进的固有的人口和行为机制,Parthasarathi 等(2011a)在 Xie 和 Levinson 等(2007,2009,2011)研究的基础上,指出网络结构包括规模、拓扑、层次和形态四方面内容,包含网络的布局(排列和连接)和单个元素的特征。

Jiang 等(2004a,2004b,2007a,2007b,2009,2013)引入复杂网络的概念对道路网络拓扑进行分析,重点针对泛化的结构特征、网络拓扑的普遍性与特殊性等,也考虑空间网络的拓扑结构。从街道网络的拓扑结构揭示了一个小世界的属性,具有短分离和高聚类系数。从这个意义上看,从任何街道连接到城市的任何其他街道所需的步骤的数量一般非常小。随后其探讨了城市街道网络的拓扑模式的普遍性与特殊性,认为普遍性对于任何街道网络,约有 80% 的街道的长度或程度低于其网络的平均价值,而 20% 的街道长度或程度大于平均水平。在 20% 中有少于 1% 的街道可以形成街道网的骨干。特殊性在于网络中交叉拓扑具有两个(甚至更多)指数。

2.1.1.2 公共交通网络结构的定义

从公共交通类型来看,公共交通网络包括轨道交通、常规公交等各公共交通方式构成的网络。公共交通网络包含停靠站点和线路两个基本要素。一条线路由若干站点组成(赵金山,2005)。公共交通网络是由公交线路与停靠站点组成的网络(周明,2007)。

从公共交通网络要素来看,公共交通网络包括三要素,分别为网络节点(停靠站)、连线(公共交通线路)、网络上流动的实体(车及人)。其中,网络节点由公共交通停靠站抽象为点,具有明确的位置与等级特征,如停靠站点的位置有具体的经纬度,同时在网络中抽象而成的站点通过点的方位、距离及相互联系得以体现,不同的节点在网络中的等级作用不同,主要分为途经站、首末站、枢纽站等。连线则由公共交通线路抽象为线,具有明确的路径轨迹与等级特征,一条线路串联了若干节点,形成特定路径轨迹,不同公共交通线路的等级作用也存在差异,主要分为干线、直线、快线、慢线等,从动态的角度来描述线要素,主要体现在其为网络上实体流动的通道,不同线可组成相交、部分重合等特性(Galbi 等,2003)。公共交通网络上的公共交通工具及出行者则抽象为网络上流动的实体以及流动的方向、强度、效率等特性差异,满足出行者实现空间转移的需求。

从公共交通网络线路和站点的特点来看，目前一般将公共交通抽象为四种形式的网络，分别为换乘网络、停靠网络、车站网络和线路网络（Kurant 等，2006a，2006b；常鸣，2007）。以上公共交通网络均探讨的对象是单一公共交通网络，如轨道交通网络、BRT 快速公交网络及常规公交网络等。而各种公共交通方式除自身网络特征以外，还存在相互衔接的特性，构造衔接网络能够更好地补充描述综合公共交通网络的特性。

公交网络结构则为网络节点与连线两大网络要素不同组合形式的体现，体现网络模式、形态、特性等方面的差异。从公交网络结构的分类来看有星型结构、环型结构、总线结构、分布式结构、树型结构、网状结构、蜂窝状结构、轴辐式网络结构等。

2.1.1.3　交通网络结构研究理论

国内外很早就开始对交通网络结构进行分析研究，如对城市道路交通网络、城市公共交通网络等相关研究领域不断进行应用。对于交通网络结构而言，主要包括以下三种理论方法，分别是拓扑图论、分形理论、复杂网络理论。

（1）拓扑图论。图论是由 18 世纪古典数学问题之一的哥尼斯堡七桥问题引出（Barabási，等，2001；Vázquez 等，2002）。拓扑图论的研究对象主要针对点、线、面之间的位置关系以及它们的度量性质，其对于研究对象的长短、大小、面积、体积等度量性质和数量关系都无关（段杰，2002）。

拓扑图论通过对城市道路交通、公共交通、轨道交通等交通网络进行拓扑建模，来刻画各类交通网络的拓扑结构特征，包括网络拓扑的统计学分布特征、时间序列与空间分布的演化模式（于海宁，2012）。拓扑图论除了能够分析特定类型交通网络拓扑结构特征外，在不考虑交通网络具体类型的基础上，也可对综合整体交通网络进行研究。

目前，国内学者针对不同类型、不同地区交通网络拓扑结构特征分析已较为丰富，如周溪召等（2016）对城市轨道交通网络，张译等（2006）对城市公共交通网络进行分析。王少华等（2014）对北京、王恒等（2009）对大连等不同地区的交通网络结构分别进行了研究。现有相关研究主要是通过构建城市网络图的邻接矩阵向拉普拉斯矩阵转变，计算拉普拉斯矩阵特征根，研究了网络图代数联通度以及特征值的变化趋势，站在网络全局的高度分析网络性能与结构（袁若岑，2013）。

(2) 分形理论。分形理论自 20 世纪 70 年代创立以来，不断被应用于各种网络分析研究中，如 Frankhauser 等（1990）基于德国城市边缘铁路网络研究，提出网络长度（r）与研究范围半径之间的幂指数关系，即分维数是表征交通网络结构和形态的一个重要指标。其中，分析理论同样应用于公共交通结构分析中，如 Kim 等（2003，2005）以公共交通网络分形作为切入点，探讨了首尔城市空间历史格局与交通网络发展的关系。

随着分形理论在城市及城市体系研究中深入，其理论应用范围逐渐扩张至城市交通研究领域，分形理论最开始以分形几何学出现，国内最早有学者指出分形理论所推出的路网覆盖度这一指标能比道网密度指标更加细致地描述路网形态特征，揭示在相同网络密度覆盖情况下，不同形态的路网覆盖度存在较大差异（杨东援，1996）。

随后陈彦光等（1998）将分形理论应用于实例分析，指出分形理论中的牛鸦维数比、分支维数、长度维数能够反映交通网络的复杂度、通达性和空间分布形态。刘继生等（1999）提出，交通网络空间结构分形特征的三种基本分维（Fractal Dimension），即长度—半径维数、分枝数目—半径维数和空间关联维数，这些指标用于反映交通网络密度从中心城市向腹地的变化特征，交通网络的区域"渗透"能力和复杂程度，城市体系空间分布与联系的自相似特征。

随着计算机技术的发展，GIS 工具被应用于交通网络分形研究之中。黄佩蓓等（2002）用 GIS 对上海全市、浦东和浦西以及考虑行政区的交通网络分形进行实证研究，论证了城市交通网络作为城市形态生成演化过程的一种表征，确实具有分形的特性，区域商业的发达程度与其交通网络的完善度成正比。

在不断研究的过程中，段杰等（2002）发现分形理论存在的不足，即客观世界不存在纯数学的理想分形，存在的只是统计意义下的随机分形。在此基础上，交通网络分形理论的研究对象的层次化和分类化开始出现，刘妙龙等（2003）利用分形理论对上海交通网络进行时空划分，从空间上的核心区、内缘区、外缘区到时间上的截面轨迹划分，分型测度值在时间上存在演化的尺度、速率上有所差异，均是一种正向的演化，一种向交通网络构型优化方向的演化。

与此同时，许志海等（2006）指出，除了上述三种分维角度之外，相似维数能够描述空间网络的局部形态与整体形态的相似性程度，除了网络覆盖面状分析之外，指出了网络覆盖深度也是网络覆盖形态的有效指标，当覆盖深度越小，网络的覆盖程度就越好。谢成立等（2007）对城市快速路的分形特性进行实证研究，基于半径维数来分析环形结构与带状的交通网络的分形特征，指出环形结构比带状结构更为稳定。

随后很多学者利用分形研究针对城市及城市体系与交通网络（郭建科，2007；陈体江，2010；林涛，2012）、经济与交通网络等互动发展进行了研究（柏春广，2008；沈惊宏和陆玉麒，2012a）。陈斌锋等（2011）对广州市城区的路网的分形特征进行分析，分别测度了广州市城区3个年份的交通网络盒子维数值，发现了路网具有明显的分形特征，同时表明，广州市城区交通网络除了50年的发展速度迅猛，在未来其发展速度依旧增长。

分形理论同样被应用于公交网络分析之中，段德忠等（2013）针对传统公交网络评价模型的不足，基于分形理论，多角度挖掘武汉市中心城区公交网络空间特征差异性；其发现武汉中心城区公交网络并未形成严格意义上的分形，存在空间尺度依赖；公交线网发育相对迟缓，覆盖水平较低，且在分布形态上围绕测算中心呈强凝聚态；公交站点发育相对成熟，覆盖效果良好，其分布形态呈现弱集聚态，但公交站点可达性空间差异明显，其发育程度与社会经济发展水平之间存在正相关和空间共轭关系；中心城区公交线路与公交站点建设空间不匹配，公交线网的建设呈现出明显的滞后性和对城市主干道的过度依赖性。

（3）复杂网络理论。在20世纪八九十年代，复杂网络同样被广泛应用于公共交通网络规划与设计研究中，通过大量的实证研究发现，城市公共交通网络也存在复杂网络结构特征（Holme，2002）。城市公共网络是城市交通赖以正常运行的物质基础，其在城市中的核心地位，决定了其在城市运行中的骨干作用，因此，对网络结构特性的研究具有重要的现实意义。Sen等（2002）通过美国和奥地利两个国家不同城市的三个复杂网络理论分析指标，发现城市交通网络均具有小世界效应。Derrible等（2011）指出事实中公共交通存在不同模式的障碍，如何比较公共汽车、有轨电车、轻轨系统或地铁等网络的效率？此外，公共交通的目标不仅是要将人从他们的起源移到他们的目的地，也要减少旅行时间和避免不必要的传输，需要考虑网络中各线及线之间的结构，为此，应用复杂网络研究公共交通系统网络结构是重要的途径。总的来说，按照网络的拓扑结构差异性对复杂网络进行划分，主要包括规则、随机、小世界和无标度四种类型网络。城市公交网络为无标度网络，无标度网络是遵循幂次定律对网络节点进行连接分布的复杂网络。Sienkiewicz等（2005）对波兰21个城市的公共交通复杂网络特性进行了探讨，发现它们的度分布或具有幂律特性，或服从指数分布。

国内也有一些学者对交通网络的结构特性进行了研究。李江等（2002）在利用复杂网络拓扑分析方法，明确了网络层次结构、复杂程度以及基本形态。俞桂杰等（2006）发现航空网络除了具有绝大多数复杂加权网络的共性特征外，还具有网络规模不大、网络结构具有相对的时空稳定性和复杂性等特征。

赵月等（2008）总结了复杂网络理论在交通网络分析中的应用，主要包括实证、演化机制与性质、动力学和结构稳定性五个方面的研究进展。周波等（2008）论证了复杂网络理论应用于铁路货运量预测的可行性，利用复杂网络理论对铁路货运网络进行分析。复杂网络在航空网络方面研究成果主要是对航空网络结构特性开展研究，通过对度分布、聚类系数等数据的计算，进而研究航空网络的独有特性。

Ma等（2011）基于复杂网络分析方法中的网络度分布、特征路径长度以及聚类系数值，对公交网络结构特征开展实证分析，结果表明公交网络具有小世界特性。叶青（2012）对运用复杂网络理论对轨道交通网络脆弱性开展研究，并以重庆市为实证研究案例，研究通过复杂网络指标的测算明确了轨道交通网络的核心站点。郑啸等（2012）通过复杂网络理论，对北京市公交网络进行拓扑抽象处理，运用复杂网络中的指标进行量化统计分析，以北京为实证研究案例，从而挖掘公交网络拓扑结构特征，同时重点明确关键网络节点。

对于公共交通网络而言，于海宁等（2012）利用节点与线网之间不同联系规则进行抽象网络构建，复杂网络的特征参数将标示不同意义。Chen等（2007）从公共交通网络所展现出来的小世界网络特征来看，表明站点与线路是否具有较小的换乘次数，从而体现出公共交通网络连通性与便利性从单一网络统计特征分布来看，是否呈现度无关性，表明公共交通网络无偏好依附性，具有随机性。从整体网络统计特征分布来看，呈现度正相关性表明公共交通网络具有重要地位。

2.1.1.4　网络分析指标

公共交通网络结构分析指标包括描述网络拓扑结构、网络大小、网络形态等多方面指标。首先在城市公共交通网络图论分析的基础上，运用网络分析指标中的 β 指数、回路数、α 指数和 γ 指数，同时包括非线性系数等量化指标。可以发现，以上相关指标对了解交通网络结构特征存在积极作用，但无法表征网络结构形态与其复杂特征。通达性也是度量交通网络结构十分有效、显著的指标（曹小曙，2003）。

孙壮志等（2007）明确提出了城市交通网络形态测算，利用容量维数、覆盖维数、阻抗维数和分枝维数四个分形维数指标,分别对交通网络的容量水平、出行服务覆盖状况、网络整体可达性及网络结构的复杂程度及其变化特征进行数学描述,建立了交通网络特征的分形计量方法。通过对北京、墨西哥和莫斯科三城市轨道交通网络的测算表明,该方法能够较好地刻画不同形态类型交通网络的主要形态特征。冯永玖等(2007)指出在分形理论中,对于分布不规则的集合进行定量描述,通常使用分形维数;不同的分形体,采用不同的分形维数来表达,但是为此考虑道路等级对交通网络的影响,适当赋予适当权重,以广东交通网络作为实例,提出了加权半径维数,从而更加准确地反映交通网络的内在结构。

在复杂网络研究中一般采用网络度分布、特征路径长度、集聚系数、平均最短路径长度和平均度等方面的指标来描述网络结构特征。复杂网络首先是将网络按照不同的连接规则分别抽象映射为不同类型的复杂网络图,可以根据实际需要进一步地定义复杂网络图的类型,如加权图以及多重边图等。从而根据相关研究内容的侧重点,度量每一种类型复杂网络的特征指标确定网络的拓扑结构和特性(栾学晨,2012)。

2.1.2 居民出行效率

2.1.2.1 居民出行效率

效率(Efficiency):含有效率、有能力、效力、效能、功效、实力等意思。效率是西方经济学中的一个核心概念,从不同角度、不同层面出发,会得出各种不同的效率定义,据有关学者研究得出有9种之多,微观经济学中的效率是指经济运行过程中对所有边际条件的满足(一种均衡状态),即边际产品比率与相应的要素价格比率之间相等关系的实现。一般表述为产出(产品、服务等)与投入(人力、财力、资金等)之比率,或劳动效果与劳动消耗之比率。

宏观经济学中的效率多指由既定资源投入或占用所获得的产出数量,即由既定价值的资源所获得的产品价值。一般表述为:效率是对社会资源配置和利用的合理性、有效性的评价和量度。

从一般社会学意义上说,效率是衡量行为质量的指标。用哲学的语言说,效率是人与自然之间物质变换以满足人之需要程度的高低。效率是最大化行为普遍性的表现形式(郭志鹏,2011)。

针对居民出行效率的研究主要从时间维度对出行效率进行定义,如 Eck(2005)以出行时间及出行距离对居民出行效率进行界定,其通过对比大量土地利用与交通设施的空间位置设置,试图回答这些位置设置对不同群体生活质量的影响，在研究结论中其提出公共交通节点和增加城市密度有可能提高居民出行效率。Fielding 等（1985a，1985b）使用成本效率和可访问性概念来表征出行效率。通过因子分析定义成本效率和可访问性变量评价公交出行效率，并以此度量公交出行效率。Gutiérrez 等（1998）运用可达性指标来中和地理位置的影响，代替距离、时间及成本等指标，对居民出行效率进行表征。

国内学者蔡军（2005）指出，居民出行效率是居民完成出行所需要的最少的时间。罗丽梅等（2009）指出，居民出行效率是指居民完成特定距离出行需要的时间。吴世江等（2005）可将公共交通效率定义为"一定的公共交通投入与该投入产生的对人们公共交通需求满足程度之间的对比关系"。公共交通效率越高，在同样的公共交通投入下，对公共交通需求的满足程度越高。

在已有研究中，居民出行效率宏观上最直接的反应为整体社会出行时间，通过出行时间的总和——出行时间（万人/小时）得以量化。在微观层面，居民出行效率是在时间、空间、费用等边际条件满足下，居民出行起讫点间的时间、空间或费用上的比率。

本书所探讨的居民出行效率是在引入居民出行时间可达性、出行距离可达性、出行迂回作为指标，应用 DEA 评价模型所测算出来的居民出行效率，以此来了解居民出行时间可达性、出行距离可达性及出行迂回分别作为表征的公共交通居民出行效率。

2.1.2.2 居民出行效率研究方法

对出行效率的研究方法而言，相关学者采用了各种不同类型的度量与评估方法。用于测量效率的基本技术可以分为综合评价法计量经济学和数学规划方法。计量经济学包括基于回归的技术，并且是随机的。①综合指标评价法。通过对评价对象的系统分析构建效率评价指标体系，进而采用统计方法进行综合分析确定交通系统的效率得分。该方法各指标含义明确且操作简单，但在指标体系构建及权重确定上存在一定的主观性。②分解分析法。从运输效率的多维性出发，从不同侧面构建评价指标对运输效率进行评价由于缺乏有效的综合性指标，尽管不同指标的解释性明确，评价结果仍相对分散。③计量经济模型法。从投入和产出角度构建计量模型对运输效率进行评价。由于效率本身衡量的就是投入与产出之间的比率，该类方法成为目前应用最为广泛的运输效率分析方法。其中，数据包络分析（Data Envelopment Analysis，DEA）最为常见，成为众多学者的首选（Karlaftis 等，2004；Barnum 等，2009；Jarboui 等，2012，2013；Ayadi 等，2015）。

此外，随机前沿分析（Stochastic Frontier Analysis，SFA）、神经网络（Neural Networks，NN）及确定前沿分析（Deterministic Frontier Analysis，DFA）等方法也较为常见。DEA模型最初是由Charnes等（1978）提出的，提供了一个相对的效率衡量，越来越多地用于评估公共服务行业（Ganley和Cubbin，1992）的绩效。随机前沿分析是经验生产前沿的距离，在帕累托效率准则的基础上计算出效率值。④数学建模法。Costa等（1997）提出了一种替代计量经济学和数学规划方法，建议使用多层感知器神经网络（MLPs）测量生产效率，MLPs是非参数模型，其估计是基于随机非线性数学规划技术的。提出的方法对数据的统计性质和底层效率模型的功能形式（成本、生产等功能）没有任何假设。此外，它不一定是确定性的，并且允许在效率分析中使用随机分量。

2.2 研究综述

2.2.1 出行效率的发展理论

2.2.1.1 出行效率研究的发展过程

从20世纪70年代开始，国外学者就已经开展了出行效率相关研究，到2000年之后相关研究数量逐步增长，由2000年的193篇增长至2017年的3742篇。研究主题主要关注的焦点集中于交通运输、城市拥挤、特大城市发展，研究框架、城市交通管理等。研究对象也逐步涵盖了道路交通、公共交通、航空、水运及铁路等各种不同类型的交通模式（Frankena等，1983；Scott等，1997；Vuchic等，1999；Jraiw等，2003；Gudmundsson等，2004；Sheth等，2007；Odeck等，2009；De‐Los‐Santos等，2012；Jarboui等，2012，2013）。而研究内容由开始的效率概念界定逐步发展到效率评估，对于出行效率的空间格局已有所关注，但是其理论体系还有待深入研究（Costa等，1997；匡敏，2005）。研究尺度也包括宏观、中观及微观三个尺度，分别涉及国家层面的宏观尺度、省层面的中观尺度及城市层面的微观尺度（Yuan等，2001；Yaliniz等，2011；沈惊宏和陆玉麒，2012b）。

对于出行的相关研究而言，其与空间研究是密不可分的（柴彦威，2017）。已有研究对于出行效率的空间格局研究逐步展开，目前主要关注点在于宏观和中观的区域尺度出行效率空间格局（吴威，2013），如段新等（2011）运用DEA模型，对中国各省市的出行效率进行研究，表明出行效率存在明显的地域差异。

第2章 理论研究综述

顾瑾等（2008）对省层面的出行效率进行了研究，对比分析江苏省各城市的出行效率，发现出行效率的地域差异在中观尺度也存在明显的差异。Monzón等（2013）对城市间高铁出行效率进行分析，以期了解新建高铁带来的空间影响。Isabello等（2014）基于Web可视化分析工具对意大利山麓地区城市之间公共交通出行效率进行评估。对于城市微观层面的相关研究倾向于运用单一出行效率要素进行分析，如出行时间、出行距离等指标。且国内研究多以北京、上海、西安及苏州等城市作为案例地开展居民出行效率的分析（赵红军，2008；周江评，2013，2016；韩会然，2017），广州作为我国重要南部核心城市，有待加强开展广州市居民出行效率研究，以广州为典型的居民出行效率研究能够提供新的实证案例，其研究结果能够对已有居民出行效率相关研究进行有效补充，如图2-1所示。

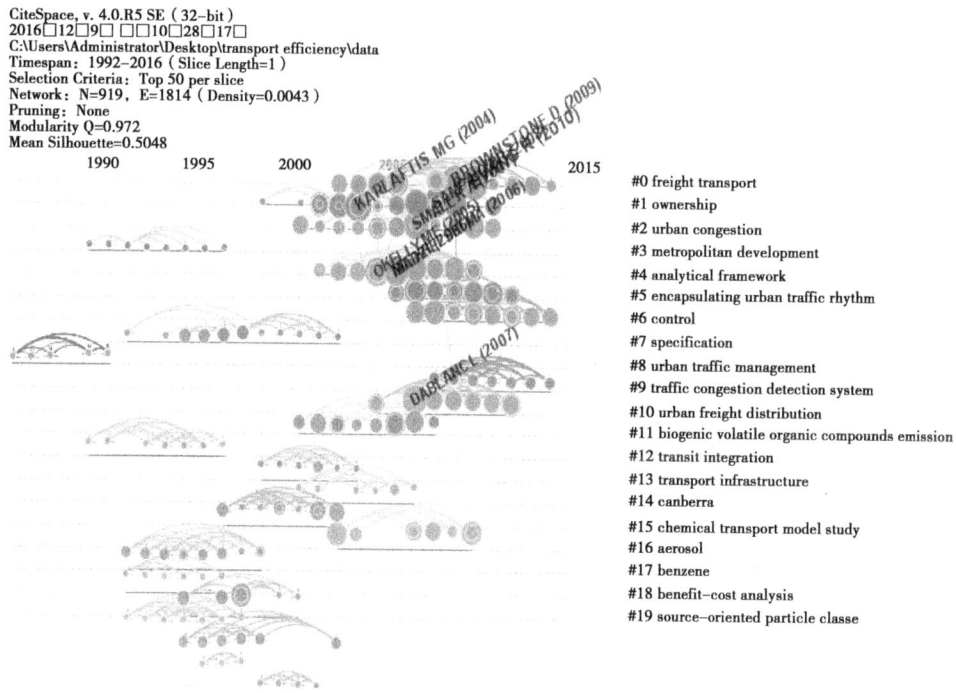

图2-1 出行效率研究示意

目前出行效率研究已从传统的概念与度量研究视角转向空间的研究视角，但对于城市这一微观尺度的出行效率主要是集中于居民通勤出行效率差异。Horner（2002）提出了居民通勤出行效率的概念。通勤出行效率多基于集计层面开展研究，主要是在不改变城市结构的前提下，实现总体通勤量的最小化（Zhou 等，2014）。也有学者关注于非集计层面的通勤出行效率，有学者基于某种单一属性（性别、收入、住房拥有权等）对不同居民群体进行出行效率横向对比（Kim 等，2008；Murphy 等，2009，2014）。也有学者从交通设施建设、个体通勤时间与距离的角度来研究通勤出行效率。如 Niedzielski 等（2006）利用个体出行距离评估了居民个体通勤出行效率。Kawabata 等（2009）基于空间可达性对居民出行效率进行测算。而居民出行效率在城市整体空间格局上呈现何种特征的研究还有待加深。

出行效率的研究数据的来源也迅速拓宽，如 Seaborn 等（2008）运用公共交通智能卡中的费用数据对常规公交网络及效率进行规划。对 Angelakis 等（2013）运用手机移动数据对出行效率进行了研究。Tiebei 等（2013）运用浮动车数据对居民出行效率进行分析。而在大数据不断应用于发展的过程中，秦萧和甄峰（2013，2017）指出，大数据时代城市时空间行为研究方法的变革主要取决于对反映居民时空行为的网络或移动信息设备数据的挖掘、处理及应用，同时行为活动关系研究为主体的信息时代的城市研究必要充分结合大数据与小数据。

2.2.1.2 居民出行效率影响因素

（1）城市空间。城市空间布局与空间结构作为建成环境，对出行效率产生极大的影响。在 Ewing 等（2001）提出的《建成环境与出行》中，明确指出建成环境与交通出行有着密不可分的关系。Cervero 等（2003）指出，城市空间结构模式确定城市各个区域的发展方向，影响人口集聚、经济强度的分布情况，对一系列出行行为造成影响。如出行目的、方式及次数等的选择，从根本上影响交通出行（Huang 等，2011；Ermagun 等，2015）。Handy 等（2002）研究发现，城市空间布局模式保证了城市发展的主要区域，但是当区域发展与人口密度不断增大超过交通基础设施负荷，将形成交通集聚，从而导致交通拥堵及出行距离增大。同样，Kenworthy 等（1999）指出，城市开发过程中以固定网络结构对轨道交通系统实现开发，通过降低平均出行距离、提高城市公共交通系统效率，如从单中心、全辐射发展转变为多中心、多级辐射的网络结构，通过城市交通和土地利用开发方式的转化，将促进区域出行需求结构合理发展。

在城市空间结构发展上，不同城市功能向中心城区和城市次中心高密度集中，Bradley 等（2012）指出，城市扩张使居民由中心城区向外围区发展，在此过程中，城市各区域之间通勤人数与通勤距离增大导致交通拥堵，出行效率低下。Alonso 等（2017）以西班牙为例，基于 2002～2012 年六大城市的公共交通系统，衡量城市扩张和经济危机对公共交通效率的负面协同作用，指出城市扩张和经济危机相结合，会导致公共交通出行需求显著下降，从而导致公共交通出行效率降低，而在城市郊区的居民出行将遭受到更大的影响。

（2）人口布局。城市空间结构的变迁会引起城市人口布局结构的变化，从而对居民出行效率产生影响。Chatman 等（2009）指出，人口布局将促使城市公共交通系统的变化，随着城市公共交通系统的变化，由交通可达性改善和增强刺激土地用地发展，最终引起空间结构的调整。Brownstone 等（2009）发现，人口密度的差异将对城市不同区域交通方式利用、能源消耗等产生影响，并从根本上影响该地区居民出行效率。Currie 等（2010）以公共交通为例，公共交通站点是城市用地的核心。其周围人口集聚情况在反映了使用公共交通的出行人口数量规模。Zhao 等（2016）指出，人口是驱动交通网络演化的重要因素，从而促进出行效率的提高。

从国内外相关研究中可以发现，城市空间与人口布局均对出行效率产生影响，是其重要的影响因素之一，但是目前的相关研究对城市空间与人口布局等因素如何对出行效率形成影响，呈现何种影响包括影响程度的研究较少。

2.2.1.3 公共交通出行效率的影响因素

通过对公共交通出行效率的相关文献进行梳理，可以发现公共交通出行效率的影响因素一个多维的问题（Hilmola 等，2010；Karlaftis 等，2012；Cohen 等，2016）。结合公共交通网络站点与线路各方面空间特征，城市公共交通效率将会影响出行可达性。如 O'Sullivan 等（2000）指出，城市公共交通是一种物理网络，其网络包括站点与线路的连通性，当网络中的换乘节点有所增加，公共交通站站之间的出行路径存在多种选择，出行可达性将随之有所提高。Wibowo 等（2005）研究表明，常规公交与地铁和 BRT 相比其出行准时性难以保证从而导致出行效率低下，可以发现公共交通网络效率影响因素包括网络站点的数量与分布，并且与换乘及时间等因素密切相关。

公共交通站点是公共交通出行集散的主要节点，成为网络的核心构成之一。Ziari 等（2007）指出，网络站点是提升公共交通的出行效率的关键要素，当站点等级及其通过线路的发展能够与用地匹配时，将会促使城市空间布局结构以公交站点为中心进行布局，将会提升出行数量；若站点等级与需求匹配发展将提高系统内部换乘出行的便利程度，最终将提升公共交通出行效率。Rodríguez 等

（2004）指出，公交站点之间的站距也是公交出行效率的重要影响因素，当网络中站站之间的距离变小，将会扩大出行机会可达性；但将降低其交通可达性，从而影响公共交通运行效率。Sun 等（2007）对公共交通枢纽站点的换乘效率进行评估，指出作为公共交通出行的关键节点，城市交通枢纽换乘效率十分重要。

王淑伟等（2013）研究显示步行为乘客与公共交通站点之间衔接出行的主要方式，自行车次之。公共交通站点对土地集聚发展的带动作用将会提高公交系统可达性，并且当网络站点出行效率越高，对于土地的集聚效应越明显（Meyer 等，1981；Surace – Smith 等，1984）。Green 等（1999）发现，公共交通网络站点等级越高，其站点覆盖区域的出行效率将会越高。周江评等（2016）通过定量指标将城市形态、职住平衡及通行效率三个概念进行串联，对出行效率的影响因素进行梳理。

2.2.2 出行效率与网络结构的相互关系

随着出行效率的研究深入，出行效率与网络结构的关系研究于 2000 年左右开始不断发展，通过对出行效率进行追踪研究，可以发现特大城市发展与交通网络研究是相关研究重点，研究领域内分别提出两个假设：交通驱动及需求驱动。其一，网络结构不断被视为公交出行效率的重要影响因素。如陆化普等（2002）指出国内外学者在研究解决城市交通问题时，一方面强调从供给的角度入手，通过规划导向促进城市土地利用和城市交通结构的科学合理；另一方面强调加强交通需求管理，从需求的源头削减交通总量、平衡需求的时空分布。但是，人们却普遍忽略了"城市交通运输效率"这个决定城市交通供给规模和交通供需关系的重要因素。城市交通运输效率与城市结构和城市交通系统之间是存在相互关系的。影响城市交通运输效率的因素主要有：城市结构、城市交通结构、城市交通基础设施、城市交通管理系统、城市交通政策与管理体制、城市交通技术进步六大方面。Teng 等（2012）指出，在建成环境已经稳定的情况下，协调公交网络的频率特征将是有效保障公交运输效率和服务水平的有效方式，通过协调公交网络节点之间的衔接强度，公交平均轮候时间缩短，公交走廊上的运输效率也有所提高。

其二，在网络结构优化的过程中，出行效率也常作为主要的优化目标。有学者对公共交通网络结构进行多目标优化时，将出行效率作为网络结构优化目标之一（Cirianni 等，2004；Chen 等，2013）。韩传峰等（2005）指出，以公交线路为节点，以覆盖性、连通性、平均连通距离和平均达到距离作为衡量城市公交路网的主要指标,通过考察站点分布、线路分布能够判断公交网络是否具有良好的覆盖性能,即出行效率高,如图2-2所示。

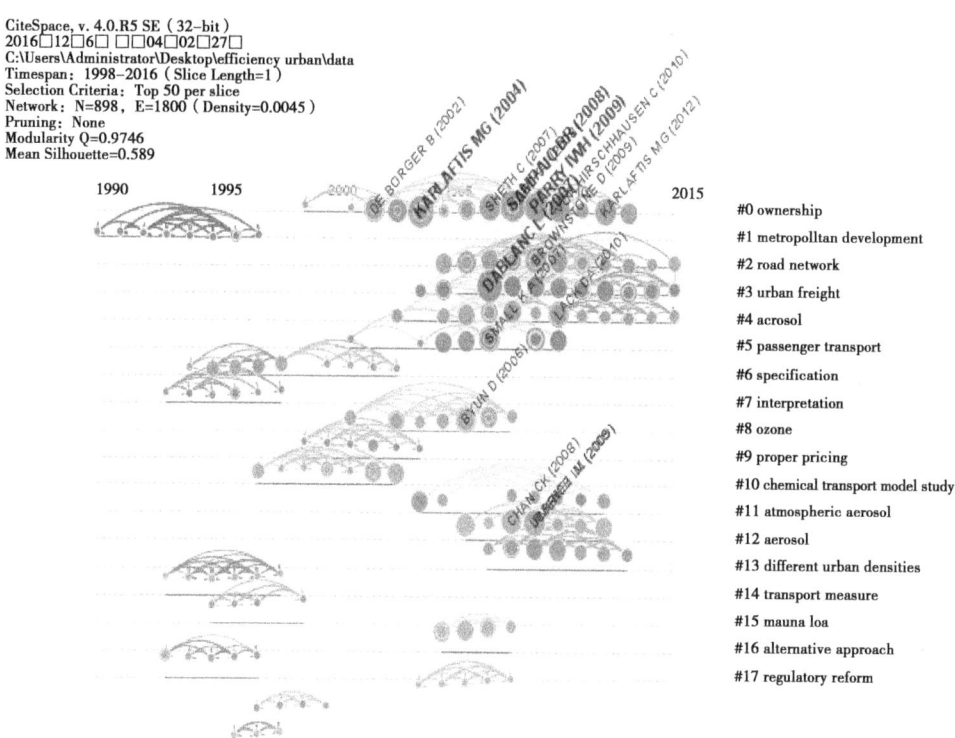

图2-2 出行效率与网络结构相互关系研究示意

2.2.2.1 网络结构对出行效率的影响

网络结构对交通系统性能的内在影响以及对土地利用和城市形态的后续影响,一直是衡量路网空间结构的长期利益的驱动因素。Masuya等(2004)指出,网络结构与出行长度是出行效率的重要指标。Montis等(2007)研究了意大利撒丁岛地区的城市出行网络,揭示了交通结构的统计特性表现出复杂的特征和与底层拓扑的非平凡关系。Yerra等(2005)表明,具有固定结构的运输网络可以区分为随机或统一状态的分层结构,这表明道路的等级不是必然遵循一个优化设计,而是一个紧急性质的网络和交通动态。Levinsen团队的Jenelius等(2009)通过对瑞典的道路网络结构进行分析,发现出行效率高的地区主要取决于该地区的网络结构与平均交通负荷。Parthasarathi等(2009,2011b,2012,2013)验证了网络结构对出行距离与出行时间的影响，并通过对比两个城市的出行数据，确定网络结构在影响个人出行行为方面的作用，表明网络设计影响人们出行和决策的方式。且在 *Network Structure and Metropolitan Mobility* 提出的论点是，虽然大城市交通网络不必是唯一的指标，但了解网络结构和出行之间的关系是必不可少的设计可持续和高效率的城市。其研究结果证实了网络结构的定量测度对系统性能的影响。

针对网络结构对出行效率的影响，主要针对网络拓扑特征和出行行为关系的研究。Chowell 等（2003）最早研究了复杂网络上的行为特性和拓扑结构之间的关系。首先将波兰城市之间的联系映射成虚拟大规模的网络，再将居民交通行为加载到网络之中，发现网络结构与交通流量存在相关性。Montis 等（2007）研究意大利地区各城市间的交通流量，将城市作为网络节点，将交通流量视为城市间的出行量，分析居民出行与拓扑结构的关系，明确了居民出行与拓扑结构的相关性。

另外一批学者研究交通网络的整体性能或整体效率和网络结构之间的关联。Guimerà 等（2002）研究了在存在交通拥挤成本的情况下性能最优的交通网络，发现最优网络的结构是星状结构。Youn 等（2008）实证研究了波士顿、伦敦、纽约三个城市道路网络上的用户均衡行为，并比较了包括规则网络、随机网络、小世界网络、无标度网络在内的四种不同拓扑结构的网络，揭示用户均衡和系统最优状态的差距指标随着交通出行需求的变化规律。

国内高自友教授团队已经对交通网络结构与出行效率之间的关系开展研究，他们对在北京公共交通网络进行了实证研究（Wu 和 Gao，2004）。同时研究了在用户均衡状态下不同拓扑结构对拥挤现象的影响，发现无标度网络更容易产生拥挤（Youn 等，2008）。

国内外相关研究已证实了网络结构对于出行效率的影响是十分明显的，随着不同拓扑结构的变化下出行效率的研究，可以发现公共交通网络所代表的无标度网络更容易形成出行效率低下的情况。

2.2.2.2 网络结构调整与出行效率的提高

对于网络结构调整而言，目前的已有研究主要是通过改变网络拓扑结构来提高网络效率。公共交通网络增加或者取消意味着新建或重建网络线路，或者是关闭或取消网络线路。

Motter 等（2004）指出在复杂网络中，当网络节点或连线存在第一次被删除或取消时，能够为过度负荷的节点减轻或者缓解负荷，这表明对于网络节点或者连线而言，去除相连节点不一定会导致网络效率的降低。Nishikawa 等（2010）明确当网络的边开始删除后，能够提高复杂网络效率将会增大。Liu 等（2007）指出，当去除网络中关键节点周围部分连线能够提高网络效率。Hu 等（2010）发现，当对网络中连线实现双向衔接的时候，能够有效提高网络的容量。为此增加线路也成为扩大网络规模重要手段之一。Huang 等（2010）在对网络中的非关键节点进行增加连线，可以发现在网络节点数量不变的情况下，提升非关键节点的连线能够提高网络效率。Jiang 等（2014）运用提高网络节点联通性的方式对网络效率开展分析研究，结果发现随机连边无法提高网络效率，而以提高网络衔接最短路径为目标的连边则能有效提高网络效率。Parthasarathi 等（2015）从活动空间的角度分析了网络结构对出行效率空间格局的影响，其可以用来理解网络中的变化如何能使出行行为发生预期的变化。

总的来说，对网络结构优化的现有研究中，在网络节点与网络连线的方面的优化基本都仅考虑网络拓扑结构。而城市公共交通网络是复杂网络系统，当在分析城市公共交通网络结构时，不仅要考虑路网拓扑结构同时也要了解网络的线网布局，实现公共交通网络与居民的便利衔接，这样才能提高网络运行效率，实现出行者高效出行。

2.2.3 出行效率与网络效率的关系

在已有相关研究中，对于出行效率表达主要使用了交通方式的网络系统效率（Levinson，2003），其同样也代替了居民出行效率，公交出行效率与网络效率均可由出行时间、出行距离、网络可达性、网络密度、网络结构等方面进行反应，如 Fazioli 等（2003）对意大利 40 家巴士公司的公交网络进行研究，发现低效率的与网络规模及密度有直接联系。Mark 等（2004）通过大数据对英国公共交通效率展开分析，其指出长距离公共交通出行中的步行时间、等待换乘时间有可能是乘坐公交车所花时间的 2 倍左右。Chen 等（2009）对北京公共交通网络可靠性进行研究，发现低效率公交出行与公交网络中的路径距离具有高相关性。众多关于出行效率的研究均证实了居民出行效率是与公共交通网络效率密不可分，主要是受到公共交通网络结构布局的影响。

实际上，居民出行效率包括居民出行链上所有交通方式的效率，即居民出行链上的各个不同的阶段，为此出行效率与网络效率差异针对出行效率与网络效率关系的研究主要是从出行阶段划分、出行过程等方面进行研究，Grotenhuisa 等

(2007)明确指出,在公交出行过程中,包含步行、出行换乘及公交乘车,出行效率提高在于如何使出行路径、出行换乘及公交乘车是能够省时省力。Mazloumi 等(2010)指出公交出行服务是公交出行效率的决定因素,而公交网络是提供公交出行服务的载体,其网络效率将直接影响公交出行效率。Jenelius 等(2011)指出当出行过程中的存在延迟,对出行效率影响将取决于实际和预测的出行时间本身以及其他出行方式的影响。

刘岳峰等(2008)明确指出典型的公交出行路线包括三大部分,分别为出发、乘车、到达。在出发过程为出发地到首乘站的步行过程,在乘车过程包含了两部分,分别为乘车与步行换乘。到达过程为到达站到目的地的步行过程,在出发区、换乘区和到达区缺乏有效的路线效率计算。

Durán-Hormazábal 等(2016)利用公交 GPS 数据对居民公交出行阶段进行剖析,估计了居民公共交通出行每一个阶段的出行时间变化率进行分析,包括步行、等待、转移和车内时间,发现对于公交出行而言,地铁上的出行时间变化率具有较强的显著性,而步行时间并不重要。多种公共交通换乘出行方式的平均旅行时间要长过单一公共交通方式出行时长。说明,居民公交出行效率在每一个出行阶段中是不一样的,同时,不同类型的公交出行方式的出行效率也存在差异。

通过对国内外相关研究的分析,可以发现在较多研究中出行效率等同于交通网络效率和居民出行效率,但是居民出行效率与交通网络效率并不是等同的,在出行的各个阶段,居民出行效率与交通网络效率存在有差异的部分。

2.3 相关研究进展评述

2.3.1 现有研究着重公共交通整体网络结构与出行效率的关系,缺乏对内部不同类型网络结构与居民出行效率关系的探讨

公共交通网络结构集中于整体网络的分析,仅依据常规公交、地铁等单一公共交通方式划分网络结构系统,没有基于公共交通网络出行特征对网络结构的类型进行划分,如拓扑结构、层级结构、模式结构等,通过对多种类型公共交通网络结构分析,能够有效探讨公共交通网络结构与居民出行效率之间的关系模式。

2.3.2 公共交通网络结构下居民出行效率的差异性研究未成体系

目前公共交通居民出行中居民出行效率与网络效率的关系研究已证实网络效

率是出行效率的重要组成部分,其在出行过程中存在公共交通居民出行效率与网络效率的差异性。但是差异性体现在哪些方面还有待深究,需从出行特征入手,针对其时间、空间等方面特征进行系统研究。同时,已有研究案例主要是北京、上海及西安等我国中东部地区城市,针对我国南部特大城市的居民出行效率有待深入研究,以广州作为研究区域,其实证分析研究结果能够为交通地理学与行为地理学创新分析进行补充,从而为剖析出行效率的影响提供理论支撑。

2.3.3 已证实公共交通网络对居民出行效率具有影响,但缺乏网络结构特性的影响研究

目前,已证实公共交通网络的大小、规模等对公共交通出行效率具有影响,但是其网络结构特性对居民出行效率具有何种影响还有待研究。公共交通网络结构是城市发展众多因素的构成,其背后的影响因素如何影响公共交通居民出行效率还需进一步挖掘。

第3章　研究设计

通过在本书研究背景及研究意义的基础上，对国内外已有相关研究进行深入分析，为此，本章内容将从研究目标、研究框架及技术路线、研究范围、研究方法、资料及数据获取五大方面对其进行研究设计。

3.1　研究目标

本书围绕公共交通网络结构与居民出行效率的关系这一核心科学问题，分别从城市公共交通网络存在何种网络结构特征、基于现实公共交通网络结构的居民出行效率空间特征及差异性、基于公共交通网络结构的居民出行效率影响因素对科学问题进行拆解。为此深入解析以上子问题是本书需要实现以下四方面目标：

第一，探讨公共交通网络结构特征。重点分析公共交通网络构成及其空间特征，基于复杂网络理论探讨公共交通网络的拓扑与层级结构特性，获取公共交通网络结构特性的影响因素。

第二，了解基于公共交通网络结构的居民出行效率空间布局及其关系。度量公共交通居民出行效率，获取公共交通居民出行效率分布特征，剖析公共交通居民出行效率与网络结构之间存在的空间关系。

第三，剖析公共交通网络结构下的公共交通居民出行效率差异性。探讨公共交通网络层级结构下居民出行效率空间特征，了解公共交通居民出行效率与公共交通网络模式结构效率的关系，分析公共交通居民出行效率与网络结构效率的异质性。

第四，挖掘公共交通网络结构对居民出行效率的影响。从公共交通出行效率影响因素着手，探讨公共交通网络拓扑结构、层级结构及模式结构三方面对居民公共交通出行效率的影响，从而深入挖掘公共交通网络结构对居民出行效率产生影响的根源。

3.2 研究框架及技术路线

3.2.1 研究框架

本书的研究框架包括三部分：

第一部分包括前3章，为研究背景与研究意义、研究综述及研究设计介绍，从概念辨析着手对国内外相关文献进行综述，从而明确研究问题、研究目的、研究思路及所采用的主要理论方法。

第二部分包括第4章、第5章、第6章、第7章、第8章，为研究主体部分。第4章对公共交通网络结构特征进行分析，利用复杂网络理论方法对网络的拓扑结构与层级结构进行探讨，这部分研究是研究主题的基础分析，也是第5章、第6章、第7章对居民出行效率深入探讨的重要铺垫。第5章为公共交通居民出行效率空间特征分析，通过DEA法、GIS空间分析等技术手段对公共交通居民出行效率进行测度，并了解广州公共交通居民出行效率三大测算指标的空间格局，且对现实网络格局下的居民公共交通出行效率空间特征进行挖掘；并较详细地分析了网络结构影响下的公共交通居民出行效率空间与衰减特征，为第7章的研究打下基础。第6章是基于居民公共交通出行阶段分析，进行公共交通网络结构影响下的居民出行效率差异性分析，主要为网络层级结构下的居民公共交通出行效率空间差异，并对公共交通网络不同类型出行模式影响下的居民出行效率差异性进行研究，分析了公共交通居民出行效率与公共交通网络效率的差异性。第7章是根据第4章、第5章、第6章对公共交通居民出行效率的分析结论，并结合第4章对公共交通网络结构的分析，在探讨公共交通居民出行效率的影响因素基础上，基于结构方程模型，最终概括出公共交通网络结构对居民公共交通出行效率的影响；期望影响分析能对同类学术研究以及其他大都市的公共交通网络发展及居民出行效率研究提供一定的借鉴和参考。第8章为广州多模式公共交通网络效率优化对策研究，针对广州不同区域的实际问题提出优化对策，以期为相关部门制定政策提供支撑。

第三部分包括第9章，主要是研究结论与研究展望，通过对整个研究的总结，提出研究创新点，并指出局限性与不足。

3.2.2 技术路线

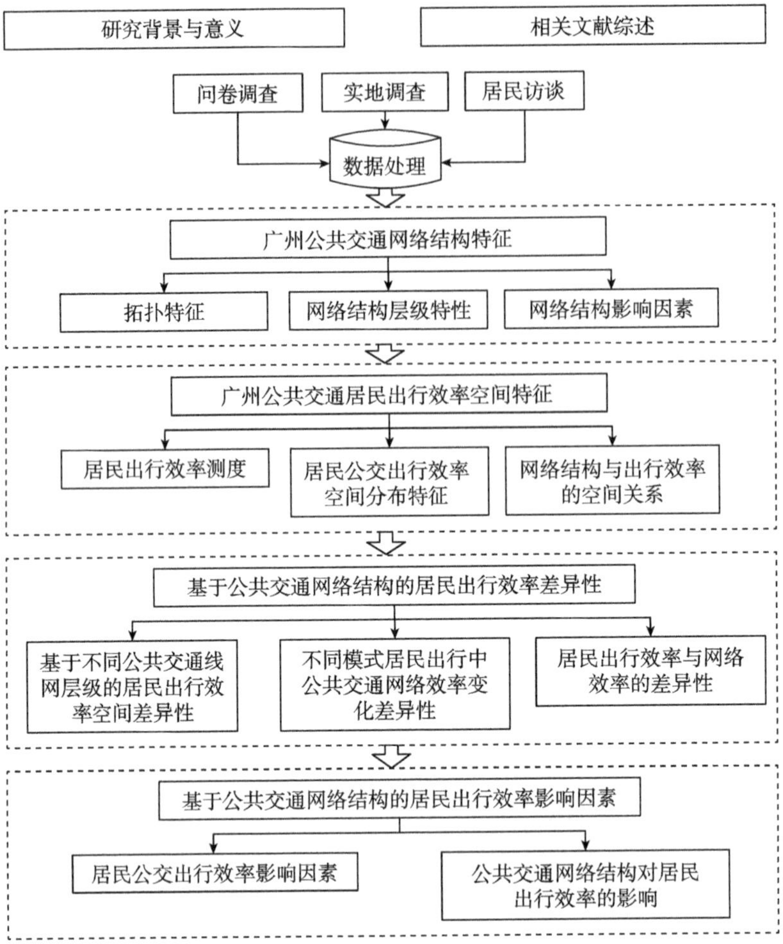

图 3-1 技术路线

3.3 研究范围

本书研究范围为广州市域范围。广州自 2000 年以来经历了 3 次行政区划，在 2014 年 2 月的行政区划过程中，对黄埔区和萝岗区进行并区，成为新的广州市黄埔区，同时将从化市和增城市进行撤市设区，成为广州市的从化区和增城区。为此，本书范围为 2014 年 2 月行政区划后的广州市 11 区，分别包括越秀区、天河区、海珠区、荔湾区、白云区、番禺区、黄埔区、花都区、南沙区、增城区和从化区,面积共7434.4平方千米,如图3-2所示。

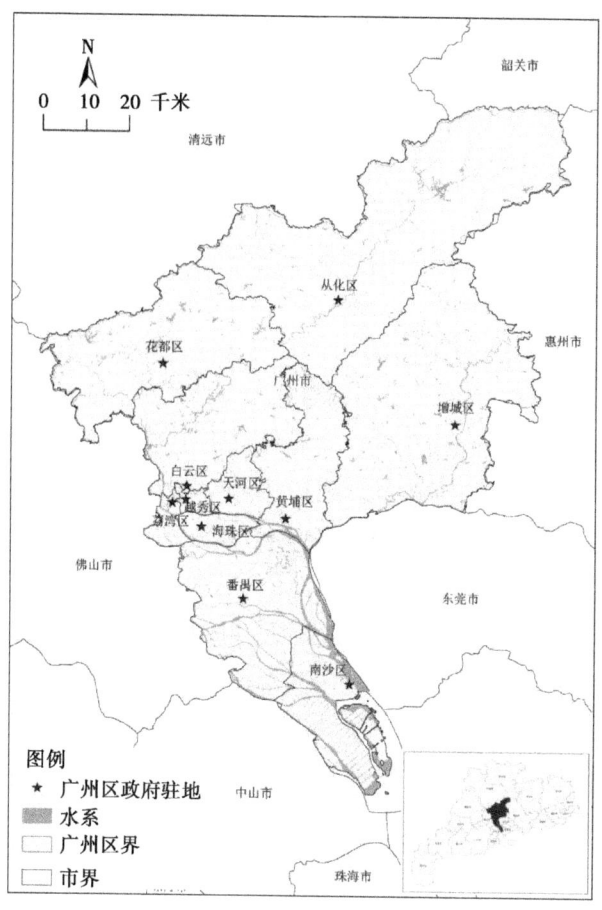

图3-2 研究范围

3.4 研究方法

3.4.1 文献收集与整理

通过对已有国内外公共交通网络及居民出行效率研究领域的相关文献进行查询与收集,完成本书的理论研究综述,深入探讨本领域内相关知名学者所做出的研究与贡献,为进行公共交通网络结构与居民出行效率研究做理论铺垫。

国内外文献的来源主要是期刊与专业书籍，分别包括期刊论文、会议论文、学术专著等。重点从规划、地理、交通等学科领域入手，梳理与公共交通网络结构与居民出行效率分析密切相关的研究内容，并从公共交通网络结构特征、居民出行效率空间特征以及影响因素等方面进行整理。

3.4.2 实地调查与访谈

通过对广州市域11个区开展实地调研，获取广州市公共交通网络结构与居民出行效率的第一手资料。针对广州公共交通网络结构及居民出行效率的主要特征，调研内容包括案例地人口、经济统计数据、相关规划研究成果等方面的资料。

在开展典型案例调研过程中，有针对性地进行深度访谈。访谈对象主要为广州市普通居民、管理机构的工作人员、相关专家等。访谈内容主要包括公共交通网络覆盖范围内的站点、线路等方面的变化等。访谈法主要是通过研究者与被调查对象面对面直接交谈方式实现的，具有较好的灵活性和适应性，在进行访谈前，准备好谈话计划，主要涉及确定谈话进行的方式，提问的措辞及其说明，必要时的备用方案，对调查对象所做回答的记录和分类方法。

3.4.3 定量统计与分析

通过定量统计将收集到的数据资料进行量化测算，即对数据进行定量分析与处理。将文献、数据等资料进行归类、整理并解释。本书采用描述性统计与推断统计两者结合的方法，运用描述性统计对公共交通网络结构及居民出行效率进行分析，在对关系及机理研究过程中，采用推断统计的方法，通过参数估计、假设检验等方法，对描述性统计进行升华，剖析公共交通网络结构对居民出行效率的影响。

3.5 资料与数据获取

本书所需的资料主要包括文本与文献资料、社会经济统计资料和实际调研资料三类。所采用的数据涉及三方面的数据，包括公共交通网络的获取、百度实时公共交通出行数据、问卷调研数据。

3.5.1 资料获取

3.5.1.1 文本与文献资料

文本资料主要包括相关研究领域的书籍、报纸、期刊、报告、论文、简讯、档案等，文献资料主要包括中文和英文相关的学术著作、相关中文和英文主要期刊发表的学术论文等。主要源于中山大学图书馆、中山大学地环学院图书馆、中国学术期刊网（www.gz.cnki.net）以及国际博硕士学位论文数据库（PQDD：ProQuest Digital Dissertations；www.lib.global.umi.com）、读秀网（www.duxiu.com）等。

3.5.1.2 社会经济统计资料

主要包括相关的统计年鉴、交通年报和普查数据。分别为社会经济资料、交通统计资料、第六次人口普查数据等，主要用于分析居民出行效率空间特征及其影响因素。

3.5.1.3 实际调研资料

主要对广州市公共交通网络进行实地勘探，获取广州市公共交通网络矢量数据，同时对广州市居民进行访谈与问卷调查、获取访谈与问卷调研资料。

3.5.2 公共交通网络的获取

公共交通网络节点与线路矢量数据是基于百度地图 API 的 Busline Search 接口获取的，该接口能够获取公交线路信息，包括线路名字、始发时间、收发时间、所属公司、线路站点数量、线路长度等信息；也能够获取公共交通线路途经站点信息，包括站点名称、站点途经线路名称、站点坐标等信息，如图 3-3 和图 3-4 所示。

FID	Shape	name	lineName	X	Y
0	点	二汽增城客运站	广增1快线(二汽增城客运站-广州市汽车	113.844787	23.298571
1	点	电力局	广增1快线(二汽增城客运站-广州市汽车	113.836028	23.297571
2	点	荔城街道办	广增1快线(二汽增城客运站-广州市汽车	113.830486	23.298865
3	点	东汇城	广增1快线(二汽增城客运站-广州市汽车	113.825064	23.291795
4	点	图书馆	广增1快线(二汽增城客运站-广州市汽车	113.821368	23.289729
5	点	万达广场	广增1快线(二汽增城客运站-广州市汽车	113.819423	23.28299
6	点	华商学院	广增1快线(二汽增城客运站-广州市汽车	113.784223	23.261042
7	点	燕塘企业	广增1快线(二汽增城客运站-广州市汽车	113.334886	23.166326
8	点	广州市汽车客运	广增1快线(二汽增城客运站-广州市汽车	113.258108	23.153222
9	点	钟岗村	增城1短线(钟岗村-华立学院)	113.793771	23.29103
10	点	荔城花园	增城1短线(钟岗村-华立学院)	113.796628	23.29354
11	点	增城中学	增城1短线(钟岗村-华立学院)	113.799264	23.295939
12	点	荔城三中	增城1短线(钟岗村-华立学院)	113.807807	23.300237
13	点	碧桂园北门	增城1短线(钟岗村-华立学院)	113.810466	23.298291
14	点	碧桂园	增城1短线(钟岗村-华立学院)	113.811207	23.293105
15	点	公安局	增城1短线(钟岗村-华立学院)	113.817774	23.291333
16	点	增城公园	增城1短线(钟岗村-华立学院)	113.829267	23.294646
17	点	广发行	增城1短线(钟岗村-华立学院)	113.831904	23.294076
18	点	光明车站	增城1短线(钟岗村-华立学院)	113.835054	23.293345
19	点	保健院	增城1短线(钟岗村-华立学院)	113.836607	23.296105
20	点	交警大队	增城1短线(钟岗村-华立学院)	113.837532	23.296528
21	点	挂绿广场南	增城1短线(钟岗村-华立学院)	113.839769	23.294839
22	点	荔城二小	增城1短线(钟岗村-华立学院)	113.840662	23.292686
23	点	荔城一小	增城1短线(钟岗村-华立学院)	113.843524	23.291271

图 3-3 公共交通站点信息数据库示意

公共交通网络结构与居民出行效率：基于广州的实践与研究

FID	Shap	name	startTime	endTime	company	stopsCount	SHAPE_Leng
0	折线	南1a路(广州船埠总站-莲门地)	06:30	22:50	广州交通集团南沙巴士有限公司	26	0.272955
1	折线	南1b路(海力花园-广州船埠总)	07:15	07:15	广州交通集团南沙巴士有限公司	21	0.237668
2	折线	南5路(南沙湾-莲门地铁站)	06:30	20:00	广州交通集团南沙巴士有限公司	24	0.190655
3	折线	南6路(莲门地铁站-天后宫东)	06:30	17:30	广州交通集团南沙巴士有限公司	24	0.179841
4	折线	南7路(沙仔码头-榄刚新城三期)	07:00	19:00	广州交通集团南沙巴士有限公司	14	0.089080
5	折线	南7路(南沙湾-黄阁公交站)	06:30	22:50	广州南沙交通发展有限公司	32	0.213110
6	折线	南2路(官方蔡园-莲门地铁站)	06:30	22:50	广州交通集团南沙巴士有限公司	33	0.302729
7	折线	南8路(新中国造船厂-华汇广场)	07:00	19:00	广州交通集团南沙巴士有限公司	23	0.187555
8	折线	南13路(虎门渡口-大牛头渡口)	07:15	18:15	广州交通集团南沙巴士有限公司	20	0.150356
9	折线	南10路(万顷沙公交总-横沥东)	06:45	19:00	广州交通集团南沙巴士有限公司	19	0.175942
10	折线	南11路(十九涌-永乐农庄)	08:00	21:00	广州交通集团南沙巴士有限公司	8	0.083749
11	折线	南9路(沥滘园-万顷沙公交站)	06:30	20:30	广州交通集团南沙巴士有限公司	20	0.189814
12	折线	南12路(新兴村-华汇广场)	06:30	20:00	广州交通集团南沙巴士有限公司	29	0.279667
13	折线	南14路(龙珠新村-前锋社区)	07:00	19:00	广州交通集团南沙巴士有限公司	9	0.074667
14	折线	南20路(广州外国语学校总站-)	07:00	18:30	广州交通集团南沙巴士有限公司	15	0.111180
15	折线	南22路(礼豪鉴筑-福主社区)	08:00	19:00	广州交通集团南沙巴士有限公司	7	0.062871
16	折线	南21路(新星-广州船埠总站)	06:30	21:00	广州交通集团南沙巴士有限公司	13	0.191487
17	折线	南15路(麒麟新城三期-新海片)	07:30	18:30	广州交通集团南沙巴士有限公司	18	0.120244
18	折线	南17路(横沥农庄渡口-新兴村)	07:00	19:00	广州交通集团南沙巴士有限公司	11	0.077444
19	折线	南23路(假日景城快线(莲门))	09:00	19:00	广州交通集团南沙巴士有限公司	6	0.308639
20	折线	南24路(南沙资讯科技园-工商)	08:00	18:30	广州交通集团南沙巴士有限公司	4	0.034045
21	折线	南25路(万顷沙公交站-十九涌)	06:30	19:00	广州交通集团南沙巴士有限公司	19	0.156007
22	折线	南16路(保丰围-红湖村)	07:00	19:00	广州交通集团南沙巴士有限公司	15	0.148142
23	折线	南28路(滘马一村总站-万顷沙)	07:15	19:15	广州交通集团南沙巴士有限公司	15	0.133336

图 3-4 公共交通网络信息数据库示意

具体获取方法步骤及相应代码来自百度 API，如下所示：

第一步，发起 POI 检索，获取相应线路的 UID，相应代码如下：

```
//以城市内检索为例，详细方法请参考POI检索部分的相关介绍
mSearch.searchInCity((new PoiCitySearchOption())
    .city("北京")
    .keyword("717"));
```

第二步，在 POI 检索结果中判断该 POI 类型是否为公交信息：

```
public void onGetPoiResult(PoiResult result) {
    if (result == null || result.error != SearchResult.ERRORNO.NO_ERROR) {
        return;
    }
    //遍历所有POI，找到类型为公交线路的POI
    for (PoiInfo poi : result.getAllPoi()) {
        if (poi.type == PoiInfo.POITYPE.BUS_LINE ||poi.type == PoiInfo.POITYPE.SUBWAY_LINE) {
            //说明该POI为公交信息，获取该POI的UID
            busLineId = poi.uid;
            break;
        }
    }
}
```

第三步，发起公共交通网络站点及线路的详情检索：

```
//如下代码为发起检索代码，定义监听者和设置监听器的方法与POI中的类似
mBusLineSearch.searchBusLine((new BusLineSearchOption()
    .city("北京")
    .uid(busLineId)));
```

将获取的公共交通线路与站点的 JSON 结果利用 ArcGIS 公交线路转换工具箱转化为线路与站点的矢量文件。

用于本书研究的公共交通网络包括常规公交线路、BRT 快速公交线路及轨道交通线路，总线路数量为 1134 条，公交站点共有 7034 个，如表 3-1 所示。

表 3-1　公共交通网络数据获取　　　　　　　　单位：条，个

交通方式	类型	数量
轨道交通	线路	12
	站点	151
BRT 快速公交	线路	40
	站点	477
常规公交	线路	1078
	站点	6406
合计	线路	1130
	站点	7034

资料来源：百度 API 平台。

3.5.3　百度实时公共交通出行数据获取

百度实时公共交通出行数据的获取是基于百度 API 的路线规划服务接口进行获取。该接口能够获取出行起点和讫点检索符合条件的公共交通出行实时方案，包括出行起讫点间公共交通出行总距离、总时耗、公共交通出行每一个阶段的出行距离、出行时耗、选用的交通方式、换乘时间与换乘距离。

具体获取方法步骤来自百度 API，以清华大学到北京大学为例，步骤如下所示：

第一步，发起起点与起点间路径规划检索，获取相应线路的信息，即按照一对 OD 坐标向百度 API 发出获取信息请求，如下：

```
http://api.map.baidu.com/direction/v1?mode=driving&origin=清华大学&destination=北京大学&origin_region=北京&destination_region=北京&output=json&ak=您的ak
```

第二步，获取百度 API 反馈的公共交通出行信息：

```
{"status":0,"message":"ok","type":2,"info":{"copyright":{"text":"@2018 Baidu - Data","imageUrl":"http:\/\/api.map.baidu.com\/images\/copyright_logo.png"}},"result":{"routes":
[{"distance":3621,"duration":821,"steps":
[{"area":0,"direction":7,"distance":425,"duration":132,"instructions":"\u4ece<b>\u8d77\u70b9<\/b>\u5411\u6b63\u5357\u65b9\u5411\u51fa\u53d1,\u6cbf<b>\u4e2d\u5173\u6751\u4e1c\u8def<\/b>\u884c\u9a7643
0\u7c73,
<b>\u53f3\u8f6c<\/b>\u8fdb\u5165<b>\u6210\u5e9c\u8def<\/b>","path":"116.33939925532,40.002301881948;116.3393192163,40.002042528705;116.33929945358,40.001512765186;116.33929945358,40.001422812753;116
.33931966545,40.00093277025;116.33931966545,40.000832868298;116.3393397875,40.000672789967;116.33934984852,40.000462829079;116.33941030448,39.998742631429;116.33941030448,39.998482711831","pois":
[],"turn":3,"type":3,"stepOriginLocation":{"lng":116.33939925532,"lat":40.002301881948},"stepDestinationLocation":
{"lng":116.33941030448,"lat":39.998482711831},"stepOriginInstruction":"\u4ece\u8d77\u70b9\u5411\u6b63\u5357\u65b9\u5411\u51fa\u53d1 -
1.4\u516c\u91cc","stepDestinationInstruction":"\u53f3\u8f6c\u8fdb\u5165\u6210\u5e9c\u8def - 1.4\u516c\u91cc","traffic_condition":1,"traffic_condition_detail":[{"status":0,"geo_cnt":4},
{"status":3,"geo_cnt":1},{"status":1,"geo_cnt":4}]},{"area":0,"direction":9,"distance":1440,"duration":313,"instructions":"\u6cbf<b>\u6210\u5e9c\u8def<\/b>\u884c\u9a761.4\u516c\u91cc,
<b>\u53f3\u8f6c<\/b>\u8fdb\u5165<b>\u4e2d\u5173\u6751\u5317\u5927\u8857<\/b>","path":"116.33941030448,39.998482711831;116.33906939754,39.99847449001;116.33624153179,39.998407886308;116.33352182203,3
9.99836650078;116.33312027947,39.998361249859;116.33078019361,39.998300864247;116.32872037908,39.998269842327;116.3286098875,39.998261551389;116.32828838396,39.998256369551;116.3263381627,39.9981864
49256;116.32492036711,39.998149416343;116.32279821017,39.998125234393;116.3224563151,39.998121227097","pois":[],"turn":3,"type":3,"stepOriginLocation":
{"lng":116.33941030448,"lat":39.998482711831},"stepDestinationLocation":
{"lng":116.3224563151,"lat":39.998121227097},"stepOriginInstruction":"","stepDestinationInstruction":"\u53f3\u8f6c\u8fdb\u5165\u4e2d\u5173\u6751\u5317\u5927\u8857 -
880\u7c73","traffic_condition":1,"traffic_condition_detail":[{"status":1,"geo_cnt":9},{"status":2,"geo_cnt":3}]},
{"area":0,"direction":0,"distance":876,"duration":187,"instructions":"\u6cbf<b>\u4e2d\u5173\u6751\u5317\u5927\u8857<\/b>\u884c\u9a76880\u7c73,
<b>\u8c03\u5934<\/b>","path":"116.3224563151,39.998121227097;116.32225374721,39.999873843517;116.32208244034,40.001286709382;116.32207246915,40.001366851502;116.32201201319,40.001907877416;116.32191
113348,40.003019485226;116.32187079957,40.003570100859;116.32173973679,40.004562233991;116.32172949611,40.005182335726;116.32173928764,40.005832068584;116.32161864521,40.005864192376;116.32161864521
,40.005804297036","pois":[],"turn":5,"type":3,"stepOriginLocation":{"lng":116.3224563151,"lat":39.998121227097},"stepDestinationLocation":
{"lng":116.32161864521,"lat":40.005804297036},"stepOriginInstruction":"","stepDestinationInstruction":"\u8c03\u5934 - 760\u7c73","traffic_condition":1,"traffic_condition_detail":
[{"status":1,"geo_cnt":11}]},{"area":0,"direction":6,"distance":760,"duration":136,"instructions":"\u7ee7\u7eed\u6cbf<b>\u4e2d\u5173\u6751\u5317\u5927\u8857<\/b>\u884c\u9a76760\u7c73,
<b>\u53f3\u8f6c<\/b>","path":"116.32161864521,40.005804297036;116.32159798418,40.005454595623;116.32156807061,40.004975290357;116.32158837231,40.004515049102;116.32159843334,40.004454945314;116.3216
9940287,40.003563399542;116.32174988764,40.003102665089;116.32173991645,40.00305292299;116.32184088599,40.001891365515;116.32190143178,40.001360426318;116.3219114928l,40.001300319732;116.32203249456
,40.000068399314;116.32214334546,39.998956604895","pois":[],"turn":3,"type":3,"stepOriginLocation":{"lng":116.32161864521,"lat":40.005804297036},"stepDestinationLocation":
{"lng":116.32214334546,"lat":39.998956604895},"stepOriginInstruction":"","stepDestinationInstruction":"\u53f3\u8f6c - 120\u7c73","traffic_condition":1,"traffic_condition_detail":
[{"status":1,"geo_cnt":12}]},
{"area":0,"direction":9,"distance":120,"duration":52,"instructions":"\u884c\u9a76120\u7c73,\u5230\u8fbe<b>\u7ec8\u70b9<\/b>","path":"116.32214334546,39.998956604895;116.32186163685,39.998960750321;1
16.32171081135,39.998953426734;116.32154992484,39.998936292299;116.32135885526,39.998939677732;116.32126839589,39.998931317785;116.32072519055,39.99894092136","pois":
[],"turn":0,"type":2,"stepOriginLocation":{"lng":116.32214334546,"lat":39.998956604895},"stepDestinationLocation":
{"lng":116.32072519055,"lat":39.99894092136},"stepOriginInstruction":null,"stepDestinationInstruction":"\u5230\u8fbe\u7ec8\u70b9","traffic_condition":0,"traffic_condition_detail":
[{"status":0,"geo_cnt":6}]}],"toll":0,"originLocation":{"lng":116.33939925532,"lat":40.002301881948},"destinationLocation":{"lng":116.3207247414,"lat":39.998940714089}}],"origin":
{"area_id":131,"bid":"16205744175788203519","cname":"\u5317\u4eac\u5e02","uid":"d8cf2f3ebd4968cfd618b7a7","wd":"\u6e05\u534e\u5927\u5b66","originPt":
{"lng":116.33939386549,"lat":40.002300983816}},"destination":
{"area_id":131,"bid":"12111230816633752856","cname":"\u5317\u4eac\u5e02","uid":"ddfd7c2d8db36cf39ee3219e","wd":"\u5317\u4eac\u5927\u5b66","destinationPt":
{"lng":116.32072707699,"lat":39.998922543293}},"taxi":{"detail":[{"desc":"\u767d\u5929(05:00-23:00)","km_price":"2.3","start_price":"13.0","total_price":"15"},{"desc":"\u591c\u95f4(23:00-
05:00)","km_price":"2.8","start_price":"13.0","total_price":"15"}],"distance":3621,"duration":822,"remark":"\u5168\u7a0b3.6\u516c\u91cc;3.0\u516c\u91cc\u8d77\u6b65\uff1b\u71c3\u6cb9\u9644\u52a0\u8d3
90.0\u5143\uff1b\u91cc\u7a0b\u8d85\u8fc715.0\u516c\u91cc\uff0c\u8d85\u8fc7\u90e8\u5206\u6bcf\u516c\u91cc\u65363.5\u5143\u3002"},"traffic_condition":1}}
```


第三步，将获取的公共交通出行信息 JSON 结果利用编程进行解析，利用 ArcGIS 转化为线路与站点的矢量文件。

所采集的数据是以广州 2831 个社区的形心作为起讫点，通过路径规划获取出行起讫点之间的公共交通出行矩阵，数据采集历时 5 个月（2017 年 7 月至 12 月），共获得 4008696 条起讫点间公共交通出行线路数据，13073643 条起讫点间公共交通出行分阶段线路数据，全部数据量达到 17082339 条。数据采集内容界面如图 3－5 所示。

OBJECTID *	Shape *	origin_id	destin_id	time	distance	origBlock	destBlock	Shape_Length
1	折线	0	1	1100	1601	新村村委会	登塘村委会	0.015203
2	折线	0	2	1892	2983	新村村委会	湴湖村委会	0.028333
3	折线	0	3	4606	12099	新村村委会	龙岗村委会	0.115174
4	折线	0	4	5041	19381	新村村委会	秦采村委会	0.182912
5	折线	0	5	1692	5373	新村村委会	黎家塘村委会	0.050664
6	折线	0	6	1769	4559	新村村委会	马沥村委会	0.041848
7	折线	0	7	5277	19104	新村村委会	米岗村委会	0.181570
8	折线	0	8	2206	8668	新村村委会	长沙布村委会	0.082393
9	折线	0	9	6702	38123	新村村委会	东华村委会	0.355996
10	折线	0	10	1910	6306	新村村委会	长腰岭村委会	0.059583
11	折线	0	11	4350	18942	新村村委会	汉塘村委会	0.180255
12	折线	0	12	3609	11417	新村村委会	钟落潭村委会	0.108233
13	折线	0	13	4303	18040	新村村委会	雄伟村委会	0.171036
14	折线	0	14	1965	8553	新村村委会	钟落潭社区居委会	0.081696
15	折线	0	15	4000	16713	新村村委会	竹三村委会	0.159517
16	折线	0	16	3855	15897	新村村委会	红旗村委会	0.151064
17	折线	0	17	2879	9899	新村村委会	五龙岗村委会	0.093759
18	折线	0	18	3353	14464	新村村委会	竹一村委会	0.137631
19	折线	0	19	4132	14212	新村村委会	陈岗村委会	0.136345
20	折线	0	20	2840	11810	新村村委会	安平村委会	0.112011
21	折线	0	21	4814	21375	新村村委会	新兴村委会	0.203062
22	折线	0	22	2716	8878	新村村委会	马洞村委会	0.082885
23	折线	0	23	3710	8923	新村村委会	白土村委会	0.083342

图 3－5　百度实时公共交通出行数据

3.5.4 问卷调查情况

此次调查是针对广州市公共交通出行效率的四个方面进行,包括出行者个人属性特征、出行习惯、公共交通网络结构因素及居民出行效率因素。根据居民对公共交通网络结构因素及居民出行效率等因素的感知程度,请受访的社区居民对公共交通网络结构因素及居民出行效率等因素的影响程度进行选择。

常见的问卷调查仅需要计算出总样本量,为详细探讨基于公共交通网络结构的广州居民出行效率,在城市、区及社区等空间层级所呈现的特征与影响,还需要将本次居民出行调查的总样本量细分到镇/街与社区/村。有学者建议,对分组数据精度也有要求时,一般每个组的样本量至少有 20~50 个。也有学者强调每组至少应达到 30 个样本量,当 n≥30 时,样本均值符合正态分布,而当 n<30 时,样本均值符合 Student 分布,故认为每个街道调查的最低样本量为 30 个比较合理。为此本次问卷调查是基于人口数量进行抽样,2016 年末广州常住人口总量为 1404.35 万人,抽样率为 1‰,则问卷发放的数量为 1400 份。实际发放数量为 1500 份,回收的有效问卷量为 1438 份,问卷有效率为 95.87%,如表 3-2 所示。

表 3-2 第一层级问卷发放数量 单位:个,万人,份,%

序号	城区	镇街	村	2016 年末常住人口	问卷发放数量	实际发放量	有效问卷量	问卷有效率
1	白云区	18	368	244.19	243	250	244	96.00
2	从化区	8	286	63.53	63	90	81	90.00
3	番禺区	18	370	164.11	164	170	164	96.47
4	海珠区	18	259	163.79	163	170	168	98.82
5	花都区	10	250	105.49	105	110	106	96.36
6	黄埔区	15	124	108.26	108	120	110	91.67
7	荔湾区	22	206	92.50	92	100	99	99.00
8	南沙区	7	140	68.74	69	80	73	91.25
9	天河区	21	198	163.10	163	170	166	97.65
10	越秀区	22	269	116.11	116	120	116	96.67
11	增城区	11	361	114.53	114	120	115	95.83
	共计	170	2831	1404.35	1400	1500	1438	95.87

资料来源:《广州统计年鉴 2016》。

为了使抽样设计更科学规范与严谨,考虑概率抽样的要求,尽量考虑使用随机抽样、分层抽样、等距抽样等概率抽样方法,规避采用方便抽样、定额抽样等非概率抽样的样本去推断目标总体特征的误区,本次调研问卷采用分层等距随机抽样的方式进行抽样,共分为城区、镇/街、社区/村3个层级,按照人口数量对3个层级进行分组。在城区层级,按照人口数量将第一层级划分为11个分组,分别为广州越秀区、天河区、荔湾区、海珠区、白云区、番禺区、黄埔区、花都区、南沙区、从化及增城区。在镇街层级,按照人口数量进行排序,分别取该城区中人口排名第一位、中位及末位的3个镇街,共选取11个区的33个镇街,镇街层级问卷发放的镇街及其人口数量情况及其空间分布情况如表3-3所示。在社区/村的第3个层级也分别取该选中镇街中人口数量排名第一位、中位及末位的3个镇街,其中沙面街道仅由2个社区组成,而且存在8个社区人口较少,基于人口数量其问卷发放比例不足1份,将不对这8个城区进行问卷调研,为此社区层级的问卷发放共涉及89个社区,问卷发放的社区空间分布情况如图3-6所示。

表3-3 第二层级问卷发放镇街　　　　　　　　单位:万人

城区	人口数量高镇街	人口数量	人口数量中镇街	人口数量	人口数量低镇街	人口数量
白云区	太和镇	27.23	同和街道	15.00	棠景街道	6.87
从化区	鳌头镇	14.60	街口街道	9.78	太平镇	3.26
番禺区	小谷围街	20.20	市桥街道	12.34	新造镇	4.16
海珠区	凤阳街道	30.20	新港街道	10.12	海幢街道	1.06
花都区	新华街道	30.70	花山镇	11.30	梯面镇	1.10
黄埔区	东区街道	12.70	穗东街道	6.00	长洲街道	3.40
荔湾区	桥中街道	12.50	彩虹街道	4.50	沙面街道	1.00
天河区	棠下街道	30.00	天河南街	10.32	猎德街道	3.10
越秀区	黄花岗街	11.67	梅花村街	8.52	流花街道	3.11
增城区	新塘镇	40.00	派潭镇	8.04	朱村街道	4.20
南沙区	南沙街道	19.55	黄阁镇	6.30	龙穴街	1.05

资料来源:人口数量来自第六次人口普查数据。

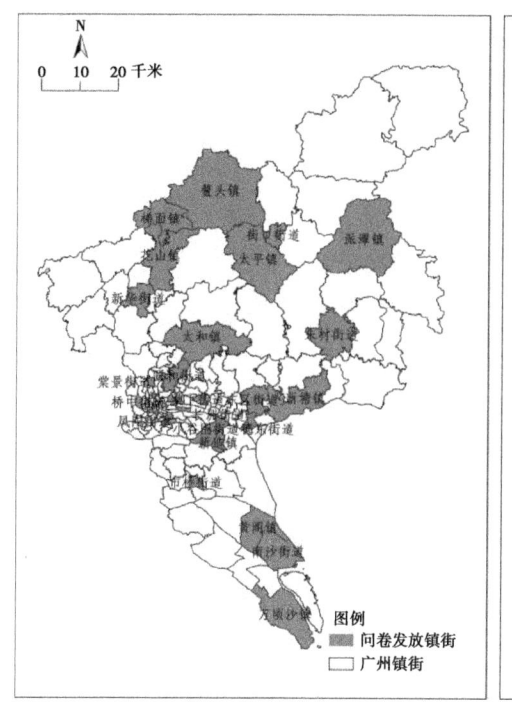
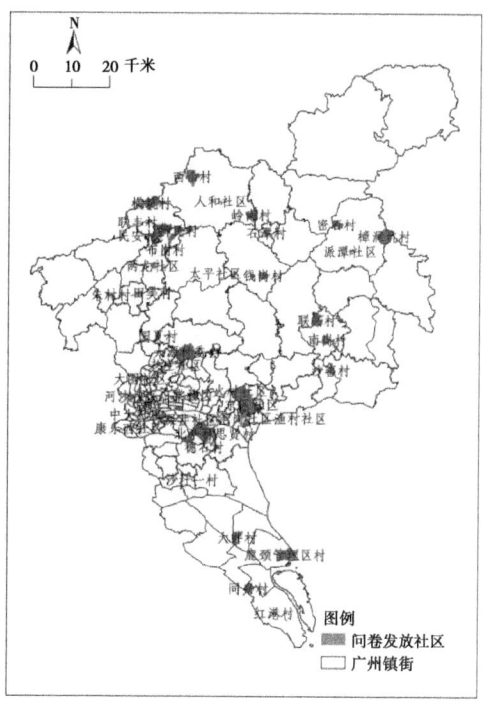

图 3-6 第二层级问卷发放镇街与社区分布

本次调查分为两个阶段进行,分别是预调研、正式调研。

预调研(2017年6月10至15日):

预调研阶段是选择广州核心区、过渡区及边缘区3个不同类型的典型社区进行调研,分别为海珠区中大社区、白云区大围社区、从化区新城社区进行入户调查,共发放问卷30份,回收30份,其中有效问卷27份。针对问卷内容及调研方法进行测试,汇总被调研人对问卷内容反馈,进行正式调研时的调查问卷调整和修改提供基础,同时对调研访谈方法进行总结,为下阶段的正式问卷发放调研做好准备。

正式调研(2017年7月20日至11月16日):

整个调查历时120天,涵盖了工作日和休息日,调查时间较长。分别对广州11区的89个社区进行深入的实地调研。实际发放数量为1500份,回收的有效问卷量为1438份,问卷有效率为95.87%。

问卷发放采取入户调查进行,在问卷调查过程中综合考虑性别、年龄等因素，采取一对一的方式进行现场的问卷填写。根据人口数量进行问卷发放，在回收的1435份问卷中，白云区：太和镇园夏村16份、龙归社区2份、大源村委会116份、棠景街道祥岗社区32份、百荣社区8份、大围社区19份、同和街道老庄社区4份、蟾蜍石社区29份、石桥头社区14份。

从化区：鳌头镇岭南村14份、西山村4份；街口街道石潭村2份，新城社区9份，凤仪社区33份；太平镇钱岗村5份，钱岗村2份，太平社区12份。

番禺区：市桥街道华侨城社区28份、沙圩一村10份、北郊村3份、小谷围街道中山大学东校区41份、穗石村17份、北亭村49份、新造镇新造社区8份、思贤村6份、农场村2份。

海珠区：凤阳街道和平社区8份、康乐西社区21份、逸景翠园社区42份、海幢街道宝玉直社区20份、堑口社区5份、宏宇社区11份、新港街道半岛社区11份、中大社区34份、海康社区16份。

花都区：花山镇两龙社区22份、狮民村2份、布岗村10份、梯面镇联丰村4份、民安村8份、新华街道田美村39份、红珠居21份。

黄埔区：东区街道火村社区21份、东区社区11份、笔岗社区26份、穗东街道夏园社区24份、南湾社区7份、长洲街道梅园社区2份、长洲社区11份、深井社区8份。

荔湾区：彩虹街道环彩社区11份、周门社区9份、荔溪社区19份、桥中街道河沙社区42份、东海社区3份、西郊社区7份、沙面街道鹅潭社区4份、翠洲社区4份。

南沙区：黄阁镇大井村25份、南涌口村2份、亭角村7份、南沙区南沙街道鹿颈管理区村11份、南沙区万顷沙镇同兴村25份、红港村3份。

天河区：猎德街道誉城苑社区9份、南国花园社区14份、猎德社区5份、棠下街道广棠社区11份、荷光西社区66份、棠德南社区26份、天河南街道体育东社区18份、育蕾社区6份、体育村社区11份。

越秀区：黄花岗街道御龙社区18份、空司社区8份、犀牛北社区24份、流花街道流花桥社区12份、桂花苑社区7份、梅花村街道中山一社区25份、梅东社区9份、西元岗社区13份。

增城区：派潭镇樟洞坑村3份、派潭社区19份、新塘镇沙窖村6份、小迳社区55份、朱村街道联兴村3份、朱村社区4份、南岗村25份。

第4章 广州公共交通网络结构特征及其影响因素

国务院发布《关于城市优先发展公共交通的指导意见》指出，"优先发展公共交通是缓解交通拥堵、转变城市交通发展方式、提升人民群众生活品质、提高政府基本公共服务水平的必然要求，是构建资源节约型、环境友好型社会的战略选择"（国发〔2012〕64号）。同时《广州市国民经济和社会发展第十三个五年规划纲要》中明确指出，到"十三五"期末，广州将基本形成"高效畅达、便捷优质、绿色安全"综合交通运输体系。随着城镇化水平不断加快与人口的集聚，广州作为特大城市迎来城市快速扩张发展的新契机，但是也面临着交通拥堵不断蔓延的城市交通问题，使作为衡量交通出行质量的重要指标之一的城市交通效率大大降低。为此，研究广州公共交通网络效率问题，理清未来广州公共交通发展方向和思路，能为实现高效、便捷与绿色交通出行提供保障。

城市公共交通网络是居民公共交通出行的基本载体，其网络空间布局是居民公共交通出行的重要影响因素。对于城市公共交通网络构成要素、拓扑结构、层级结构的分析是进一步探讨网络结构与居民出行效率之间关系的基础，为此本章节研究内容基于复杂网络理论分析方法，提取公共交通网络拓扑结构特征，辨识网络Hub关键节点，划分公共交通节点与线网层级结构，了解公共交通网络结构形成影响因素，分析涉及以下三大主要研究内容，如图4-1所示。

第一，重点分析公共交通网络构成及其空间特征。深入了解特大城市公共交通网络构成要素，明确公共交通网络节点类型与连线类型，挖掘广州市公共交通网络空间特征，从线路与站点两个层面获取广州现实公共交通网络空间分布格局。

第二，基于复杂网络理论探讨公共交通网络的拓扑与层级结构特性。运用复杂网络理论方法，从节点度值指标着手，明晰公共交通网络的结构关系，构建公共交通网络的拓扑网络，了解广州整体及不同城区公共交通网络拓扑特性，从微

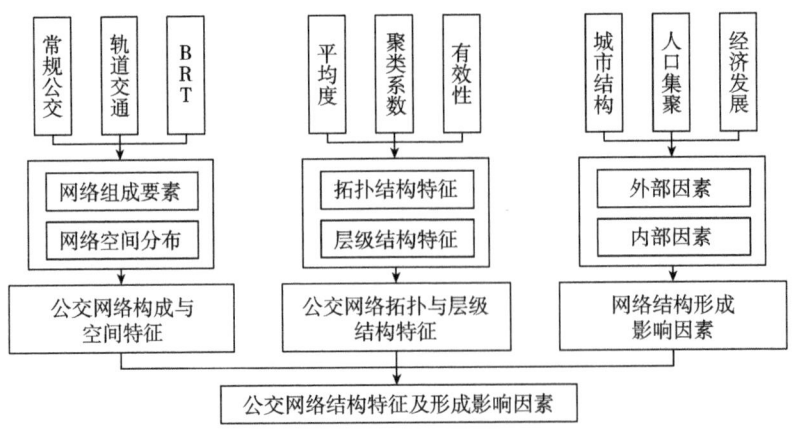

图 4-1 公共交通网络结构特征研究框架

观尺度获取网络节点、连线等网络结构要素的基本特征，基于 Hub 关键节点提取，挖掘公共交通网络节点与线网多层级特征。

第三，获取公共交通网络结构特性影响因素。综合考虑来自公共网络结构特性外部与内部两方面因素，从城市结构、人口集聚、经济发展等方面研究其对公共交通点、线网络结构形成的影响。

4.1 公共交通网络构成与空间特征

4.1.1 公共交通网络构成要素

城市公共交通作为城市居民出行的主要载体，承担着城市大部分居民交通出行，城市大力发展公共交通，其目的在于为城市居民出行提供便利。城市公共交通主要由三种类型交通方式构成，包括城市轨道交通、BRT 和常规公交，如图 4-2 所示。按照城市公共交通网络类型划分，主要包括轨道交通子网络、BRT 子网络以及常规公交子网络。按照网络构成要素划分，则可划分为节点与线路两类要素。其中，网络节点包括地铁站点、BRT 站点以及常规公交站点。网络线路包括轨道交通线路、BRT 线路以及常规公交线路。

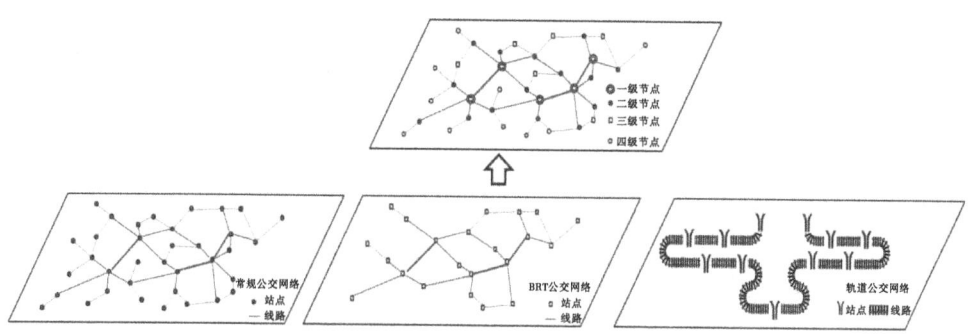

图 4-2 公共交通网络子系统

4.1.1.1 网络节点类型

城市公共交通网络节点由公共交通站点组成，由于城市公共交通网络是三种类型的子系统共同组成，站点包括轨道交通站点、BRT 站点以及常规公交站点，而公共交通网络节点存在同时包含多种类型的站点。为此，按照包含站点类型数量及站点功能来划分，网络节点主要包括四种类型，如表 4-1 所示。

表 4-1 公共交通网络节点组成要素

类型	子系统内部换乘	子系统间换乘
一类网络节点	√	可实现三种子系统间换乘
二类网络节点	√	可实现两种子系统间换乘
三类网络节点	√	×
四类网络节点	×	×

一类网络节点：包含了轨道交通站点、BRT 站点以及常规公交站点的城市公交网络节点，该类网络节点不仅能够进入其节点所属网络子系统并能进行自身网络子系统的换乘，同时能够实现三种公共交通网络子系统的换乘。

二类网络节点：仅包含轨道交通站点、BRT 站点以及常规公交站点中任意两种类型的城市公交网络节点，除了能够进入其节点所属网络子系统并进行自身网络子系统的换乘，还能够实现两种公共交通子系统的换乘。

三类网络节点：仅包含轨道交通站点、BRT 站点以及常规公交站点中单一类型的城市公共交通网络节点，仅能够进入其节点所属网络子系统并进行自身网络子系统的换乘。

四类网络节点：仅包含单一常规公交站点的城市公共交通网络节点，仅能够进入常规公交系统。

4.1.1.2 网络连线类型

在城市公共交通网络节点之间是由公共交通线路进行衔接，而城市公共交通网络线网是由轨道交通、BRT 快速公交以及常规公交线路构成，如图 4-3 所示。为此，公共交通网线网也存在包含多种类型线路的情况。由于公共交通线路包含了上行线路与下行线路，但是通常上行线路与下行线路所途经的路段是一致的，为此，本书的城市公共交通网络线网中是将上下行线路合并为同一条线路进行分析，按照包含公共交通子网络线路类型来划分，网络线路主要包括三种类型。

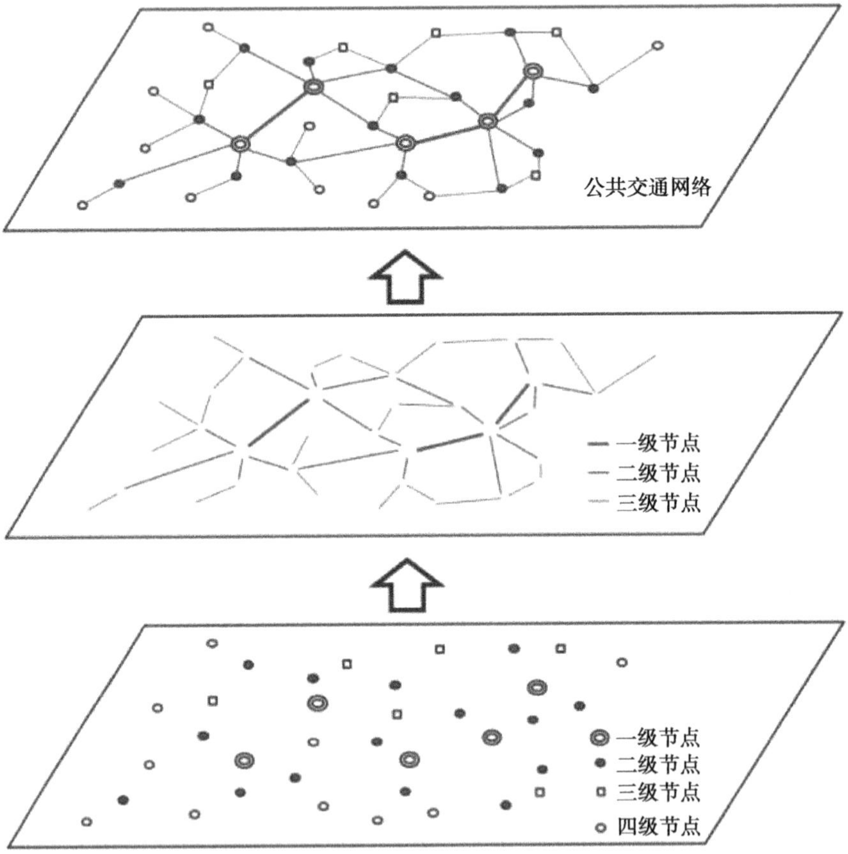

图 4-3 公共交通网络组成要素

一类网络线路：包含了轨道交通、BRT以及常规公交三种类型的网络线路。

二类网络线路：分别包含了轨道交通、BRT以及常规公交中任意两种类型的网络线路。

三类网络线路：仅包含了轨道交通、BRT以及常规公交中任意一种类型的网络线路。

4.1.2 广州公共交通网络分布特征

广州城市公共交通承担大量客流的交通方式主要有三种类型，包括城市轨道交通、BRT快速公交、常规公交，这三种类型公共交通分别通过站点与线路的组合形成了公共交通子网络，并共同组成广州市公共交通网络。对于广州公共交通网络的空间分布而言，主要从线路分布与站点分布两个方面进行探讨，如表4-2所示。

表4-2 城市公共交通系统构成　　　　　　单位：条，个

交通方式	类型	数量
轨道交通	线路	12
	站点	151
BRT快速公交	线路	40
	站点	477
常规公交	线路	1078
	站点	6406
合计	线路	1130
	站点	7034

资料来源：百度地图。

4.1.2.1 线路分布

从网络线路空间分布来看，广州市11个市辖区均有公共交通线路分布，其中广州各大市辖区均有常规公交线路分布，其中越秀区、天河区、荔湾区、海珠区、白云区、黄埔区、番禺区、花都区的常规公交线路分布较为密集。轨道交通线路分布呈现"四横四纵"结构，主要分布于越秀区、天河区、荔湾区、海珠区、白云区、黄埔区、番禺区、南沙区。BRT线路则主要集中于越秀区、天河区、荔湾区、海珠区、白云区、黄埔区，已形成BRT快速公交廊道，如图4-4所示。

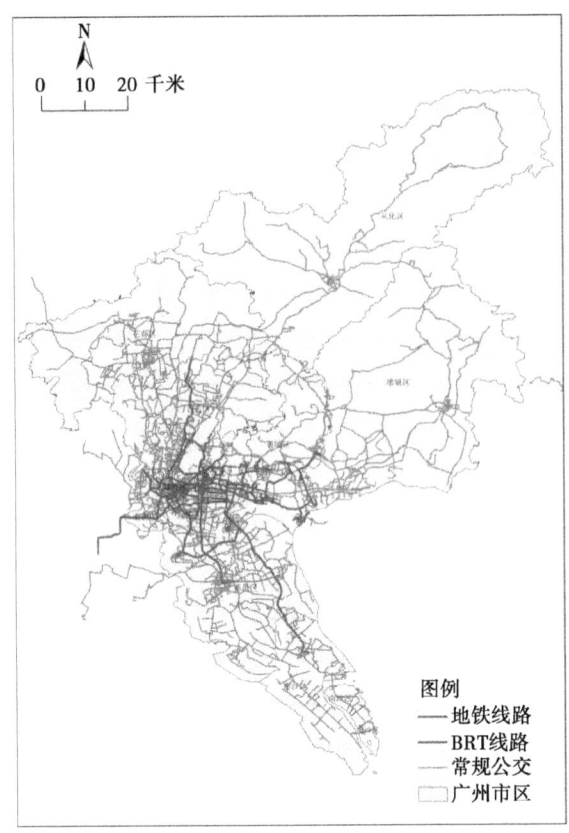

图 4-4 广州公共交通网络线路分布

(1) 线密度。通过对广州市公共交通网络线路进行密度分析，可以发现公共交通线网的线密度呈现核心—边缘分布特征，密度最高的区域集中在越秀区和荔湾区，在番禺区、花都区、增城区出现3个集中较高密度地区，从化区与广州中心城区之间呈带状衔接，如图4-5所示。

(2) 线核密度。通过对广州公共交通线网进行核密度分析，可以发现公共交通线网的核密度亦呈核心—边缘分布特征，密度最高的区域集中在越秀区、部分集中于白云区东西部、荔湾区东部、天河区西部，在番禺区、花都区、南沙区、增城区、从化区均出现集中较高核密度地区，从化区与广州中心城区之间呈带状衔接。广州公共交通网络线密度与线核密度在城市核心区大部分区域分布相近，但是在从化、南沙、增城等区公共交通网络线密度分布较广，而网络线核密度分布较小，如图4-5所示。

第4章 广州公共交通网络结构特征及其影响因素

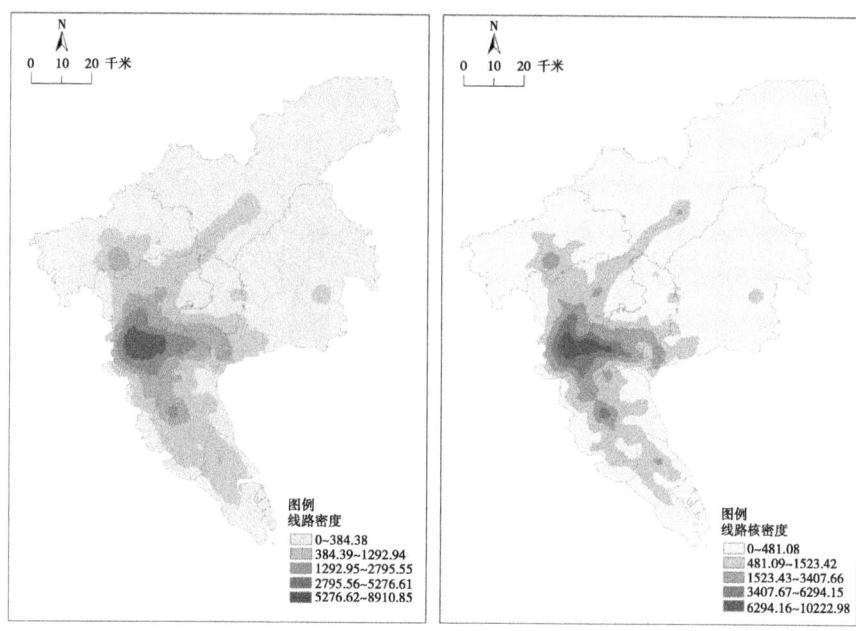

图4-5 广州公共交通网络线路密度及核密度分布

4.1.2.2 站点分布

广州公共交通站点共有7034个,其中,常规公交站点分布较广,从城区尺度来看,11个市辖区均有分布。地铁站点主要集中分布在越秀区和天河区,在白云区、荔湾区、番禺区、南沙区、黄埔区、海珠区分布较为稀疏,站点之间的距离较长。BRT站点分布较为均匀,且分布较为密集,主要集中在越秀区、天河区、白云区、荔湾区、黄埔区、海珠区。通过对公共交通站点的途经线路条数进行梳理,可以发现途经线路条数较多的站点集中于越秀区、天河区、荔湾区、海珠区、白云区;在边缘的花都区、番禺区、从化区、增城区等则主要集中分布于各市辖区的中心区附近,如图4-6所示。公共交通站点密度呈现多中心分布,其中越秀区、天河区西部、白云区中东部、荔湾区东部、海珠区北部地区形成高密度中心区。其次分别在花都区、番禺区、从化区、增城区形成4个次高密度中心区。公共交通站点密度也呈核心—边缘分布特征。公共交通站点的核密度分布较为分散,在各大城区的中心城区之外,在各城区的边缘地区城市化较为显著的地区,也存在核密度集中区,如增城的新塘镇等,如图4-7所示。

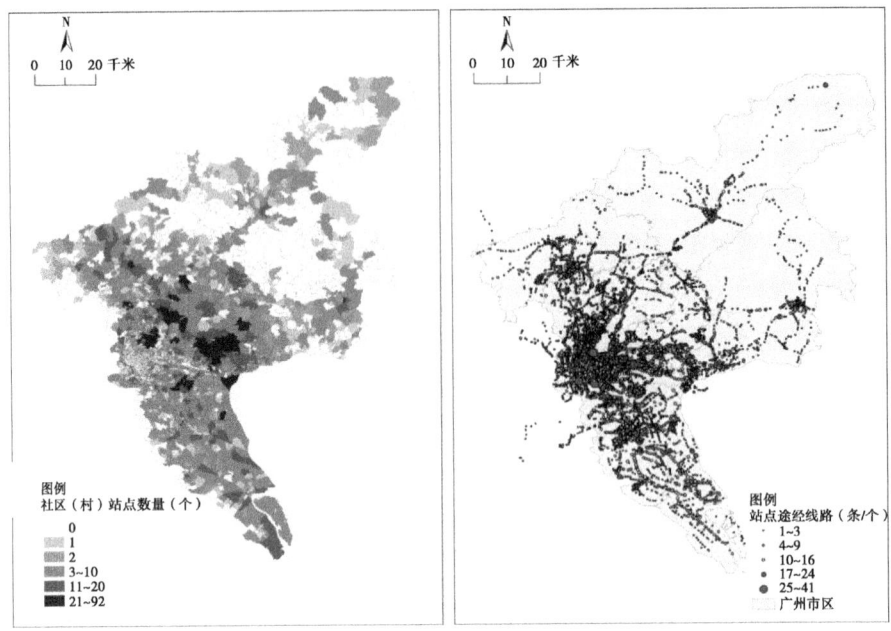

图4-6 广州公共交通网络站点及途经线路分布

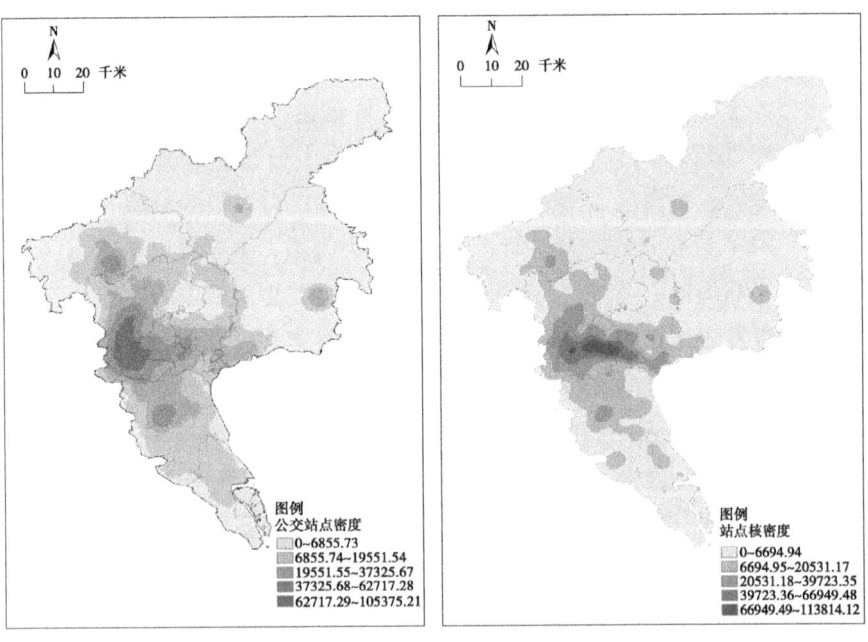

图4-7 广州公共交通网络站点密度及核密度分布

4.2 公共交通网络拓扑结构与层级特性

基于城市公共交通网络系统的构成，可将城市公共交通网络进行抽象化处理，将其抽象为无向网络图 N = (E, V)，其中 E = {1, 2, …, n} 为公共交通站点集；V 为公共交通方式集合，E = {1 = 轨道交通，2 = BRT 快速公交，3 = 常规公交}。V_i 为公共交通网络站点（网络节点）；分别包括轨道交通 V_1、BRT 快速公交 V_2 及常规公交 V_3，组合成为城市公共交通网络拓扑图，如图 4-8 所示。

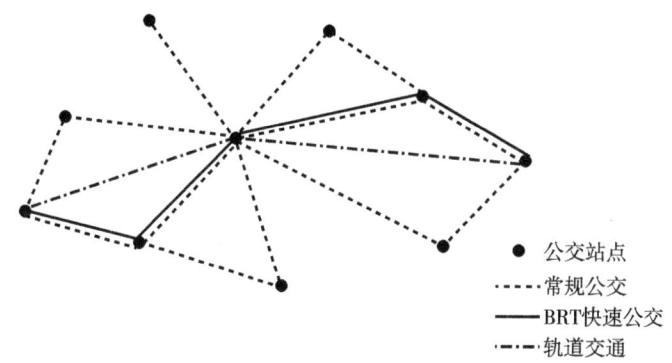

图 4-8 城市公共交通拓扑结构示意

4.2.1 公共交通网络拓扑结构分析指标

利用复杂网络理论对广州公共交通网络的拓扑结构进行分析，主要是网络节点和网络连线的结构组合特征。在复杂网络理论中，主要从网络站点度、网络平均最短距离、网络聚类系数及网络有效性 4 个指标分别对广州公共交通网络结构特征进行评估分析（吴建军，2010）。

4.2.1.1 网络站点度（k）

在公共交通网络中，网络站点度以网络站点所通过的线路数量进行表征。当网络站点度越大，说明该网络站点在整个公共交通网络中较为重要，通过式 (4-1) 进行表达。

$$k_i = \sum_{j \in N} e_{ij} \tag{4-1}$$

其中，e_{ij}表示网络站点 i 与 j 的连接情况，若是连接的则为 1，若不连接则为 0。

4.2.1.2 网络平均最短距离（l）

网络平均最短距离是网络站点之间最短路径的均值，能够用来表示公共网络的规模。当网络平均最短距离的值越低，说明网络的效率越高。

$$l = \frac{1}{n(n+1)} \sum_{i,j \in N(i \neq j)} d_{ij} \quad (4-2)$$

其中，n 为网络站点数量；d_{ij}为站点 i 与 j 间的最短距离。

4.2.1.3 网络聚类系数（C）

网络聚类系数表征网络站点的联系程度，当网络站点全部相连则网络聚类系数 = 1。网络聚类系数通常 < 1。单一站点网络聚类系数可通过式（4-3）进行表达。

$$C_i = \frac{2T_i}{k_i(k_i - 1)} \quad (4-3)$$

其中，k_i为网络节点度，T_i为与节点 i 连接的节点间的连接边数。

网络聚类系数为所有站点聚类系数的平均值：

$$C = \frac{1}{n} \sum_{i \in N} C_i \quad (4-4)$$

其中，C_i为节点 i 的聚类系数，n 为网络节点数量。

4.2.1.4 网络有效性（E）

网络有效性是表征网络能力好坏指标，其定义为：

$$E = \frac{1}{n(n-1)} \sum_{i,j \in V, i \neq j} \frac{1}{d_{ij}} \quad (4-5)$$

其中，n 为网络站点数量；d_{ij}为网络站点 i 与 j 间的最短距离。

4.2.2 广州公共交通网络拓扑结构

首先基于复杂网络分析理论，利用网络节点度值等相关指标，分析公共交通网络节点与网络整体拓扑特性。

4.2.2.1 整体公共交通网络拓扑结构

基于复杂网络理论对广州公交网络结构特征进行描述，将其以点与线的抽象化处理，进行 OpenOrd 布局处理，呈球形分布，有多个节点的衔接度较高。对于广州公共交通网络的拓扑结构而言，利用前文中所引入的指标进行测算，能够从广州城市层面整体了解其网络拓扑结构特征，测算结果如表 4-3 所示。

第4章 广州公共交通网络结构特征及其影响因素

表4-3 广州公共交通拓扑结构

属性	公共交通网络	轨道交通网络	BRT快速公交网络	常规网络
节点平均度	2.50	1.35	2.06	3.40
平均最短距离	2.25	3.47	2.98	3.77
聚类系数	0.28	0.43	0.39	0.23
网络有效性	0.32	0.27	0.19	0.89

资料来源：以上数据基于论文数据库计算而来。

通过分析可以发现，在广州市公共交通网络在节点平均度值方面，轨道交通网络的度值较低，常规公交的度值较高，说明广州常规公交网络站点所途经线路数量最多。就平均最短距离而言，广州公共交通综合网络的站点间连接距离最短，常规公交网络的站点间连接距离最长。从聚类系数来看，广州常规公交网络的站点布局较为紧密，轨道交通网络的站点布局较为分散。网络有效性表明，广州常规公交网络的效率高于其他类型的网络，如图4-9所示。

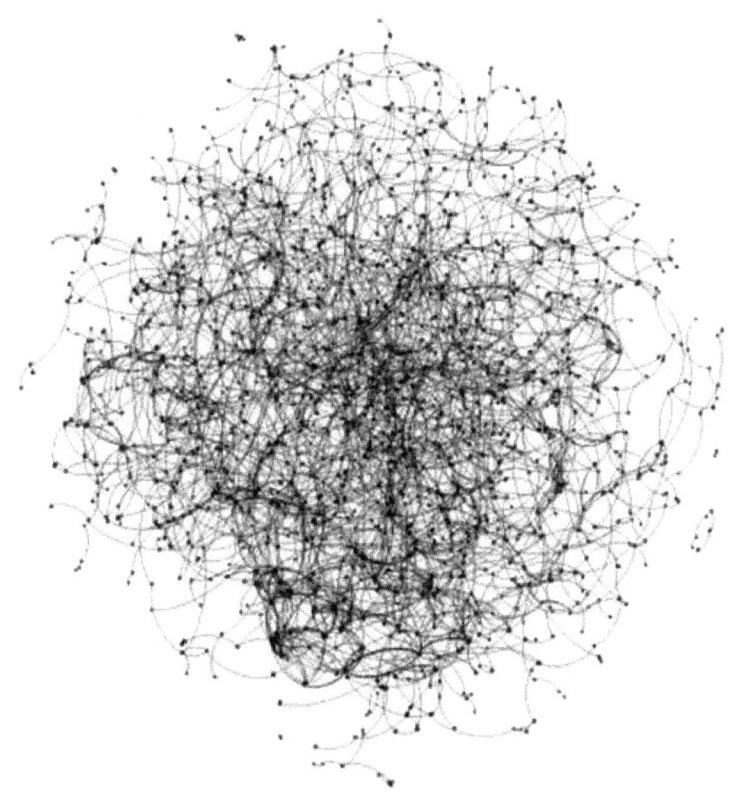

图4-9 广州公共交通网络抽象分布

城市公共交通网络节点度分布 P（K），是对辨识网络 Hub 关键节点的重要依据，主要为某一网络节点度值是 k 值的概率。因此，一个节点的度越大也就表明这个节点是越重要的。

分别对广州市的三种类型公共交通子网络进行度值分析，深入了解网络节点度在量化统计上的分布情况。可以明确常规公交的度值则处于 1~51，轨道交通网络的度值主要位于 1~6，BRT 网络的度值主要集中于 1~15。其中，从网络节点度分布概率来看，常规公交网络的度值等于 1 的节点数占节点总数的 29.61%，度值等于 2 的节点数占节点总数的 18.72%，度值大于 15 的节点数占节点总数的 6.37%。轨道交通的度值等于 1 的节点数高达 87.65%，等于 2 的节点数概率为 11.11%。BRT 网络的度值等于 1 的节点数占节点总数的 64.15%，等于 2 的节点数为 11.11%。综合公共交通网络的度值等于 1 的节点数占节点总数的 33.08%，度值等于 2 的节点数占节点总数的 18.59%，度值大于 15 的节点数占节点总数的 5.83%，如图 4-10 所示。

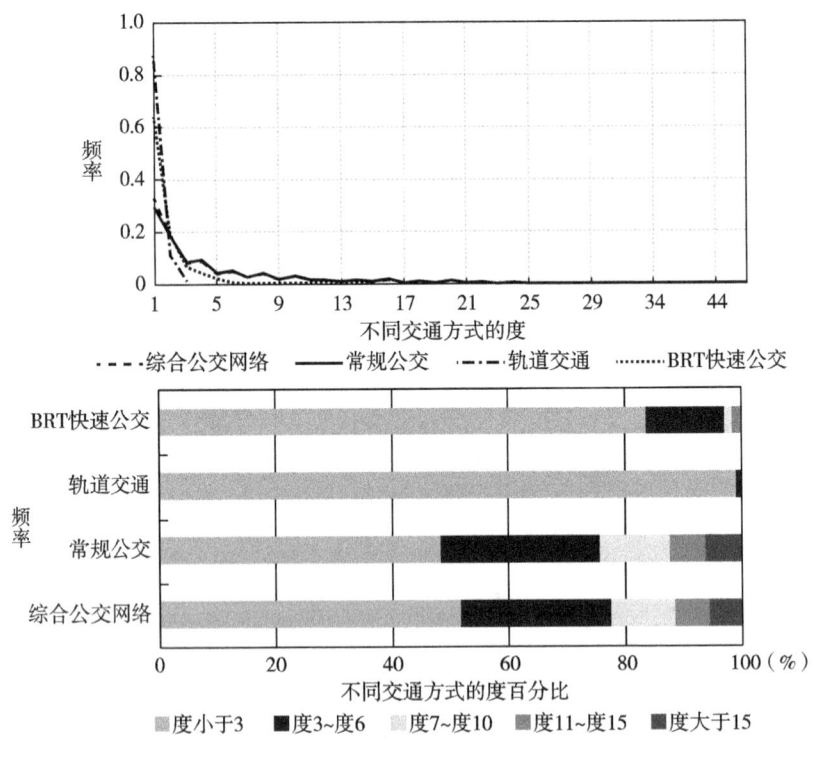

图 4-10　广州公共交通网络度分布及占比

城市公共交通网络度值为1的站点数量较大,表明网络结构中的末端节点数量较大,末端节点通常为提高公共交通覆盖度而设置的单一线路站点,为满足城市社区尺度居民的公共交通出行需求而设置。而公共交通网络度值大于15的站点数量占比小于常规公交的占比,是由于轨道交通站点与BRT站点通常与常规交通网络中度值高于15的重要站点发生重合,共同构成城市公共交通网络站点度值,当网络站点规模增大时,度值大于15的站点数量变化不大,从而导致了度值高于15的重要站点所占网络的比重下降。

从图4-10中可以看出,常规公交网络的度值分布对公共交通综合网络的度值分布影响较大,加载了轨道交通网络、BRT快速公交网络及常规公交网络的公共交通综合网络度值分布与常规公交网络度值分布相似,这是由于综合公共交通站点80%是由常规公交站点组成,而常规公交站点数量较大,当加入轨道交通站点和BRT快速公交站点时,对综合公共交通网络节点度值的影响程度较小。

4.2.2.2 不同城区公共交通网络拓扑特性

从空间上来看,广州11个区的行政边界也将公共交通网络划分为11个子网络。通过对不同区的公共交通网络特征进行分析,探讨城区差异下的公共交通网络拓扑特性差异,为进一步探讨不同区的居民出行效率进行铺垫。

首先,通过观测11个区综合公共交通网络的度分布情况,可以看到11个城区的公共交通网络度分布是呈指数递减分布。能够发现度值超过15的网络节点占比前三位的城区为越秀区、海珠区、荔湾区。度值越高表明该城区核心枢纽站点越多。度值小于3的网络节点占比前三位城区为从化区、增城区、荔湾区,表明这3个城区网络末端节点越多。

其次,对常规公交子网络进行分析,可以发现11个城区的常规公交子网络度分布也呈现指数递减分布,度值超过15的网络节点占比前三位的城区为越秀区、天河区、海珠区,在越秀区、天河区和海珠区常规公交枢纽站点数量较大。度值小于3的常规公交网络节点占比前三位城区为从化区、增城区、荔湾区,表明这3个城区常规公交子网络末端节点越多。

通过对轨道交通子网络进行分析,11个城区的轨道交通子网络度分布呈现线性递减分布。度值为3的网络节点主要分布在天河区和海珠区,说明轨道交通枢纽站主要集中分布于这两个区。度值为2的网络节点主要分布于番禺区、白云区以及天河区,这三个区的中转站点数量较大,承载了较大的线路转换作用。度值为1的网络节点主要位于南沙区与黄埔区,这两个城区的轨道交通子网络主要是支线网络,承担着连接末端的作用。而截止到2017年6月,花都区、增城区及从化区还未开通轨道交通,为此轨道交通子网络仅覆盖以上3个区。

最后,对BRT快速公交子网络进行分析,可以发现11个城区的BRT快速公交子网络度分布呈现线性递减分布。度值大于15的网络节点主要分布于天河区,表明BRT快速公交的核心枢纽站点主要位于天河区。白云区、番禺区、增城区的节点度值全部小于3,为此在这3个城区BRT快速公交子网络节点多为末端节点。广州不同城区公共交通子网络站点度分布及占比如图4-11所示。

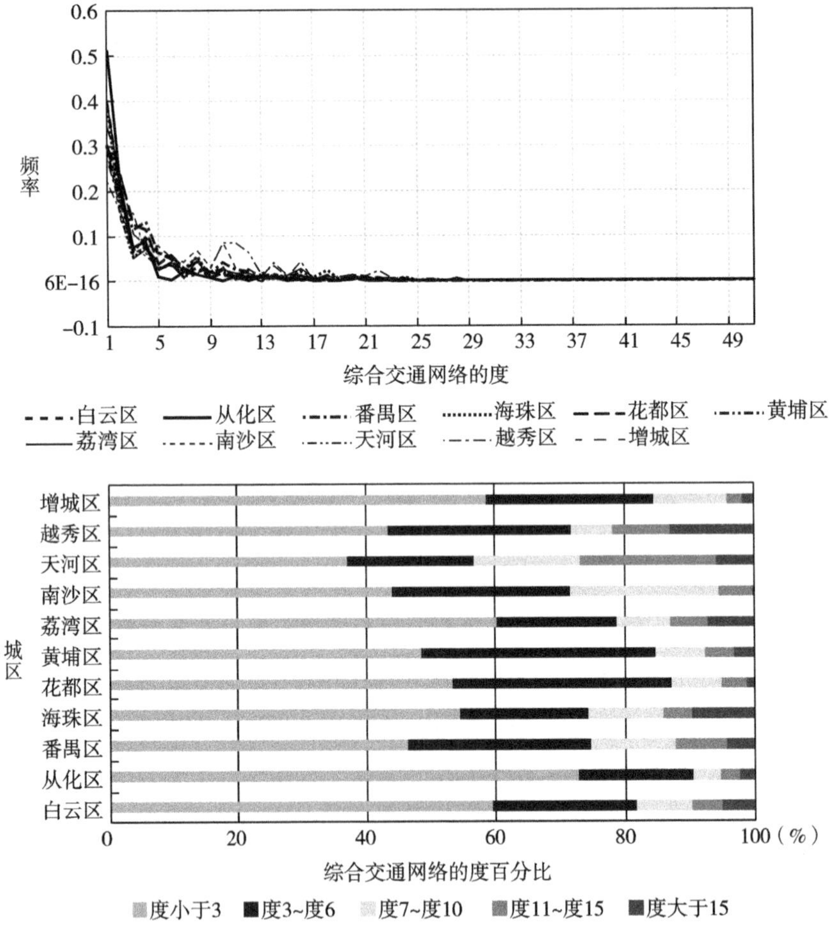

图4-11 广州不同城区公共交通子网络度分布及占比

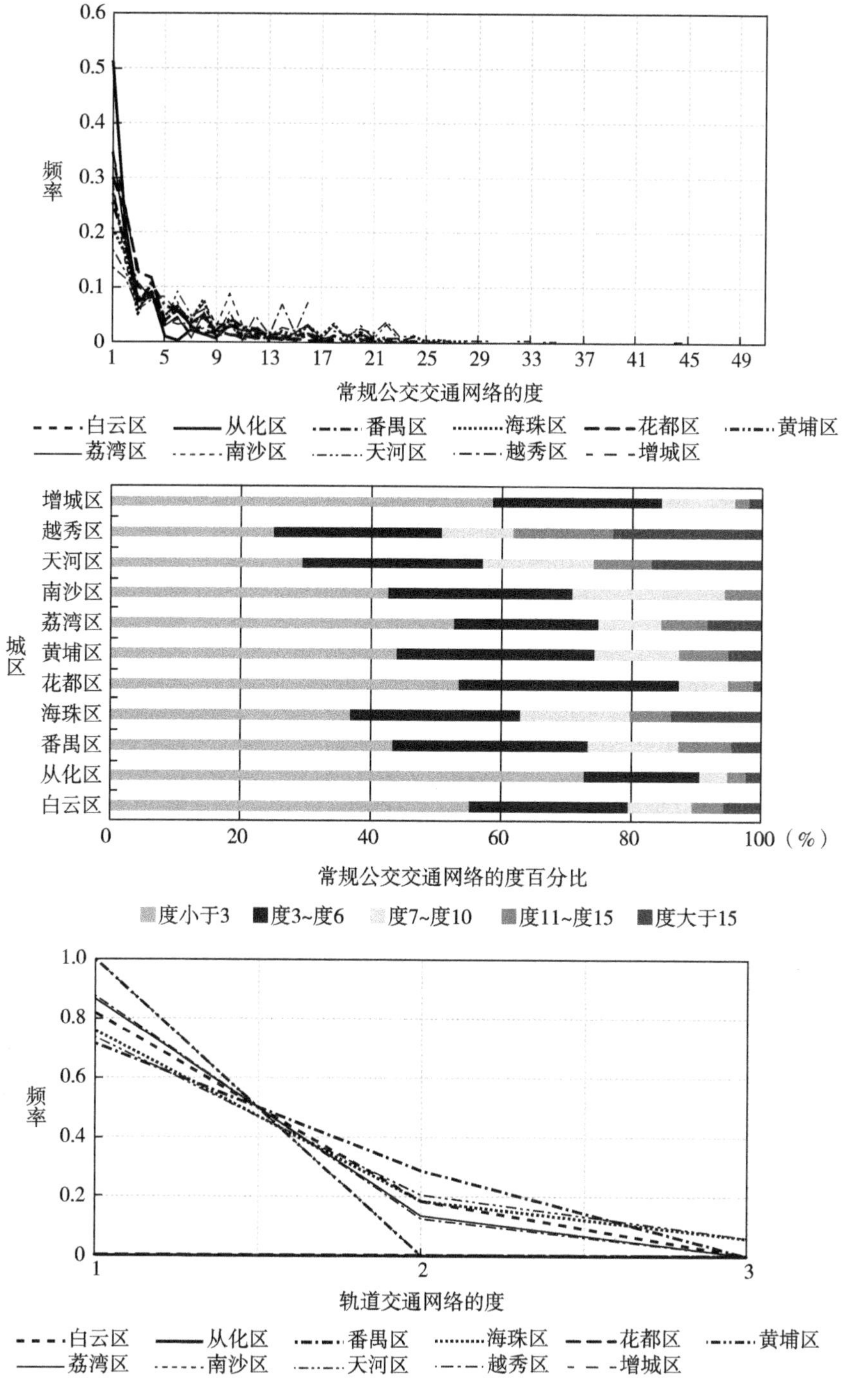

第4章　广州公共交通网络结构特征及其影响因素

图4-11　广州不同城区公共交通子网络度分布及占比（续图）

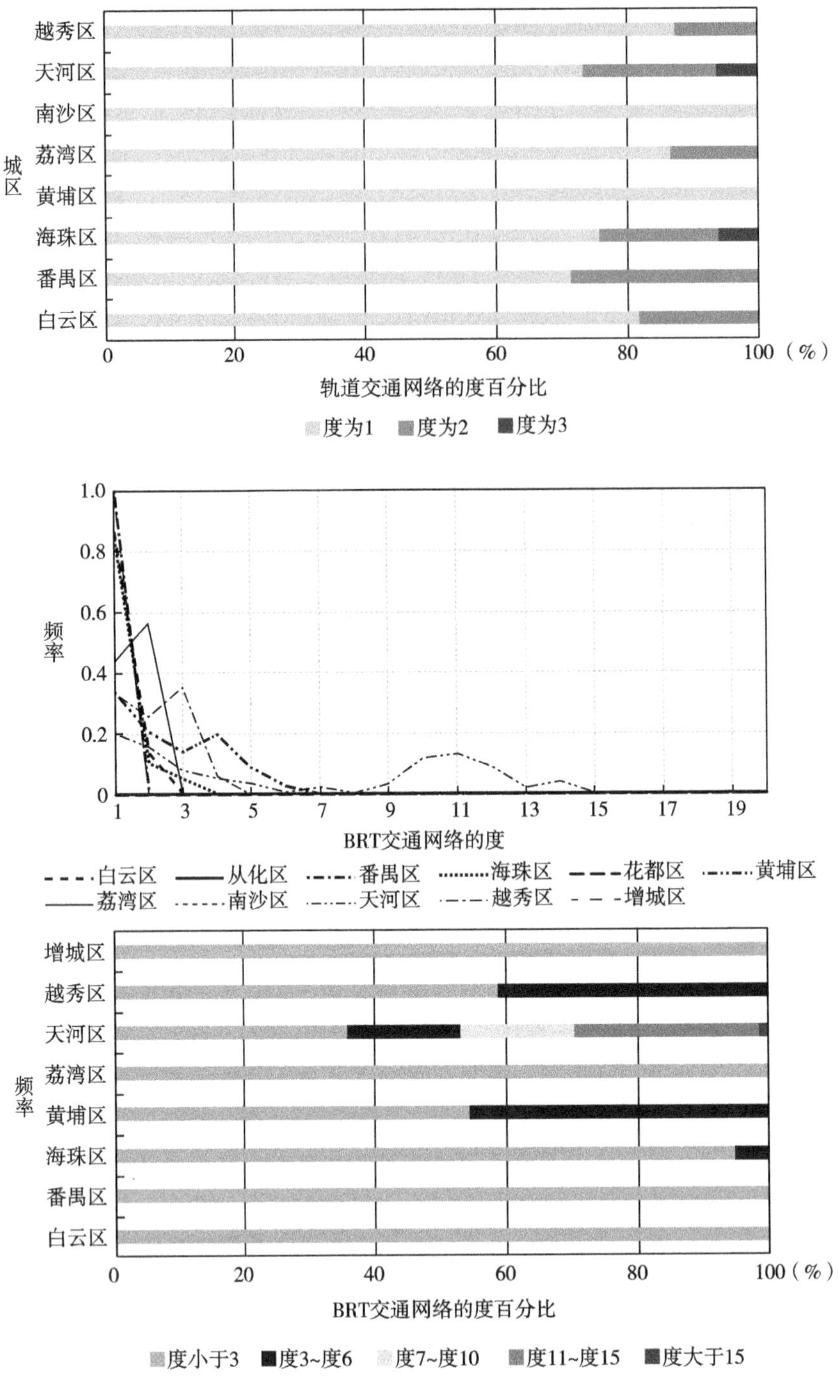

图4-11 广州不同城区公共交通子网络度分布及占比（续图）

4.2.3 公共交通网络层级特性

在已有研究之中已经证实,当节点度值与其集聚系数能够满足式(4-6)中的幂函数关系,则层级结构关系存在于该网络之中。

$$C_i K_i \sim K_i^{-\beta} \tag{4-6}$$

其中,C_i 为公共交通网络站点 i 的 C 值(网络集聚系数),K_i 为网络公共交通网络站点 i 的 k 值(网络节点度值)。

对广州公共交通网络的节点度值与聚类系数进行探查,采用 LOS 构成全局模型进行回归分析,结果如表 4-4 所示。全局回归模型通过联合假设检验,其各观测变量也能够通过 t 检验,这一结果验证了公共交通网络节点度 k 与集聚系数 C 之间的关系,即两者之间是存在幂函数关系。从而能够证实广州公共交通网络是层级网络,即其网络内部存在分层特征。

表4-4 广州公共交通网络层级关系的标定结果

参数	取值	标准差	t检验对应P值	R^2	F检验值	F检验P值
截距	0.6695	0.00408	<0.001	0.499354	7044.77	<0.001
度	-0.052243	0.000622	<0.001	—		

依据公共交通网络的点与线路两大基本要素,广州公共交通网络层级划分实质是对网络节点与线网进行分层,而线网的划分与网络节点的划分密切相关,为此网节点层级划分是公共交通网络结构层级划分的基础。本节将在选取节点度指标辨识网络 Hub 关键节点的基础上,探讨以 Hub 关键节点为核心的网络节点层级结构以及基于节点层级划分的网络线网层级特征。

4.2.3.1 网络 Hub 关键节点辨识

城市公共交通网络 Hub 关键节点为较大度值的网络节点,在城市公共交通网络中的位置是处于节点度分布的尾部,其数量占网络节点的少数部分。通过识别网络 Hub 关键节点,能够获取广州城市公共交通网络的重要节点,是广州公共交通网络结构节点层级研究的首要步骤。本书 Hub 关键节点的识别路径是首先攻击网络节点,然后判断网络是否连通。随着 Hub 关键节点依次被选取并剔除,网络连通性降低,由此可识别出对网络结构影响较大的 Hub 关键节点。针对复杂网络 Hub 关键节点的识别,有多种方法可以进行识别,其中最主要的方法为随机攻击删除法与最大度降序攻击删除法。随机攻击删除法主要是随机选取网络节点,随机删除网络节点。按最大度降序攻击删除法首先是对网络节点度值进行排序,由高到低对网络节点依次进行删除,其能够通过删除最少网络节点,而导致网络衔接快速中断。图4-12以10个网络节点构成的示意网络作为示范,能够了解网络在随机攻击删除、按度降序攻击删除的方式下,网络节点之间衔接的变化过程。

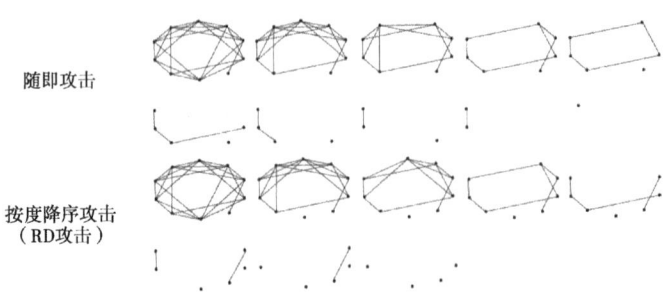

图4-12 网络鲁棒性与抗毁性示意

(1) Hub关键节点的识别。本书采用按最大度降序攻击删除法对Hub关键节点进行识别。在广州城市公共交通网络中,针对节点度高的节点进行降序攻击,实现公共交通网络的连接程度快速中断,从而识别出广州公共交通网络的Hub关键节点。在按照度值删除网络节点的过程中,广州公共交通网络的平均最短距离将会随着节点的变化而产生变化,当平均最短距离为0时,网络节点联系将中断。

(2) Hub关键节点识别结果。图4-13呈现了广州公共交通网络按照度降序攻击删除法进行网络节点删除后的网络平均最短距离的变化过程,可以看到f为去除掉的城市公共交通网络节点所占整体网络节点的比例,而l为去除城市公共交通网络中度值较大节点后的平均最短距离。

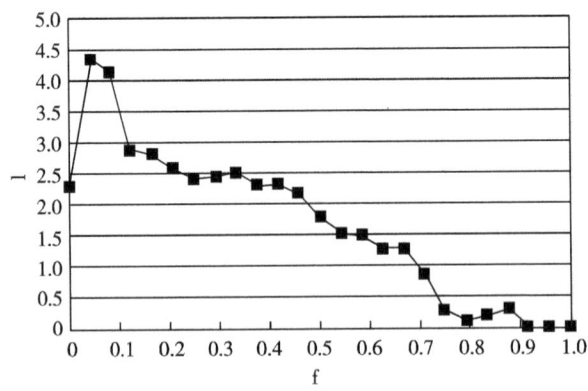

图4-13 广州公共交通网络降序攻击度分布

通过对广州市公共交通网络按照度降序攻击删除法进行网络节点删除,可以发现当公共交通网络去除掉的网络节点所占整体网络节点的比例小于0.5%时,网络节点的去除将会导致网络平均最短距离快速上升;随后持续删除度值较大的节点,当去除掉的网络节点占整体网络节点的比例大于1%时,广州城市公共交通网络的平均最短距离快速降低。通过对城市公共交通网络节点的删除,能够反映出广州市公共交通网络在整体上具有脆弱性,随着网络重要节点被删除,公共交通网络结构将在短时间内处于无法衔接的状态。

当网络按照度值降序除掉节点度值较大的网络节点时,网络平均最短距离开始上升,当去除掉节点度值大于18的294个网络节点时,网络平均最短距离高达4.426,当去除掉节点度值大于13的651个网络节点时,网络平均最短距离开始急剧下降。由此可以判断度值大于13的网络节点为广州城市公共交通网络Hub关键节点,Hub关键节点分布如图4-14所示。

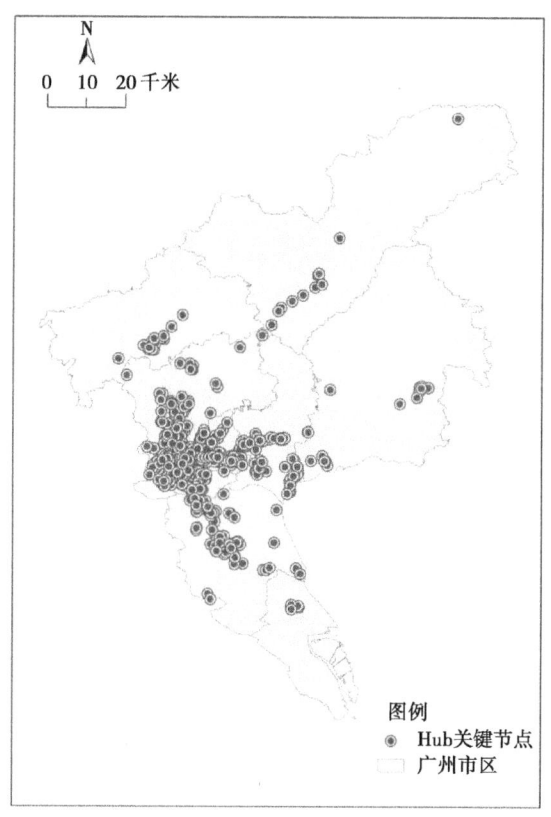

图4-14 广州公共交通网络Hub关键节点分布

在广州公共交通网络的 651 个关键节点中,与城市具有对外衔接功能的交通枢纽节点衔接的站点共有 28 个,分别与机场、火车站、港口、汽车客运站衔接,如广州白云机场、广州火车站、广州东站、黄埔港、黄沙码头、广园汽车客运站、越秀南客运站、天河客运站、海珠客运站、芳村汽车客运站、番禺汽车客运站等。

而对于与广州城市内部功能的结合而言,公共交通网络关键节点也发挥着重要的作用。首先是与社会服务功能的衔接的站点,65 个关键站点位于政府机关附件,如广东省政府、广州市政府、越秀区政府、天河区政府、海珠区政府等。88 个关键站点位于医院附近,如南方医院、广东省口腔医院、广东省荣军医院、广东省妇幼保健院、广州市中医药、肿瘤医院等三级甲等医院。41 个关键站点与学校相衔接,如中山大学、华南理工大学、暨南大学、华南师范大学、执信中学等。50 个关键站点与公园、体育场等休憩场所衔接,如白云山、香江动物园、越秀公园、植物园、澄海公园、雕塑公园等。其次是与城市产业发展功能衔接的站点,72 个关键站点与位于中心区现代服务产业单元相衔接,如上下九步行街、北京路步行街、体育中心、沙园、客村、琶洲等。55 个关键站点与其他产业单元相衔接,如广州科学城、白云均禾工业区等。74 个关键站点具有城市内部交通衔接功能,如陈家祠总站、科韵路总站、天平架总站、赤岗总站、东山口总站、恒福路总站、同德围总站、云台花园总站等。最后共有 168 个关键站点与以城市居住为主的混合功能单元相衔接,如大型社区、人口积聚的城中村等。可以发现,广州公共交通网络中的关键节点承载着城市各大功能的衔接,从对外交通衔接到内部的城市居住、公服、产业之间的交通衔接均依托于公共交通网络的关键节点与线路。

4.2.3.2 网络节点多层级结构

城市公共交通网络中除了网络 Hub 关键节点之外,还有大量非网络 Hub 关键节点,非网络 Hub 关键节点围绕着网络 Hub 关键节点所形成网络节点多层级结构是值得探讨的。为此,首先探寻非网络 Hub 关键节点的类型特征,其次了解 Hub 关键节点周围给定距离非网络 Hub 关键节点的网络结构特征,最后探究节点的网络层级关系。

(1) 非网络 Hub 关键节点的类型划分。由于非网络 Hub 关键节点数量较大,且随着网络 Hub 关键节点的提取,网络破碎度已无法支撑对非网络 Hub 关键节点的有效判别,为此本书对非网络 Hub 关键节点的层级划分是通过 K – mean 聚类分析方法进行识别。考虑到公共交通网络节点的复杂网络特性,本次聚类分析的变量主要包括节点度与 Hub 节点距离共两个变量,以此综合判别广州市公共交通网络节点的层级。

公共交通网络非关键节点的 K-mean 聚类将节点的度值看成 k 维空间上的点,以类型中心点的距离作为个体分类的指标,逐步测算迭代获取分类的个体数目,其关键测算过程如图 4-15 所示。

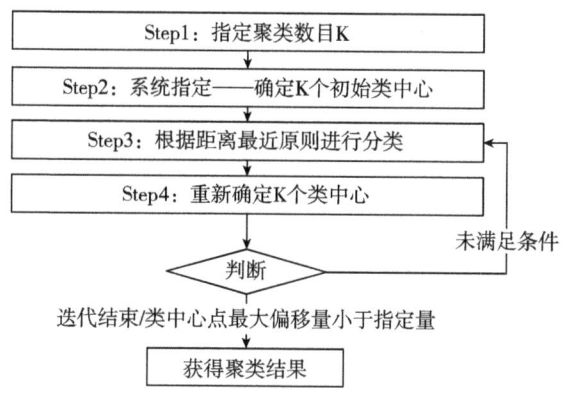

图 4-15 非 Hub 关键节点 K-mean 聚类流程

第一步,确定公共交通网络非关键节点的 K-mean 聚类的类型数量。

第二步,设定每个聚类类型的初始类中心,初始类中心可通过用户指定也可以通过随机指定。若是随机指定,将会根据非关键节点的总体样本数量来确定每一个聚类类型中的初始类中心。

第三步,根据与类型中心距离最近原则进行逐次迭代分类。主要计算每一个观测样本节点到该类中心点的直线距离,从而划分为 K 类节点。

第四步,在第三步的基础上,再次确定聚类类型的类中心点。主要是对上一步划分样本观测节点类的均值进行测端,随后将新的均值点作为新的类中心点。

第五步,对聚类终止的判断主要是看迭代次数是否完成,或是每类中心点的偏移程度是否小于系统指定的 0.02。若满足以上任意条件,则聚类分析结束。

以上为 K-mean 聚类的流程。本次广州市公共交通网络非关键节点的 K-mean 聚类分析将会划分为五类,其中每一类的初始类中心点将随机指定,聚类分析的最大迭代次数为 100 次,从而得到公共交通网络非关键节点的分类如表 4-5 和图 4-16 所示。

表4-5 非Hub关键节点K-mean聚类结果　　　　　　　单位：米，个

指标	类型一	类型二	类型三	类型四	类型五
类中心点度值	3	4	2	2	3
类中心点与Hub关键节点的距离	5547.26	673.46	9373.54	17270.88	2722.93
节点数量	752	3648	416	135	1579

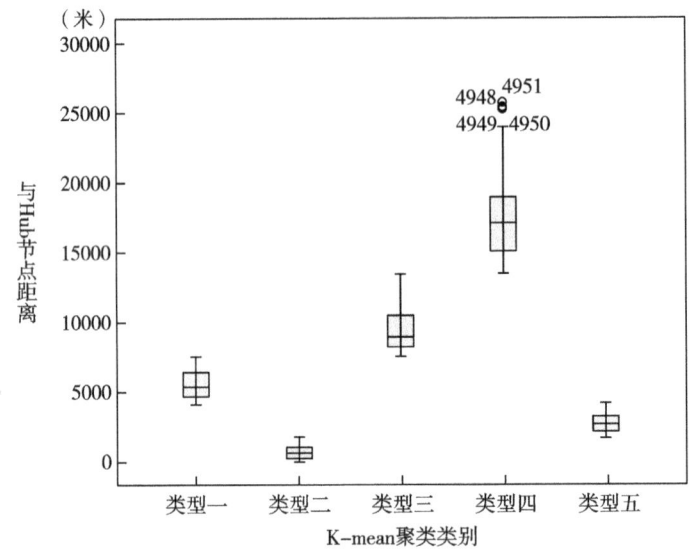

图4-16 非Hub关键节点K-mean聚类分布

类型一，该类型节点的数量为752个，类型中心点与Hub关键节点的距离为5547.26米，该类型25%的节点与Hub节点的距离在4~4.5千米，50%的节点与Hub节点的距离在4.5~6千米。在非关键节点类型一中，8个站点为对外客运枢纽，如广州南汽车客运站、南沙客运站、丽水汽车客运站、大岗客运站及陈村客运站等。15个站点与医院衔接，如镇龙医院、潭州医院、赤泥医院等公立医院。3个站点与政府衔接，花东镇政府、横沥镇政府、大岗镇政府。39个站点与学校衔接，如广州医科大学（番禺校区）、广外南国商学院、华立学院、石壁中学及南沙小学等。46个站点具有城市内部交通衔接功能，如迳下村总站、神山总站、严华寺总站、清华创新科技园总站、石龙头总站、蟹庄村总站等，其中大部分总站节点度值为4。

类型二，该类型节点的数量为 3648 个，类型中心点与 Hub 关键节点的距离为 673.46 米，该类型 25% 的节点与 Hub 关键节点的距离在 300~400 米，50% 的节点与 Hub 关键节点的距离在 400~800 米。该类型的节点数量占非关键节点总数量的比值最大，达到 55.87%，其与 Hub 关键节点的距离最近。在非关键节点类型二中，28 个站点为对外客运枢纽，如花都汽车总站、市桥汽车总站、东圃汽车总站等。94 个站点与医院衔接，如花都区人民医院、番禺区中心医院、增城区人民医院等公立医院。10 个站点与政府衔接，新塘镇政府、榄核镇政府、东涌镇政府等。175 个站点与学校衔接，如云山中学、交通技术学院、一一七中学、钟村小学、桥东小学、南村中学等。462 个站点具有城市内部交通衔接功能，如太和总站、大学城科学中心总站、太营总站、东华南路总站、珠江帝景苑总站、罗冲围总站等，其中大部分总站节点度值为 5。

类型三，该类型节点数量为 416 个，类型中心点与 Hub 关键节点的距离为 9373.54 米，该类型 25% 的节点与 Hub 关键节点的距离在 7~8.5 千米，50% 的节点与 Hub 关键节点的距离在 8.5~11 千米。在非关键节点类型三中，4 个站点为对外客运枢纽，如石滩汽车站、福和汽车站、梯面汽车站、狮岭汽车站等。4 个站点与医院衔接，如朱村医院、灵山医院、狮岭医院、九佛医院等社区医院。6 个站点与政府衔接，小楼镇政府、石滩镇政府、万顷沙镇政府、梯面镇政府等。17 个站点与学校衔接，如广东技术师范学院、华夏学院、万顷沙中学、庙贝小学等。25 个站点具有城市内部交通衔接功能，如穗丰村总站、兴丰村总站、富力金港城总站、明珠花林湖畔总站、棠上路总站、仙村总站等，其中大部分总站节点度值为 3。

类型四，该类型节点数量为 135 个，类型中心点与 Hub 关键节点的距离为 17.27 千米，该类型 25% 的节点与 Hub 关键节点的距离在 14.5~15.5 千米，50% 的节点与 Hub 关键节点的距离在 15.5~19 千米。该类型的节点数量占非关键节点总数量的比值最小，仅为 2.1%，其与 Hub 关键节点的距离最远。在非关键节点类型四中，1 个为对外客运枢纽，即派潭汽车站。2 个站点与学校衔接，包括新显小学、鳌头中学。4 个站点具有城市内部交通衔接功能，包括广州船坞总站、王子山森林总站、珊瑚总站、民乐总站等，其中大部分总站节点度值为 2。

类型五，该类型节点的数量为 1579 个，类型中心点与 Hub 关键节点的距离为 2722.93 米，该类型 25% 的节点与 Hub 关键节点的距离在 1.6~2.3 千米，

50%的节点与Hub关键节点的距离在2.3~3.2千米。在非关键节点类型四中，2个站点为对外客运枢纽，如永和汽车站、黄阁汽车站。18个站点与医院衔接，如龙归华侨医院、黄阁医院、盐步医院、新造医院等。82个站点与学校衔接，如暨南大学南校区、广东青年职业学院、广东机电技术学院、仲恺农业工程学院、长岗中学、岑山小学等。162个站点具有城市内部交通衔接功能，包括华观路总站、南国奥林匹克花园总站、凤尾村总站、节能科技园总站等，其中大部分总站节点度值为3。

基于SPSS 19.0进行测算，可以发现在非Hub关键节点中围绕Hub关键节点已形成多层级结构，55.86%的节点与Hub关键节点的直线距离为2千米，由类型二构成第一层级。24.18%的节点与Hub关键节点的直线距离为4千米，由类型五构成第二层级，11.52%的节点与Hub关键节点的直线距离为7千米，由类型一形成第三层级，6.37%和2.07%节点的类型三和类型四分别构成第四层级和第五层级，与Hub关键节点距离最远达26千米。

一方面，可以发现虽然广州南站是广州对外的核心枢纽站点，但是由于广州南站与佛山市毗邻，在广州公共交通网络中，并不会因为广州南站的去除而形成网络的快速奔溃，其站点层级处于非关键节点的第三层级，与最近的关键节点直线距离超过7千米，说明广州南站对外枢纽站点对城市公共交通网络的影响较小，这是有利于城市公共交通系统发展的，城市公共交通主要承载了城市内部的公共交通出行，城市对外交通枢纽所在站点层级越高，将越容易形成城市内外公共交通客流的重叠，导致公共交通出行效率的降低。

另一方面，广州市公共交通网络各层级站点所承接的城市功能存在差异，如与城市医疗服务相衔接的站点，当站点层级越高，对接的医院等级也越高，层级越低的站点所对接的医院多为社区医院，如关键节点对接的多为省市级的三甲医院，非关键节点第一层级对接的多为市辖区中心医院，如花都区人民医院、番禺区中心医院、增城区人民医院等公立医院，而非关键节点第四层级对接的多为社区医院，如朱村医院、灵山医院、狮岭医院、九佛医院等。同时，大部分站点与以城市居住为主的混合功能单元相衔接，其中站点所对接的单元也存在人口集聚规模的差异，如第一层级站点对接的是城市中心区附近的大型社区及"城中村"，而其他层级站点所对接的则大多是城市过渡区与边缘区的社区与"城中村"。

（2）网络非Hub关键节点度值变化特征。《城市道路交通规划设计规范》中

第4章 广州公共交通网络结构特征及其影响因素

公共交通站点的设置是根据站点之间的距离进行设置的，由于公共交通站点是城市公共交通网络形成的关键要素，其节点结构层级在网络结构分析中至关重要。网络非关键节点与 Hub 关键节点之间的空间距离关系，是了解城市公共交通网络结构特征的重要部分，为此本节通过探讨 Hub 关键节点周围给定距离节点的网络结构特征，从而探究网络节点的层级关系，如表4-6所示。

表4-6　公共交通线路站间距设定标准　　　　　　单位：米

公共交通方式	市区线路站间距	郊区线路站间距
公共汽车与电车	500～800	800～1000
公共汽车大站快车	1500～2000	1500～2500
中运量快速轨道交通	800～1000	1000～1500
大运量快速轨道交通	1000～1200	1500～2000

资料来源：《城市道路交通规划设计规范》。

本书采用市区线路最小值、郊区线路最小值作为站间距划分的分界点，分别对常规公交、BRT 快速公交以及综合公共交通网络中除了 Hub 关键以外的节点类型进行划分，由于轨道交通站点数量少，且多数为 Hub 关键节点，为此非关键节点的数量较少，在此不对轨道交通非 Hub 关键节点进行分析。所以将城市公共交通网络节点分为三种类型，如表4-7所示。

表4-7　公共交通站点分类　　　　　　单位：米

公共交通方式	d≤500	500<d≤800	800<d≤1000	1000<d≤1200	1200<d≤1500	1500<d≤2000
常规公交	√	√	√	√	—	—
BRT 快速公交	—	√	√	√	√	—
综合公共交通	√	√	√	√	—	—

分别对常规公交、BRT 快速公交以及综合公共交通网络的非 Hub 关键节点进行统计分析，可以发现不同类型网络的节点度值、节点与 Hub 关键节点距离两个变量之间分布呈随距离增加，节点度值变化存在差异的特征。

1）常规公交。通过对广州市常规公交非 Hub 关键节点的度值及其与 Hub 关键节点的距离进行统计分析，可以发现，随着与 Hub 关键节点的距离不断增加，常规公交的非 Hub 关键节点度值呈波动变化，在距离 Hub 关键节点 500 米、800 米、1000 米处会存在高度值节点，当距离不断增加，度值会下降，而后又将逐步增加，逐级形成次级中心节点。当与 Hub 关键节点距离超过 1000 米时，其节点度值将随距离形成递减变化，直至度值为 1 的末端节点，如图 4-17 所示。

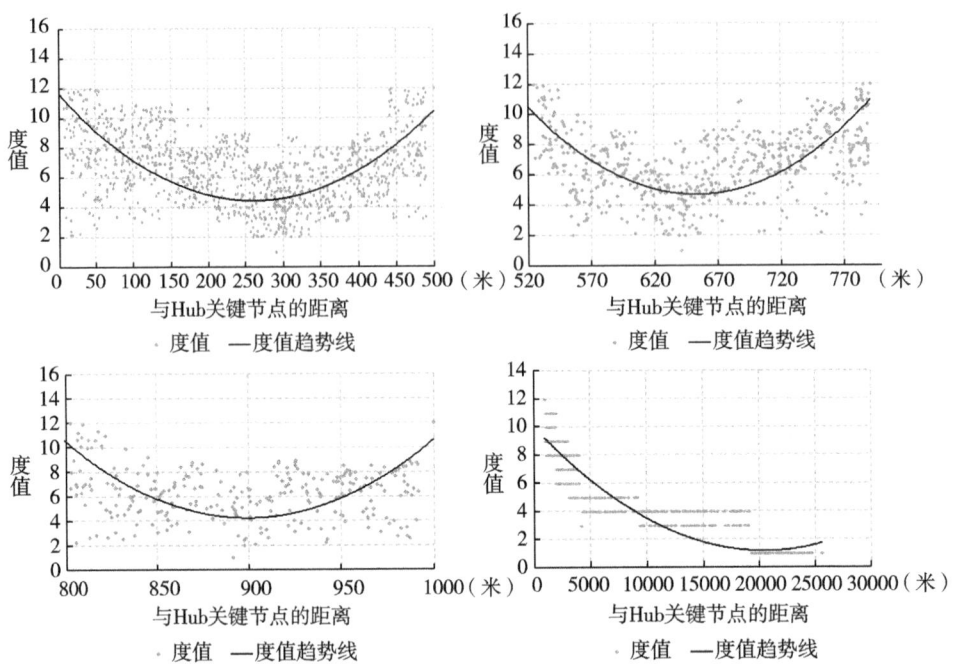

图 4-17　广州常规公交非 Hub 关键节点度值与 Hub 关键节点距离变化

2）BRT 快速公交。通过对广州市 BRT 快速公交非 Hub 关键节点的度值及其与 Hub 关键节点的距离进行统计分析，可以发现，随着与 Hub 关键节点的距离不断增加，BRT 快速公交的非 Hub 关键节点度值呈现波动变化，在距离 Hub 关键节点 1000 米处会存在高度值节点，当距离不断增加，度值会保持平缓，当与 Hub 关键节点距离大于 1500 米时，其节点度值将随距离形成递减变化，直至度值为 1 的末端节点，如图 4-18 所示。

3）综合公共交通。广州市综合公共交通与常规公交的变化特征较为相似，也是在距离 Hub 关键节点 500 米、800 米、1000 米处会存在高度值节点，距离超过 1000 米时，其节点度值将随距离形成递减变化。这可能是由于常规公交站点数量占综合公共交通 80% 的原因，如图 4-19 所示。

第4章 广州公共交通网络结构特征及其影响因素

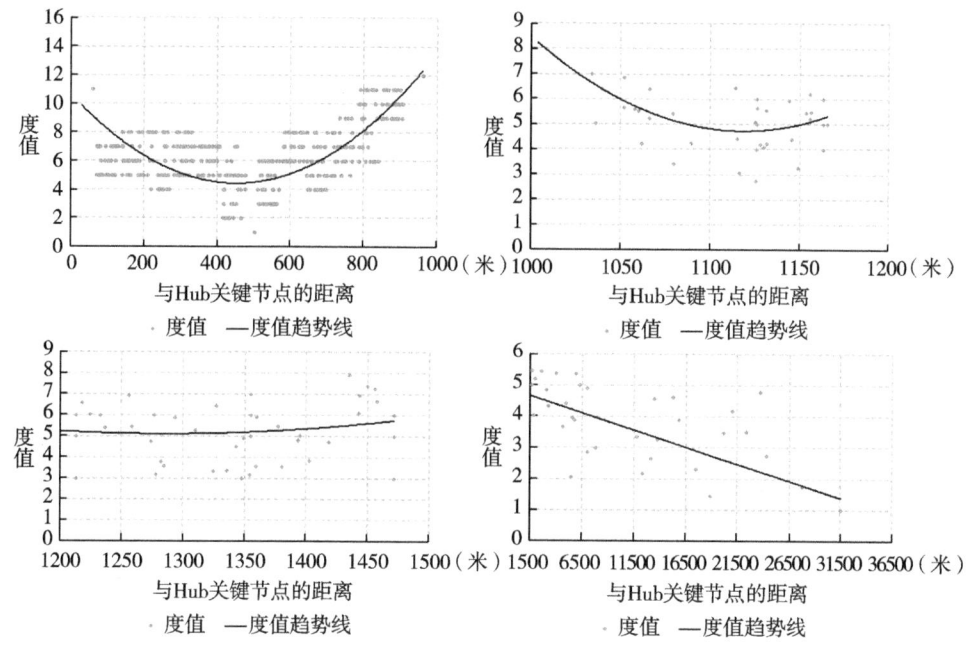

图4-18 广州BRT快速公交非Hub关键节点度值与Hub关键节点距离变化

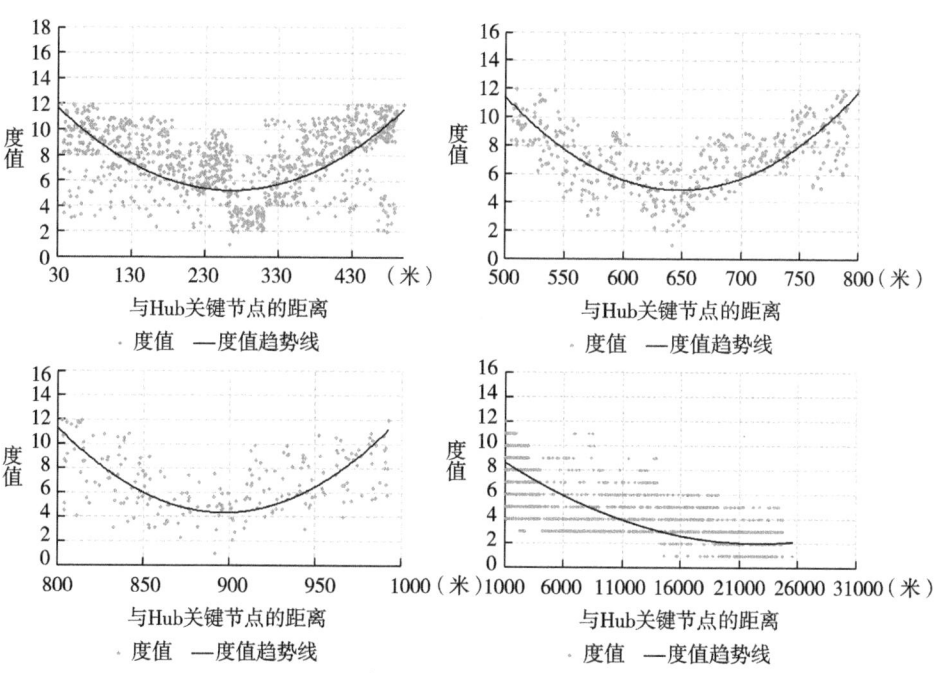

图4-19 广州综合公共交通非Hub关键节点度值与Hub关键节点距离变化

4.2.3.3 网络线网层级模块特征

在网络节点呈现多层级结构特征的基础上,当网络节点通过公共交通线路进行串联时,不同等级网络节点的串联将会促使网络线网形成不同的模块结构。目前,通过对广州市多层级公共交通节点进行串联衔接,可以发现广州公共交通网络线网也呈现出层级模块结构。基于前文所划分的节点层级,广州市公共交通网络共划分为四个层级,分别包括通道网络、干线网络、衔接网络及支线网络。其中,通道网络是由网络 Hub 关键节点的衔接所构成,干线网络是由第 1 层级非 Hub 关键节点的衔接所组成,衔接网络是由第 2 层级和第 3 层级非 Hub 关键节点串联而成,支线网络由第 4 层级和第 5 层级非 Hub 关键节点之间的衔接而成,如图 4-20 所示。

通过图 4-20 可以发现,四个不同层级的线网模块空间分布格局存在明显差异,通道网络与干线网络均衔接了广州 11 个区的中心,其中衔接网络则主要承担广州市各区中心到区内各地的连接,而支线网络则负责更小尺度范围之间公共交通网络节点之间的衔接。

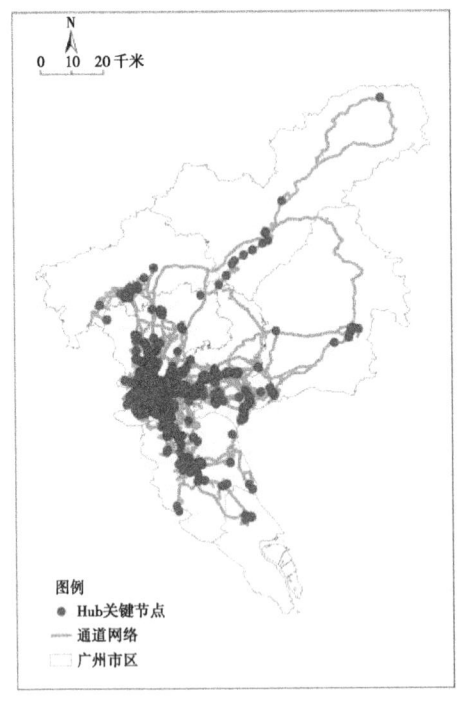
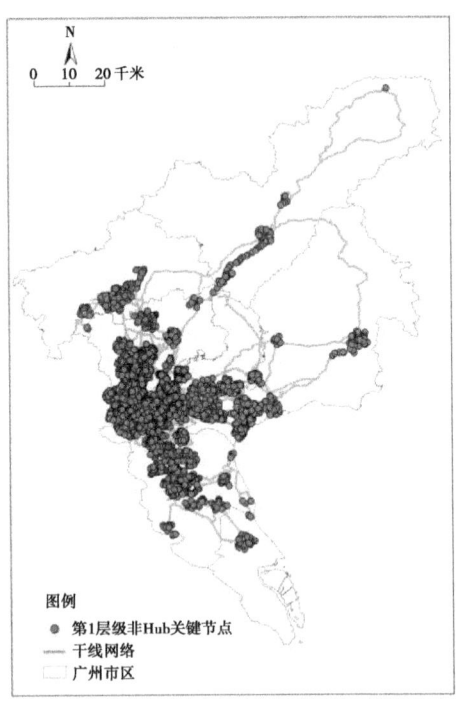

图 4-20 广州公共交通网络线网模块空间分布格局

第4章 广州公共交通网络结构特征及其影响因素

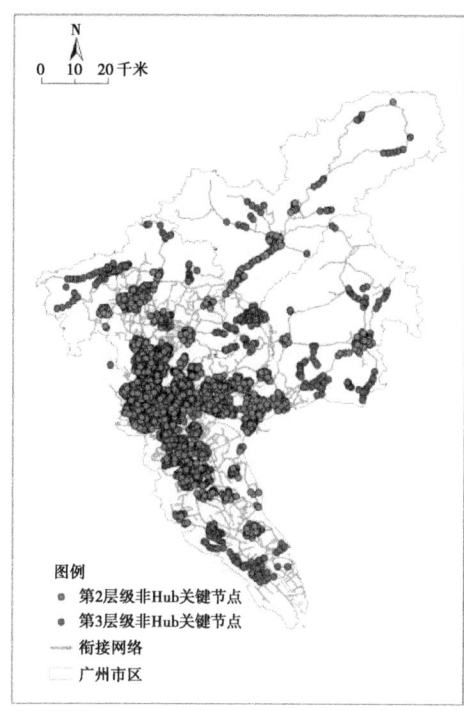
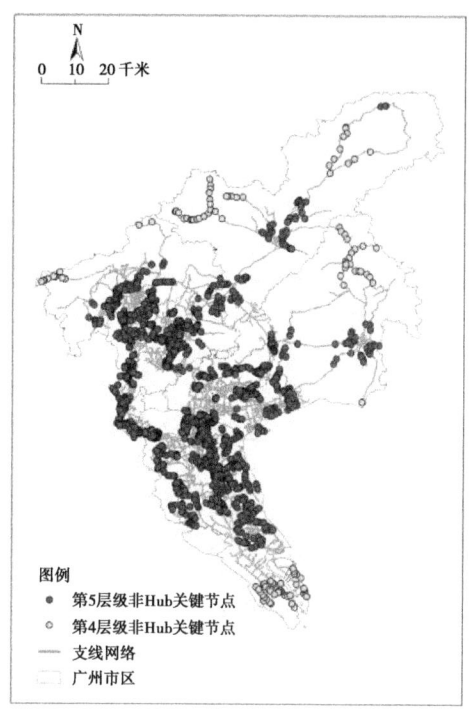

图4-20 广州公共交通网络线网模块空间分布格局（续图）

4.3 公共交通网络结构形成影响因素

4.3.1 公共交通网络结构形成的影响因素

随着城市的快速发展，城市公共交通网络结构不断完善，总的来看，公共交通网络结构的影响因素主要由外部因素与内部因素构成，其中，外部影响因素包括城市经济发展、城市形态布局、交通需求，内部因素包括网络站点与网络线路。

4.3.1.1 外部影响因素

城市经济发展因素是城市公共交通网络结构发展的首要因素。一方面，城市经济为城市公共交通提供经济支撑，无论是修建站点或是开通线路，均需要城市经济支撑，城市经济实力决定了城市公共交通系统的发展水平。另一方面，经济

表4-8 城市公共交通网络结构影响因素指标

类型	准则层	指标层
外部影响因素	经济发展	GDP（元）
	城市形态布局	形状指数
		紧凑度
	交通需求	人口数量（人）
		人口密度（人/平方千米）
内部影响因素	网络站点	站点密度（个/平方千米）
		站点度值
	网络线路	线路密度（条/平方千米）

发展同时也意味着居民出行目的与方式具有多样性，城市公共交通为城市居民出行提供基本载体，而城市经济发展影响了城市公共交通的布局。为此，本书选取GDP指标来进行表征经济发展水平。

城市空间布局因素是城市公共交通网络结构发展的重要因素，随着城市空间结构的不断向外拓展，城市公共交通网络也会根据城市空间结构的布局走向进行站点及线路的增加（Xie，2009；Levinson，2012a，2012b）。同时城市空间布局的内部调整，也会对城市公共交通站点及线路的层级结构产生影响。为此本书选取城市形状指数（SI）与紧密度（CI）来反映城市空间布局。

城市形状与空间布局指标计算（王新生，2005）：

（1）形状指数（Shape Index）。形状指数为城市市区面积与其周长相等的给定圆面积之比。

$$SI = \frac{A}{LA} \quad (4-7)$$

其中，SI为城市形状指数，A为城市市区面积，LA为与城市外围周长相等的给定圆面积。

（2）紧凑度（Compact Ratios）。城市紧凑度为城市市区面积与城市市区最小外接圆面积的比值。

$$CI = \frac{A}{CA} \quad (4-8)$$

其中，CI为城市紧凑度，A为城市市区面积，CA为与城市市区范围最小外接圆面积。

交通需求因素是城市公共交通网络结构发展的关键因素（Qin，2014），交通需求由城市人口所决定，人口紧密程度决定了其使用公共交通的需求大小，为此本书选取人口数量与人口密度来对交通需求因素进行表征。

4.3.1.2 内部影响因素

城市公共交通网络的基础构成是公共交通站点及线路，而站点与线路的衔接组合形成公共交通网络，公共交通网络结构的形成原因与公共交通站点及线路存在紧密联系。为此，选取站点密度、线路密度来对城市公共交通网络内部影响因素进行反映。

4.3.2 公共交通网络结构回归分析

考虑到本书研究目标是从外部和内部影响因素着手对公共交通网络结构的影响因素进行探讨，其重点关注的对象是公共交通网络结构，而经济发展、城市形态布局、交通需求、网络站点及线路是通过多项指标来反映公共交通网络结构。多元回归分析是以完整的科学统计方法为基础，运用统计学原理来描述随机变量间相互关系的一种重要分析方法。公共交通网络结构的影响因素很多，涵盖了城市经济、社会等各方面的因素，这些因素均可作为因变量加入模型制作，为此围绕本书公共交通居民出行效率的影响因素这一研究主题，构建多元回归模型从外部社会经济、城市空间形态布局以及交通需求以及内部站点与线路着手，分析多重影响因素对公共交通网络结构的影响。将形态指数、紧凑度两个城市形态空间布局影响因素作为自变量，构建网络结构多元回归函数模型：

$$y = \beta_0 + \beta_1 X_1 + \beta_2 X_2 + \beta_3 X_3 + \beta_4 X_4 + \beta_5 X_5 + \beta_6 X_6 + + \beta_7 X_7 + e \quad (4-9)$$

其中，Y 为表示公共交通网络结构的节点度，X_1 为 GDP，X_2 为形状指数，X_3 为城市紧凑度，X_4 为人口数量，X_5 为人口密度，X_6 为站点密度，X_7 为线路密度。e 为误差项。

基于外部社会经济、城市空间形态布局以及交通需求以及内部站点与线路五大类影响因素的 8 个自变量，构建多元回归模型对公共交通网络结构的影响因素进行分析，通过将各项指标值导入 SPSS 19.0 分析软件中进行多元回归分析，可以发现模型的显著性水平为 0.001（<0.005），表明研究结果具有统计学意义，如表 4-9 至表 4-12 所示。

表 4-9　相关分析结果

指标	平均度	GDP	人口数量	人口密度	形状指数	紧凑度	线路密度	站点密度
平均度	1.000	0.056	0.204	0.018	0.064	-0.037	0.556	0.203
GDP	0.056	1.000	0.067	0.032	0.038	0.015	0.032	0.024
人口数量	0.204	0.067	1.000	0.058	0.115	0.031	0.040	0.084
人口密度	0.018	0.032	0.058	1.000	0.076	-0.008	0.024	0.088
形状指数	0.064	0.038	0.115	0.076	1.000	-0.009	0.160	0.121
紧凑度	-0.037	0.015	0.031	-0.008	-0.009	1.000	-0.019	-0.022
线路密度	0.556	0.032	0.040	0.024	0.160	-0.019	1.000	0.408
站点密度	0.203	0.024	0.084	0.088	0.121	-0.022	0.408	1.000

表 4-10　回归模型结果汇总

回归指标	模型汇总			
	R	R^2	调整 R^2	标准估计误差
回归指标值	0.598	0.357	0.356	4.613

表 4-11　模型方差

模型	平方和	df	均方	F	Sig.
回归	33352.096	6	5558.683	261.275	0.000
残差	60038.744	2822	21.275	—	—
总计	93390.840	2828			

表 4-12　回归系数

模型	非标准化系数		标准系数	t	Sig.	相关性		
	B	标准误差	β			零阶	偏	部分
（常量）	2.059	0.226	—	9.107	0.000	—	—	—
GDP	0.021	0.010	0.169	26.862	0.000	0.126	0.174	0.198
人口数量	0.015	0.009	0.216	14.140	0.000	0.204	0.257	0.213
人口密度	0.023	0.011	-0.037	-2.424	0.015	-0.018	-0.046	-0.037

续表

模型	非标准化系数		标准系数	t	Sig.	相关性		
	B	标准误差	β			零阶	偏	部分
形状指数	-1.424	0.484	-0.045	-2.945	0.003	0.064	-0.055	-0.044
紧凑度	-0.076	0.033	-0.035	-2.309	0.021	-0.037	-0.043	-0.035
线路密度	5.768	0.165	0.582	34.862	0.000	0.556	0.549	0.526
站点密度	-1.692	0.629	-0.045	-2.692	0.007	0.203	-0.051	-0.041

回归方程为：

$$Y = 2.059 + 0.021X_1 + 0.015X_2 + 0.023X_3 - 1.424X_4 - 0.076X_5 + 5.768X_6 - 1.692X_7 \tag{4-10}$$

其中，Y 为表示公共交通网络结构的节点度，X_1 为 GDP，X_2 为形状指数，X_3 为城市紧凑度，X_4 为人口数量，X_5 为人口密度，X_6 为站点密度，X_7 为线路密度。

基于因子相关性分析结果可以发现，外部城市经济发展、城市人口、空间结构布局以及内部站点与线路分布等因素对公共交通网络结构均存在显著的影响，其中，经济发展、人口数量、人口密度、城市形态指数、站点密度、线路密度为正相关，说明这些外部或内部因素对广州公共交通网络结构产生着积极的影响，较好的公共交通网络结构往往出现在广州市内部经济发展较好，人口集聚、城市空间布局合理，站点和线路集中的区域。而城市紧密程度与广州公共交通网络结构呈现负相关，城市布局过于紧凑时将会导致广州公共交通网络结构合理发展。同时由相关性分析可以验证，各因素之间相互联系是可以接受的。

由决定系数 R^2 可以发现回归方程系数较高，由 P 值可以发现回归方程高度显著，说明外部城市经济发展、城市人口、空间结构布局以及内部站点与线路分布等因素整体上对公共交通网络结构有高度显著的线性影响。对于广州市公共交通网络结构而言，其与 GDP、人口数量、人口密度、线路密度的偏相关性为正，即经济发展越好，人口越集聚，开通的线路及站点数量越多，公共交通网络结构越好。其与形状指数、紧凑度的偏相关性为负，表明随着广州城市空间布局的增大，其公共交通网络结构发展水平将呈现下降的趋势。

在众多影响因素之中，来自广州公共交通网络内部的因素对公共交通网络结构的影响更为显著，其回归系数明显大于其他因素。当线路数量越大，则该区域公共交通网络结构越好。而在外部因素中，人口密度对公共交通网络结构产生更大的影响。即人口密度越高，则该区域的公共交通网络结构将更好。表示城市空间形态布局的形状指数与紧凑度的回归系数为负值，在一定程度上表明，广州城市空间形态布局对公共交通网络结构存在抑制作用。

4.4 本章小结

本章节旨在对公共交通网络结构特征进行分析，首先从公共交通网络构成及广州市公共交通网络空间分布特征入手，挖掘广州市公共交通网络的基本构成与空间分布特征。其次引入复杂网络理论，探讨广州市公共交通网络拓扑结构及层级特性，获取整体公共交通网络与不同城区的公共交通网络拓扑结构，并对网络Hub关键节点进行辨识，探寻网络非Hub关键节点多层级结构，并分析线网的模块特征。最后实证研究了外部与内部多重因素对广州市公共交通网络结构的影响，得到如下结论：

第一，广州市公共交通网络主要由地铁、BRT快速公交及常规公交三类交通模式构成，存在四种类型网络节点与三种类型网络连线网络要素。

第二，在网络拓扑结构的层级特性方面，可以发现广州市公共交通网络将围绕着Hub关键节点，形成了5级节点层级结构，网络节点层级与广州城市功能结构密不可分。而在线网模块则呈现四个层级，分别包括通道网络、干线网络、衔接网络及支线网络。四个不同层级的线网模块空间分布格局存在明显差异，通道网络与干线网络均衔接了广州11个区的中心，其中衔接网络则主要承担广州市各区中心到区内各地的连接，而支线网络则负责更小尺度范围的公共交通网络节点之间的衔接。

第三，内部多重因素是广州公共交通网络结构的主要影响因素，当线路数量越大，则该区域公共交通网络结构越好。而在外部因素中，广州城市空间形态布局对公共交通网络结构存在抑制作用，当城市空间形态布局越大，该区域公共交通网络结构越不合理。

第5章 广州公共交通居民出行效率空间特征与关系

在充分挖掘公共交通网络结构构成、特征及其形成的影响因素分析基础上，本章采用百度 API 大数据对居民公共交通出行效率进行分析，主要包括三个方面，分别为公共交通居民出行效率度量、公共交通居民出行效率空间分布特征及公共交通网络结构与居民出行效率的空间关系，如图 5-1 所示。

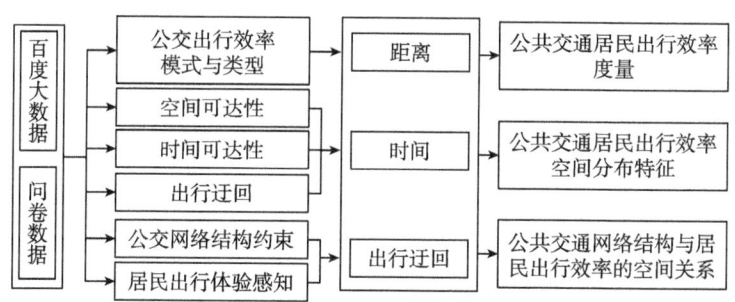

图 5-1 公共交通居民出行效率空间特征研究框架

第一，度量公共交通居民出行效率。基于百度 API 实时出行大数据，在研究公共交通居民出行效率实质的基础上，尝试对公共交通居民出行效率进行量化分析，清晰表征公共交通居民出行效率，实现公共交通居民出行效率数据化，为比较分析公共交通居民出行效率的差异性提供方法。本书考虑公共交通居民出行的空间可达性、时间可达性、出行迂回等指标，基于 DEA 模型，从距离、时间、迂回三个方面对公共交通居民出行效率进行量化分析，测算出实时出行距离、时间、迂回多重影响下的公共交通居民出行效率。

第二，获取公共交通居民出行效率分布特征。重点考虑以人为本的角度，获取公共交通居民出行效率分布特征，基于百度 API 实时出行大数据分析出行时间、空间、出行迂回指标空间特征,并对基于 DEA 综合测算模型计算后的公共交通居民出行效率的空间分布特性及衰减特征进行探讨,为了解公共交通居民出行效率与公共交通网络结构关系提供支撑。

第三,剖析居民公共交通出行效率与网络结构之间存在的空间关系。基于地理加权回归模型,探讨公共交通居民出行效率与网络结构之间空间关系,明确公共交通居民出行效率与网络结构之间的关联程度。

5.1 公共交通居民交通出行效率的测度方法

5.1.1 公共交通居民出行效率评价指标

公共交通居民出行效率受到出行者、出行载体及出行环境三方面影响,出行者为居民本身,出行载体为公共交通网络,出行环境则为众多其他环境因素所产生的实时影响。为此,本书基于百度 API 实时出行数据,分别获取受到出行环境影响的居民实际出行空间可达性与出行时间可达性,并采用公共交通网络影响的出行迂回来对公共交通居民出行效率进行评价。

5.1.1.1 空间可达性

空间可达性为社区节点之间的出行距离(Preston 等,2007)。即出行距离越短,表明空间可达性越好,观测社区 i 的空间可达性为:

$$A_i^l = \sum_{i,j=1}^{n} l_{ij} \tag{5-1}$$

其中,A_i^l 为社区 i 的空间可达性,l_{ij} 为社区 i 和 j 之间的最短出行距离。

5.1.1.2 时间可达性

时间可达性为社区节点之间的最小出行时间(Preston 等,2007)。即出行时间越小,表明空间可达性越好,观测社区 i 的时间可达性为:

$$A_i^t = \sum_{i,j=1}^{n} \frac{l_{ij}}{V_{ij}} \tag{5-2}$$

其中,A_i^t 为社区 i 的时间可达性,V_{ij} 为社区 i 和 j 之间的速度。

5.1.1.3 出行迂回

本书中出行迂回被定义为出行起讫点(Origin – Destination, OD)间的最短路径距离与欧式距离的比率(Giacomin 等,2015;Huang 等,2015;Cao 等,

2018），对 OD 对间的出行距离进行解释。迂回可以通过下式进行测算：

$$C_{ij} = \frac{D_{ij}^n}{D_{ij}^e} \tag{5-3}$$

其中，C_{ij} 是社区 i 和社区 j 之间的网络迂回值，D_{ij}^n 和 D_{ij}^e 分别是社区 i 和社区 j 之间的最短路径距离及欧氏距离。C_{ij} 的最小值应大于等于 1，即社区 i 和社区 j 之间最短距离大于或等于其欧式距离。当出行迂回值越接近 1，则出行效率则越高。

5.1.2 DEA 评价法

5.1.2.1 DEA 评价法简介

DEA 评价法又称为数据包络分析法。它是以相对效率概念为基础，根据多指标投入和多指标产出对同类型的研究对象进行相对有效性或效益水平评价的一种方法（刘萍，2011）。

5.1.2.2 DEA 评价模型

DEA 评价方法模型设 x_{ij} 表示第 j 个指标的第 i 种供类指标值，$x_{ij} > 0$；y_{rj} 表示第 j 个指标的第 r 种需类指标值，$y_{rj} > 0$；v_i 表示第 i 种供类指标值的权系数，$v_i > 0$；u_r 表示第 r 种需求指标值的权系数，$u_r > 0$（i = 1, 2, …, n; j = 1, 2, …, m; r = 1, 2, …, p）；供类指标值和需类指标值的权系数向量分别为 $v = (v_1, v_2, …, v_n)^T$，$u = (u_1, u_2, …, u_p)^T$（刘春贵，2012）。

设 h_j 为第 j 个指标的公共交通居民出行效率水平评价指数：

$$h_j = \frac{U^T y_j}{V^T x_j} = \frac{\sum_{r=1}^{p} u_r y_{rj}}{\sum_{i=1}^{m} v_i x_{ij}} \quad (j = 1, 2, …, n) \tag{5-4}$$

其中，$U = (u_1, u_2, …, u_n)^T \geq 0$，$V = (v_1, v_2, …, v_n)^T \geq 0$；$x_{ij}$ 为 DMU_j 第 i 个供类分量；y_{rj} 为 DMU_j 第 r 个需类分量。

如果适当选取 U 和 V 可使 $h_j \leq 1$，并且 h_j 越大表明第 j 个指标的公共交通居民出行效率水平越高。因此，用于第 j_0 个指标 DEA 模型为：

$$\max h_{j_0} = \frac{\sum_{r=1}^{p} u_r y_{rj_0}}{\sum_{i=1}^{m} v_i x_{ij_0}} \tag{5-5}$$

$$\text{s. t.} \begin{cases} h_j = \dfrac{\sum\limits_{r=1}^{p} u_r y_{rj}}{\sum\limits_{i=1}^{m} v_i x_{ij}} \leq 1 \quad (j=1,2,\cdots,n) \\ u_r \geq 0 \quad (r=1,2,\cdots,p) \\ v_i \geq 0 \quad (i=1,2,\cdots,m) \end{cases}$$

其中，x_{ij0} 为 DMU_{j0} 第 i 个供类分量；y_{rj0} 为 DMU_{j0} 第 r 个输出分量。

U 和 V 作为上述规划中的决策变量，其最优解有利于第 j_0 个指标综合效益评价指数的权重分配。通过引入 charnes—cooper 变换，得到上述规划与下述线性规划（P）等价。

$$\max V_s = h_{j0} = \sum_{r=1}^{p} \mu_r y_{rj0} \quad (5-6)$$

$$\text{s. t.} \begin{cases} \sum\limits_{i=1}^{m} \omega_i x_{ij} - \sum\limits_{r=1}^{p} \mu_r y_{rj} \geq 0 (j=1,2,\cdots,n) \\ \sum\limits_{i=1}^{m} \omega_i x_{ij} = 1 \\ \omega_i \geq 0 \quad (i=1,2,\cdots,m) \\ \mu_r \geq 0 \quad (r=1,2,\cdots,p) \end{cases}$$

其中：$W = (\omega_1, \omega_2, \cdots, \omega_m)^T$、$\mu = (\mu_1, \mu_2, \cdots, \mu_p)^T$ 分别表示供类、需类指标值的权重。

通过上述数学规划就可以得到第 j_0 个指标公共交通居民出行效率水平评价指数 h_{j0}，其大小顺序既为该指标公共交通居民出行效率水平优劣顺序。对于模型（P），若其最优解 W^0、U^0 满足 $V_s = 1$，则称第 j_0 个指标公共交通居民出行效率水平为最弱 DEA 有效；在上述条件下，若还有 $W^0 > 0$，$U^0 > 0$，则称第 j_0 个指标公共交通居民出行效率水平为 DEA 有效。

根据线性规划的对偶理论，引入新的变量 s^-、s^+、λ_j（s^+ 为松弛变量，即输出不足量；s^- 为剩余变量，即输入冗余；λ_j 表示第 j 个决策单元的权值），可以得到（p'）的对偶规划：

（p'） $\min \theta = V_D$

$$\text{s.t.} \begin{cases} \sum_{j=1}^{n} x_j \lambda_j + s^- = \theta x_{j_0} \\ \sum_{j=1}^{n} y_j \lambda_j - s^+ = y_{j_0} \\ \lambda_j \geq 0 \ (j = 1, 2, \cdots, n) \\ s^- \geq 0, s^+ \geq 0 \end{cases} \quad (5-7)$$

在（p'）中引入非阿基米德无穷小量 ε（在广义实数域内，ε 表示一个小于任何正数且大于零的数），可得到带有 ε 的模型（p'）：

$$\min[\theta - \varepsilon(e^T s^- + e^T s^+)] = p'_\varepsilon$$

$$\text{s.t.} \begin{cases} \sum_{j=1}^{n} x_j \lambda_j + s^- = \theta x_0 \\ \sum_{j=1}^{n} y_j \lambda_j - s^+ = y_0 \\ \lambda_j \geq 0 (j = 1, 2, \cdots, n) \\ s^- \geq 0, s^+ \geq 0 \end{cases} \quad (5-8)$$

其中，p'_ε 为 DEA 有效值。

5.1.2.3 DEA 评价准则

线性规划模型（p'_ε）的最优解为 λ^0、θ^0、s^{0+}、s^{0-}，据此进行评价。评价准则如下：

第一，当 $\theta^0 = 1$，且 $s^{0+} = 0$，$s^{0-} = 0$ 时，DMU_j DEA 有效。说明各社区公共交通居民出行效率最佳。

第二，当 $\theta^0 = 1$，但至少某个 $s_i^{0-} > 0$（$i = 1, 2, \cdots, m$）或 $s_r^{0+} > 0$（$r = 1, 2, \cdots, p$）时，DMU_j DEA 有效。$s_i^{0-} > 0$ 表示第 i 个输入指标值 s_i^{0-} 没有充分利用；$s_r^{0+} > 0$ 表示第 r 个输出指标值与最大输出效果值尚有某个 s_r^{0+} 的不足。

第三，当 $\theta^0 < 1$ 时，DMU_j 不是 DEA 有效。对于非 DEA 有效的 DMU_{j_0}，它所对应的（x_0、y_0）在 DEA 相对有效面上的"投影"。

5.2 广州居民出行效率三大测算指标空间特征

基于空间可达性、时间可达性及出行迂回三大指标，利用 DEA 评价法对广州不同层级尺度的公共交通居民出行效率进行测度。同时,由于各城区所在广州的区位存在差异性,为此本书依据高速路网对广州 11 个城区进行区域类型划分,在广州环城高速以内的区为核心区,在广州环城高速以外分别为过渡区与边缘区,即核心区共 4 个,包括越秀区、天河区、荔湾区、海珠区;过渡区有 3 个,包括白云区、番禺区、黄埔区;边缘区为 4 个,包括花都区、南沙区、从化区、增城区(见表 5 - 1)。观测广州 2831 个社区作为出行起讫点(OD)的百度实时公共交通出行数据。基于 ArcGIS 10.2 软件,分别对广州市居民公共交通出行空间可达性、时间可达性、出行迂回三大指标进行可视化,运用自然断裂法测算结果进行层次划分,可以发现城市公共交通空间可达性、时间可达性、出行迂回呈现层级特征。

表 5 - 1 城区类型划分

类型	城区
核心区	越秀区
	天河区
	海珠区
	荔湾区
过渡区	白云区
	番禺区
	黄埔区
边缘区	花都区
	南沙区
	从化区
	增城区

5.2.1 居民公共交通空间可达性

空间可达性的测算主要依据式(5 - 1),通过百度路径 API 获取实时出行距离。基于空间可达性测度方法可以测算出广州在城区、镇街及社区不同层级的公共交通出行空间可达性。以 2831 个社区的各社区形心作为社区层级的起始点 O 点,以其他各社区作为出行目的地点 D 点,以社区 i 到达其他各个社区的空间可达性平均值作为社区 i 的空间可达性值。

将研究社区按照城区进行划分来观测公共交通居民出行效率评价指标值,如

图 5-2 所示，空间可达性值越低，表明居民出行效率越高，可达性值越高表面居民出行效率越低。4 个核心区的平均空间可达性值在 3.78~4.38 千米，其中天河区的平均空间可达性值最低，为 3.78 千米，而越秀区的平均空间可达性值最高，为 4.38 千米。核心区最大空间可达性在 15.56~17.33 千米，越秀区的最大空间可达性最低，荔湾区最大空间可达性最高，分别为 15.56 千米和 17.33 千米。在 3 个过渡区中，平均空间可达性值在 3.98~6.48 千米，白云区的平均空间可达性最低，为 3.98 千米，甚至低于部分核心区，如越秀区、海珠区、荔湾区、番禺区的平均空间可达性值最高，为 6.48 千米。过渡区最大空间可达性在 17.34~21.98 千米，番禺区的最大空间可达性值最高，与边缘区相近。在 4 个边缘区中，平均空间可达性值在 6.39~8.88 千米，增城区的平均空间可达性最低，为 6.39 千米，南沙区的平均空间可达性最低，为 8.88 千米。最大空间可达性在 20.82~22.79 千米，从化区的最大空间可达性值最高，达到 22.79 千米。

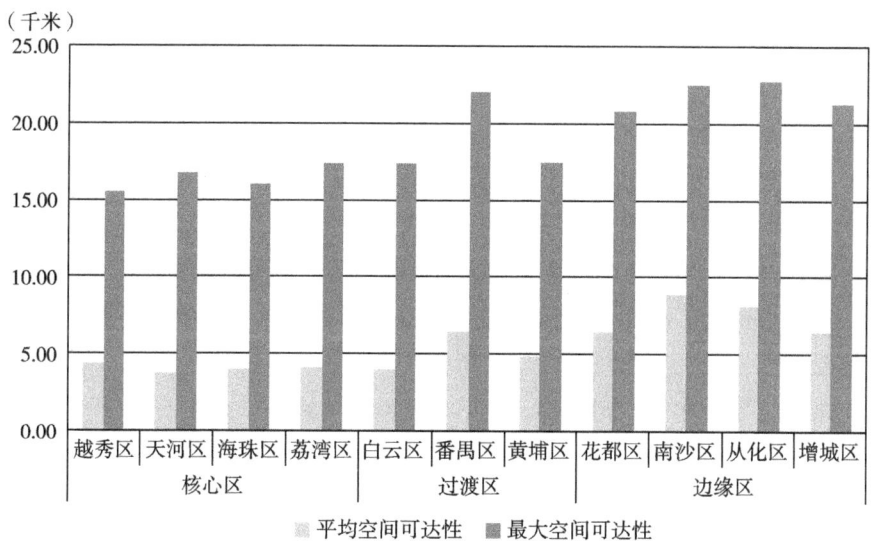

图 5-2 广州各区公共交通出行空间可达性示意

基于自然断裂法对广州公共交通空间可达性进行层次划分后，其范围值为 14789.10~140826.40，共形成七个层级，广州公共交通空间可达性层级划分结果如表 5-2 所示。

表 5-2 广州公共交通网络空间可达性层级划分结果

层级类型	空间可达性范围
层级一	14789.10 ~ 38389.03
层级二	38389.04 ~ 44251.51
层级三	44251.52 ~ 52744.12
层级四	52744.13 ~ 63892.52
层级五	63892.53 ~ 76802.73
层级六	76802.74 ~ 95740.91
层级七	95740.92 ~ 140826.40

5.2.1.1 空间可达性呈现均匀圈层空间分布

通过 ArcGIS 10.3 进行空间可达性可视化,可以发现广州公共交通空间可达性呈现均匀的圈层空间分布,核心区的越秀区、天河区、海珠区、荔湾区主要包括层级一、层级二、层级三,各层级平均空间可达性值分别为 36770.14 千米、40734.77 千米、46833.71 千米,过渡区的白云区、番禺区、黄埔区主要包括层级一、层级二、层级三、层级四、层级五、层级六,各层级平均空间可达性值分别为 35512.62 千米、40957.85 千米、48098.75 千米、57696.84 千米、68829.01 千米、82833.97 千米。边缘区的花都区、南沙区、从化区、增城区范围主要包括层级三、层级四、层级五、层级六、层级七,各层级平均空间可达性值分别为 48579.79 千米、57908.13 千米、70599.32 千米、83981.45 千米、107944.82 千米。值得注意的是,空间可达性在空间上呈现圈层分布,从圈层分布范围上看,第二圈层与第三圈层分布范围较广,涵盖了广州的核心区与过渡区。第五圈层与第六圈层则主要分布于广州南部、北部与东部的边缘区,如图 5-3 所示。

5.2.1.2 空间可达性具有距离衰减特征,呈现按圈层由内向外减弱分布特征

通过对比不同层级的公共交通空间可达性,可以发现空间可达性值由层级一向层级六不断递增,表明空间可达性具有距离衰减特征,即随着城区位置向城市外围推进,其空间可达性将不断降低,如核心区的 4 个市辖区空间可达性要明显好于过渡区,而过渡区的 3 个市辖区空间可达性也好于边缘区的 4 个市辖区。在层级一中,天河区社区数量所占比例为 59.13%,核心 4 个区社区数量总占比高达 69.57%,白云区靠近核心区的部分社区公交可达性较高,属于层级一的范围,所占比例为 30.43%。而在层级七中,3 个区都为边缘区,分别为南沙区、从化区、增城区的社区数量占比分别为 52.42%、44.35%、3.23%,如图 5-4 所示。

第5章 广州公共交通居民出行效率空间特征与关系

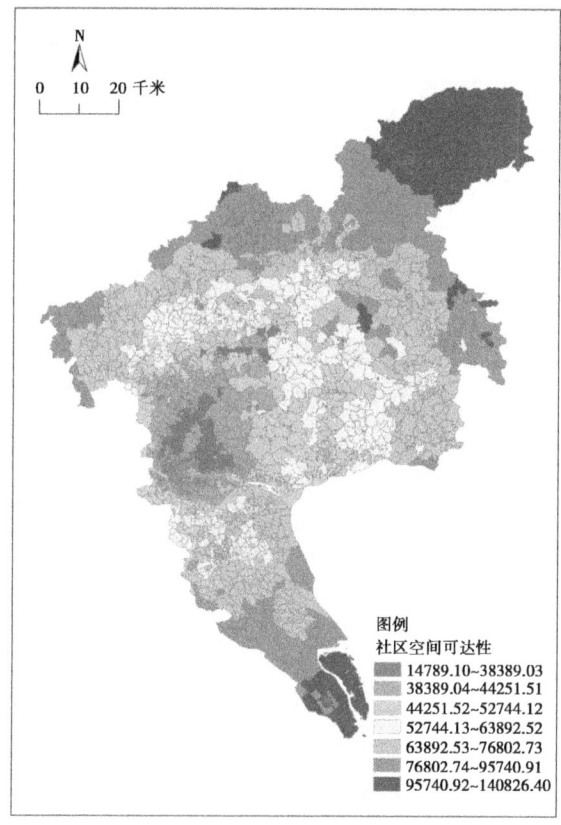

图5-3 广州社区公共交通空间可达性示意

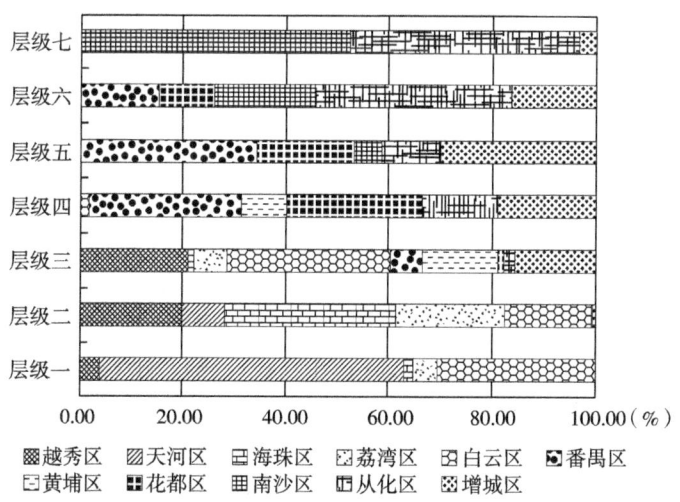

图5-4 广州公共交通空间可达性层级构成示意

5.2.1.3 各区社区所在层级也随距离呈现衰减

通过测算广州市各类型区的社区所在空间可达性层级中的社区数量占比，可以发现各社区所在层级亦随距离呈现衰减，如核心区天河区的社区主要在层级一、层级二，层级一社区数量占比达到了65%以上，越秀区、海珠区及荔湾区的社区主要在前三层级，其中层级二社区数量较多。过渡区的白云区的社区主要在层级一、层级二、层级三、层级四，黄埔区的社区主要在层级二、层级三、层级四，番禺区的社区主要在层级三、层级四、层级五、层级六，以上3个区的层级三、层级四社区数量较多。边缘区的4个区则从层级三开始到层级七均有分布，其中层级四、层级五、层级六的社区数量较多，如图5-5所示。

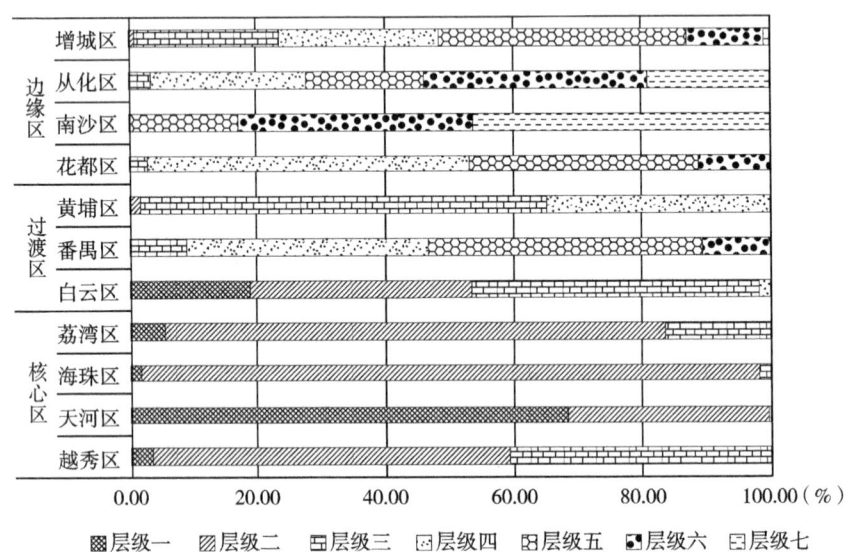

图5-5　广州各区公共交通空间可达性层级占比示意

5.2.1.4 核心区空间可达性普遍较高

核心区的4个城区中，天河区的西南部靠近越秀区的社区，空间可达性较高，主要覆盖了珠江新城、体育中心等重要经济、人口集聚的城区，靠近过渡区黄埔区的社区，空间可达性较低。而越秀区的空间可达性要低于天河区，越秀区内部社区的空间可达性南北布局明显存在差异，靠近荔湾区和海珠区的社区，空间可达性普遍较高，而靠近过渡区白云区的社区，则空间可达性较低。荔湾区与越秀区接近的社区,空间可达性较高,而与佛山南海及海珠区相近的社区,空间可达性较低。由于海珠区四周有水环绕,形成天然屏障,空间可达性是四个区中最低的城区,但是在客村附近的社区,空间可达性较高,这是由于客村是公共交通枢纽站,两条轨道交通的中转站,同时拥有多个BRT快速公交和常规公交站点及多条线路,站点和线路数量是主要影响社区空间可达性的重要因素,如图5-6所示。

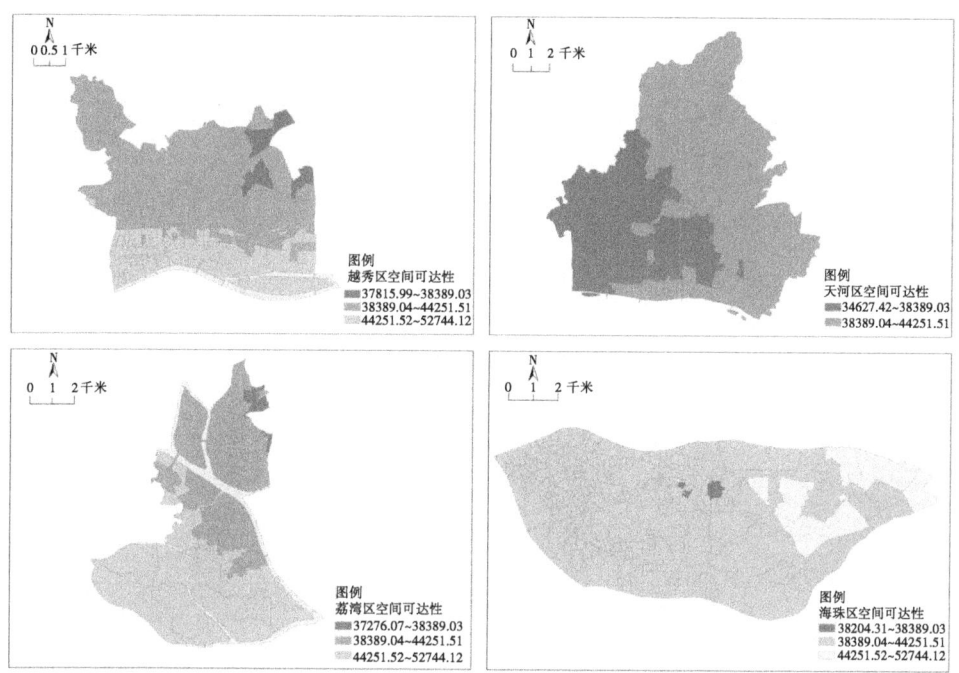

图5-6 广州核心区公共交通空间可达性示意

5.2.1.5 过渡区与核心区衔接的社区空间可达性高,与边缘区衔接的社区空间可达性低

通过分析过渡区内部的社区空间可达性,可以发现白云区靠近越秀区的社区空间可达性较高,主要覆盖了三元里街道、同德街道等重要经济、人口集聚地区,番禺区中靠近海珠区洛浦街道、小谷围街道的社区,空间可达性较高,黄埔区与天河区接近的萝岗街道等社区,空间可达性较高。而越靠近边缘区的社区,空间可达性普遍较低。白云区内部围绕着白云山的社区,空间可达性较高,内部

社区空间可达性形成圈层分布，不断向外圈层递减。番禺区和黄埔区均向边缘区方向形成递减层级分布，如图5-7所示。

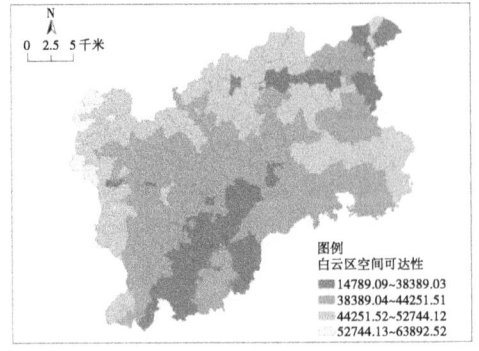
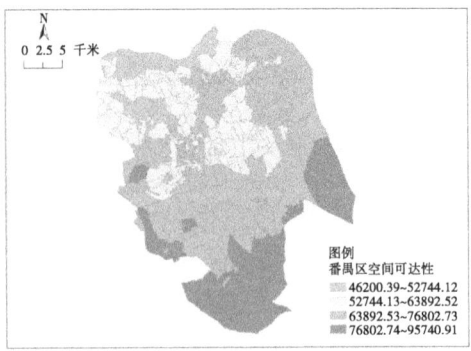
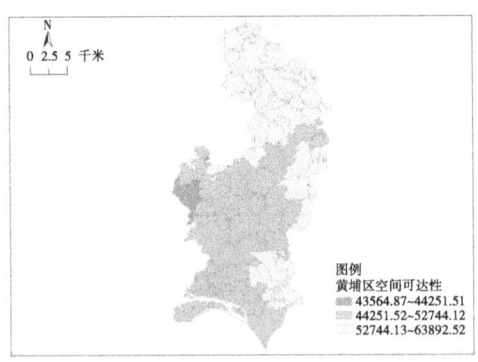

图5-7 广州过渡区公共交通空间可达性示意

5.2.1.6 边缘区社区空间可达性普遍较低，与中心城区距离越远的社区空间可达性越低

通过分析边缘区内部的社区空间可达性，可以发现边缘区的社区，空间可达性普遍较低，在城市边缘形成低可达集聚带，花都区和从化区围绕行政区中心向城市边缘形成递减圈层分布。增城区则是以与过渡区邻近的新塘镇作为社区空间可达性高集聚中心，向城市边缘形成递减圈层分布，同时靠近惠州的社区比靠近东莞的社区，空间可达性更低。南沙区整体空间可达性较低，呈现由北向南的递减圈层分布，如图5-8所示。

第5章 广州公共交通居民出行效率空间特征与关系

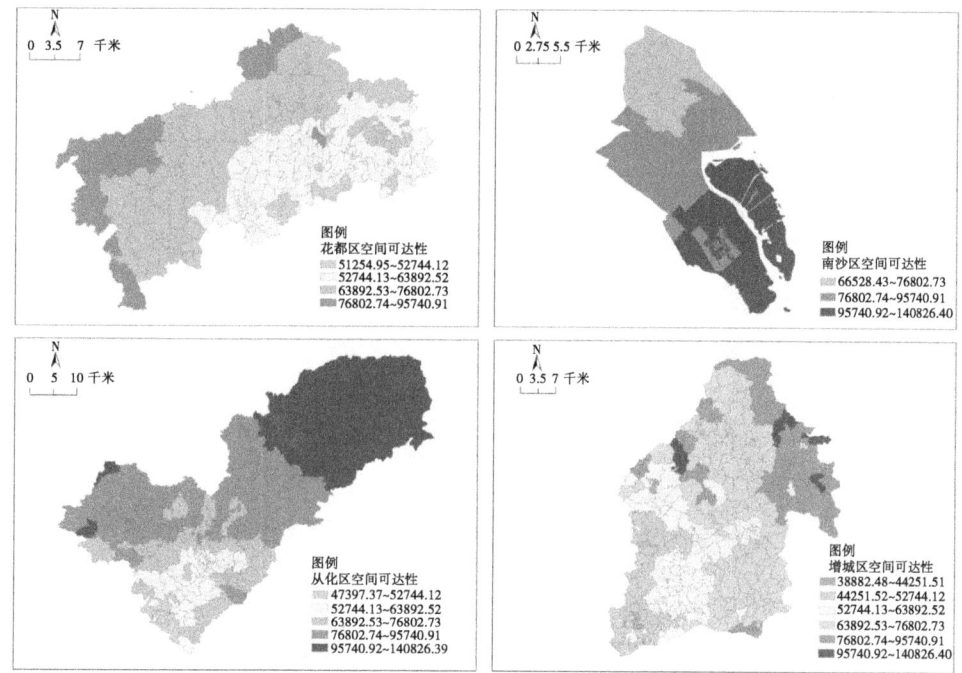

图 5-8 广州边缘区公共交通空间可达性示意

5.2.2 居民公共交通时间可达性

时间可达性的测算主要依据式（5-2），基于时间可达性测度方法可以测算出广州在城区、镇街及社区不同层级的公共交通出行的时间可达性。以各社区形心作为社区层级的起始点 O 点，以其他各社区作为出行目的地点 D 点，以社区 i 到达其他各个社区的时间可达性平均值作为社区 i 的时间可达性值。

从图 5-9 中可以发现，时间可达性平均值在广州核心区的越秀区、天河区、荔湾区、海珠区较为均衡，越秀区的平均时间可达性为 23.82 分钟，是广州所有区中时间可达性平均值最高的区。过渡区与边缘区随着区与中心区的距离越远，其平均时间可达性越高。增城区公共交通出行无论是平均时间可达性还是最大时间可达性都是最高的。

5.2.2.1 公共交通网络时间可达性呈现按圈层向外递增均匀分布

可以发现城市核心区平均时间可达性值为 25 分钟，形成中心第一圈层。由中心向外存在第二圈层，主要由过渡区的 3 个区组成，平均时间可达性值为 38 分钟。在第二圈层之外存在第三圈层，平均时间可达性值为 50 分钟，如图 5-10 所示。

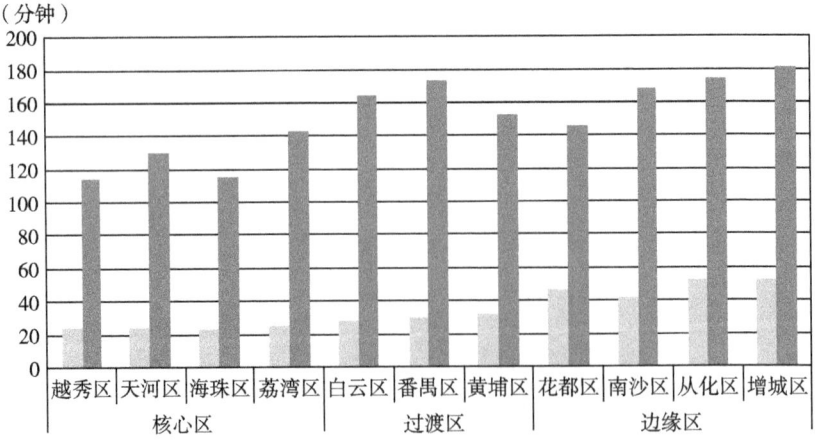

图 5-9 广州各区公共交通出行时间可达性

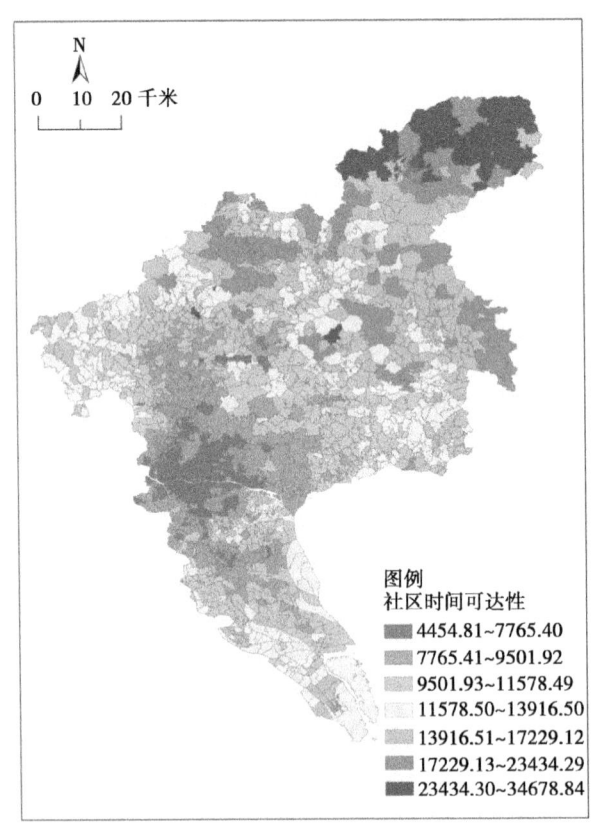

图 5-10 广州社区公共交通时间可达性分布

值得注意的是，在边缘区的东北部地区，形成了第四圈层，平均时间可达性为60分钟。从圈层分布上看，第一圈层与第二圈层分布范围较广，涵盖了广州的核心区与过渡区。第三圈层与第四圈层则主要分布于广州北部与东部的边缘区，公共交通网络平均时间可达性呈现按圈层由内向外递减的均匀分布特征。

5.2.2.2 核心区公共交通平均时间可达性普遍较高，但也存在个别平均时间可达性较低的社区

可以发现核心区的越秀区、天河区、海珠区、荔湾区公共交通平均时间可达性普遍较高，但是4个区内部的公共交通平均时间可达性也存在个别效率较低点，如越秀区的海珠广场附近、天河区的华南植物油、沙河立交、石牌火车站附近、海珠区的三滘立交附近以及荔湾区的大坦沙岛附近的公共交通平均时间可达性要低于周围地区，如图5-11和图5-12所示。

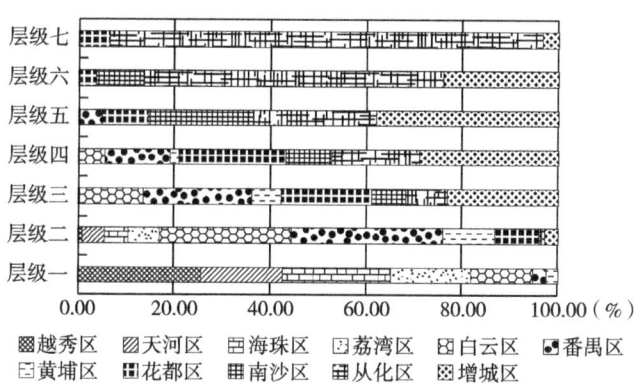

图5-11 广州社区公共交通时间可达性层级构成

5.2.2.3 外环高速以内的城区公交平均时间可达性较高，核心区与过渡区交界处平均时间可达性较高

从公共交通平均时间可达性空间分布来看，可以发现广州外环高速以内的城区公共交通平均时间可达性较高，包括核心区的越秀区、天河区、海珠区、荔湾区，同时也涵盖了过渡区的白云区中东部、番禺区的北部、黄埔区的北部。这一特征表明，广州公共交通平均时间可达性高的区域主要还是城市核心区，公共交通主要布局于城市核心区，而非城市核心区的公共交通平均时间可达性还有待提高。在核心区与过渡区交界处，存在公共交通平均时间可达性较高的地区，如白云区南部三元里附近、黄埔区广州科学城附近、番禺区大学城附近。由于这些区

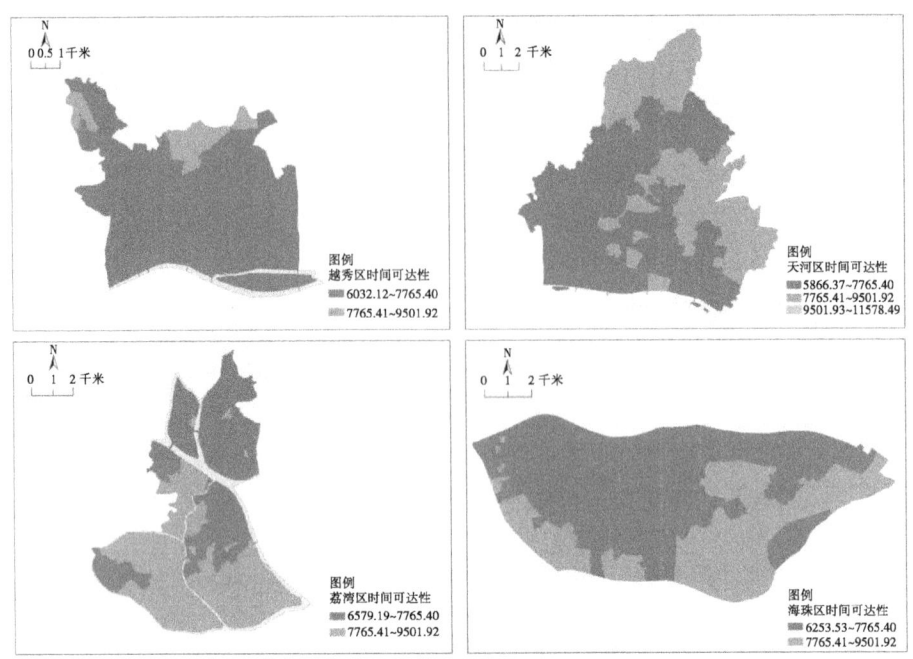

图 5-12　广州核心区 4 个市辖区公共交通时间可达性分布

域人口集聚明显，同时承接了核心区与过渡区公共交通客流集散的重要功能，为此在这些核心区与过渡区交界的城区公共交通平均时间可达性较高，如图 5-13 所示。

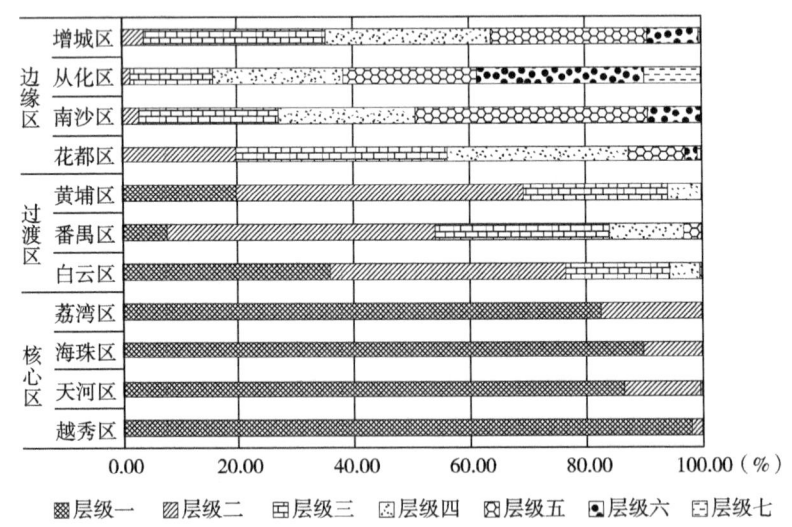

图 5-13　广州社区公共交通时间可达性层级占比

5.2.2.4 过渡区公共交通平均时间可达性分布不均匀，存在明显分界线

通过公共交通平均时间可达性分布图可以发现，过渡区的白云区、番禺区和黄埔区公共交通平均时间可达性存在明显的分界线，在外环高速以内的城区公共交通平均时间可达性较高，而外环高速以外的城区公共交通平均时间可达性较低，随着城市空间不断向外扩张，广州的过渡区将会承载着更多的人口，而人口的集聚也会由外环高速以内向外环高速以外扩散，届时外环高速以外地区的公共交通可能无法满足日益增长的公共交通需求。如番禺区的中部与南部地区、黄埔区中部地区目前集聚了大量居住人口，但是这部分的公共交通平均时间可达性较低，无法为居民公共交通出行提供高效支撑，如图5-14所示。

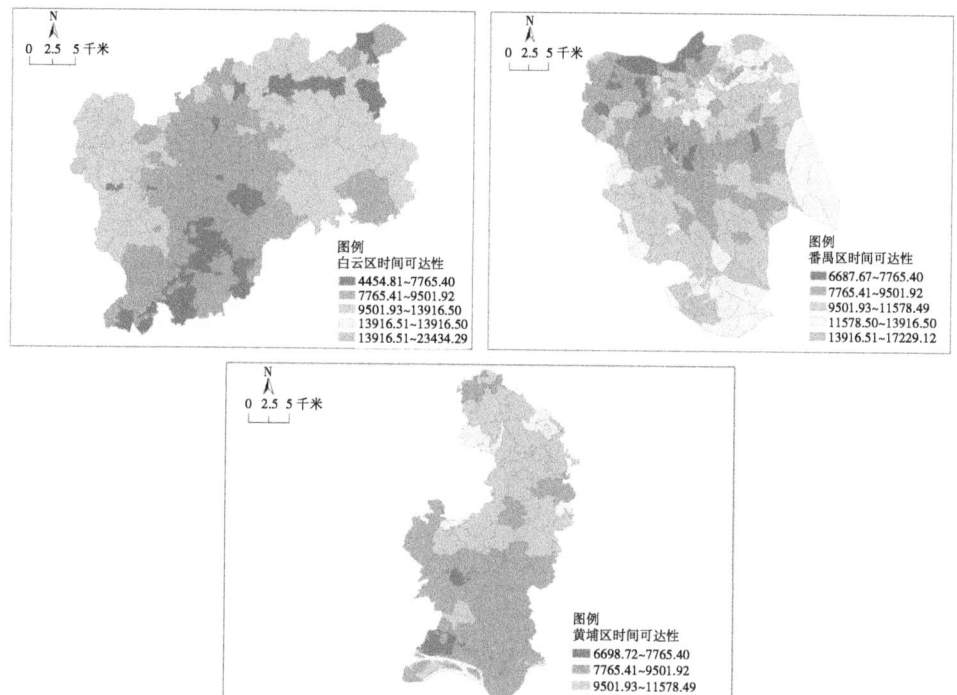

图5-14　广州过渡区3个市辖区公共交通时间可达性分布

5.2.2.5 过渡区与边缘区交界处公共交通居民出行效率较高

从公共交通平均时间可达性分布图来看，在城市过渡区的黄埔区与城市边缘区的从化区、增城区及花都区交界的位置，公共交通平均时间可达性呈现出局部

高平均时间可达子中心，这是由于城市边缘区公共交通在边界处附近与过渡区公共交通的站点与线路存在部分重叠，促使这部分站点与其他节点的联系更为广泛与便利，从而导致过渡区与边缘区交界处形成了局部高平均时间可达性区域。

5.2.2.6 边缘区增城区与从化区急需完善公共交通网络布局

从社区层面来看公共交通平均时间可达性分布，边缘区的增城区与从化区有60%的社区/村公共交通平均时间可达性为较低，公共交通网络布局急需完善。这是由于这部分地区位于广州边缘区，社会经济发展水平相对落后，人口集聚水平不高，目前未对该地区进行公共交通网络布局，并没有设置网络末端常规公交站点，与轨道交通及BRT快速公交的联系非常薄弱，居民公交出行受到阻碍，如图5-15所示。

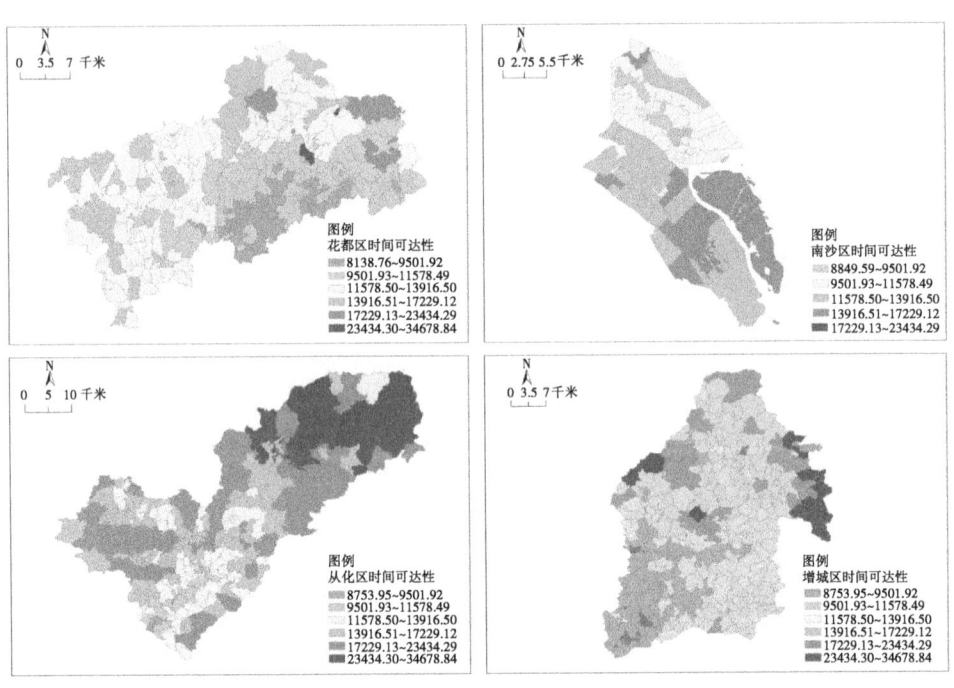

图5-15　广州边缘区4个市辖区公共交通时间可达性分布

5.2.3 公共交通居民出行迂回

出行迂回的测算主要依据式（5-3），基于出行迂回测度方法可以测算出广州在城区、镇街及社区不同层级的公共交通综合网络的出行迂回值。以各社区形心作为社区层级的起始点 O 点,以其他各社区作为出行目的地点 D 点,以社区 i 到达其他各个社区的出行迂回平均值作为社区 i 的出行迂回值。

从图 5-16 中可以发现,出行迂回平均值在广州核心区、过渡区、边缘区三大区都超过 2,即出行 O 点与 D 点之间的平均出行距离均为直线距离 2 倍以上,越秀区的出行迂回值为 2.06,是广州所有区中出行迂回平均值最低的区。过渡区与边缘区随着区与中心区的距离越远,其出行迂回平均值越高。番禺区公共交通网络平均出行迂回值是 11 个区中最高的,增城公共交通最大出行迂回值是 11 个区中最高的,如图 5-16 所示。

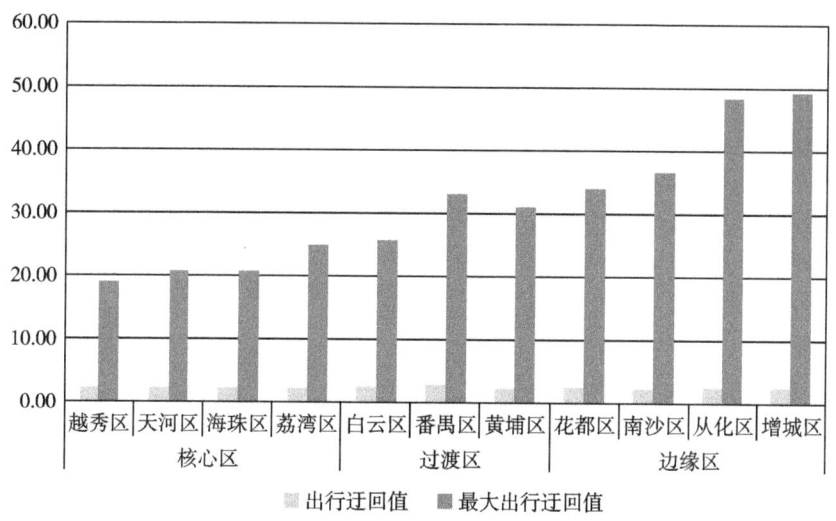

图 5-16 广州各区公共交通出行迂回

利用 ArcGIS 软件对出行迂回数据可视化,本书分别从区级、镇街级、社区级三个层级,基于百度 API 数据获得的 OD 社区间实时出行距离与直线距离之比所反映出居民公共交通出行迂回程度,获取出行迂回空间分布特征。针对核心区、过渡区内部的各个城区进行统计量化分析,对比不同类型区域内部各个城区的出行迂回与出行距离的关系,挖掘同类型区域内部各个城区出行迂回的差异特征。

5.2.3.1 城市整体出行迂回呈现东西带状均匀分布,南北形成高出行迂回中心

利用自然断裂法对出行迂回均值进行层次划分,可以发现城市东西向核心

区、过渡区及边缘区出行迂回均值集中于 1.8691~2.6992，形成东西带状均匀分布。而南北部的边缘区社区呈现高出行迂回中心，值得注意的是，北部边缘区社区的出行迂回均值明显高于其他地区。从出行迂回分布上看，广州出行迂回值高的社区分布范围较广，如图 5-17 所示。

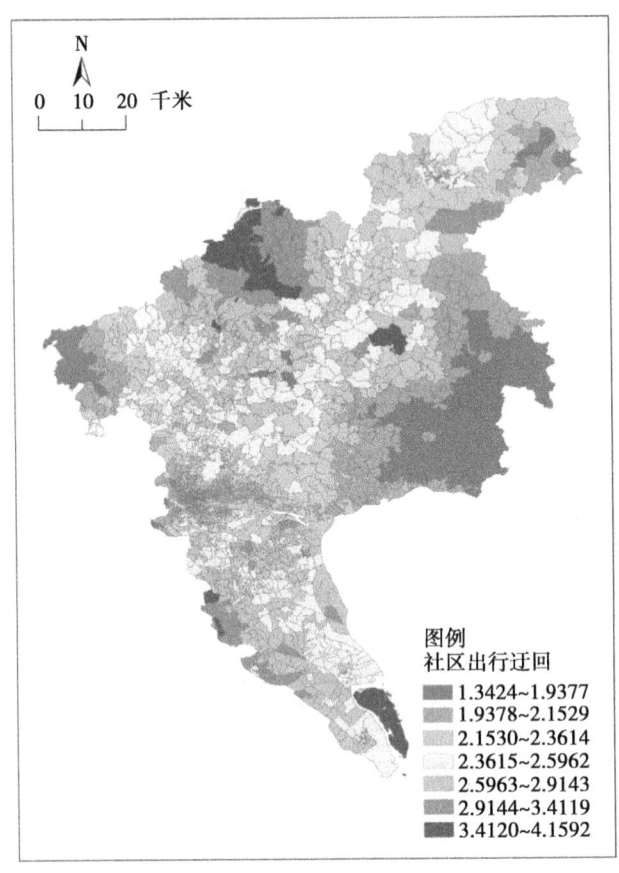

图 5-17 城市公共交通出行迂回空间分布

结合出行迂回与出行距离的关系分析，可以发现在层级一与层级四的出行距离多集中于 5 千米以内。层级二的出行距离集中于 5~10 千米以内，层级三的出行距离则大于 10 千米，出行距离随出行迂回分布层级由内向外呈现出"近—中—远—近"的分布特征。

5.2.3.2 类型区内部出行迂回呈现一致性，空间集聚且强度梯级分布特征

在核心区的 4 个城区的出行迂回中，越秀区的出行迂回程度比其他 3 个城区

第5章 广州公共交通居民出行效率空间特征与关系

的高,荔湾区、海珠区在靠近越秀区的部分区域出行迂回程度较高,出行迂回强度呈现向越秀区偏移的特征。天河区作为较晚开发的城区,其出行迂回程度较小,如图5-18所示。

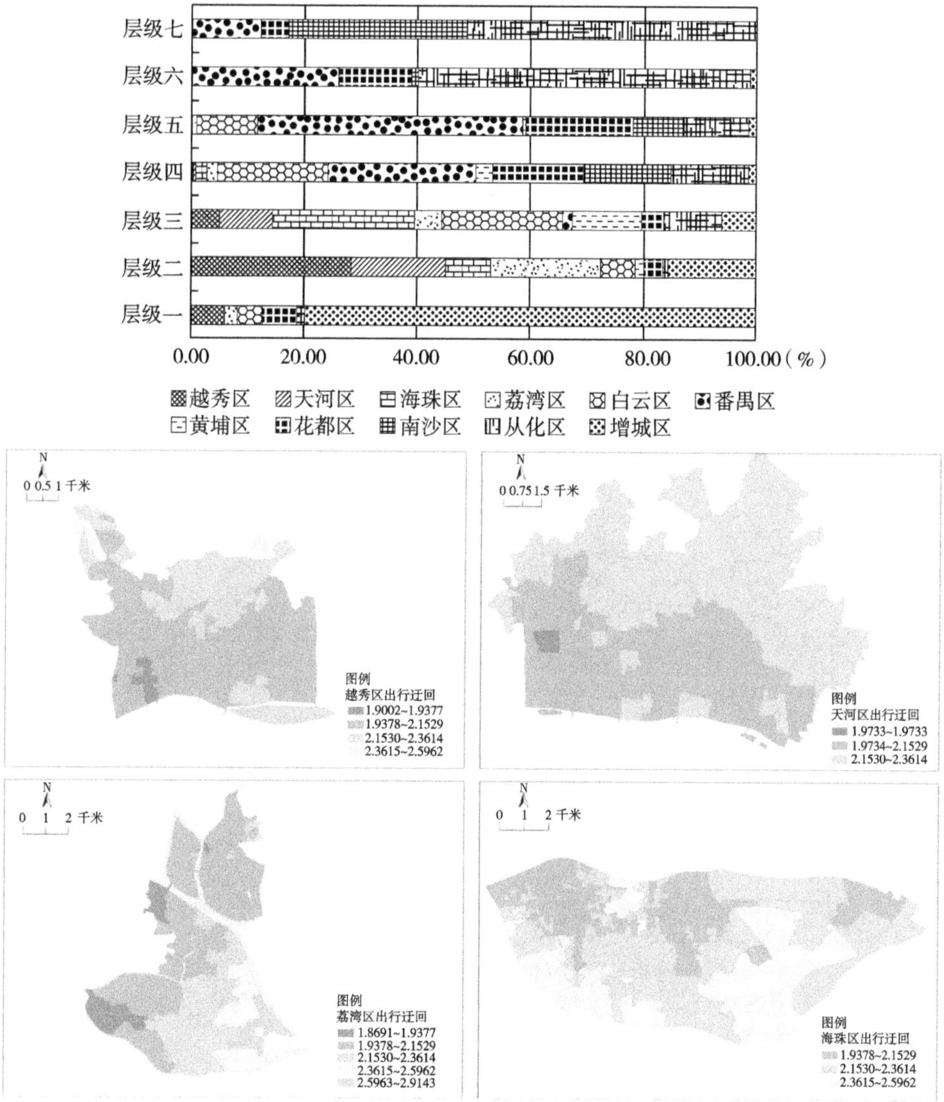

图5-18 广州核心区4个市辖区出行迂回占比与分布

对比过渡区3个城区的空间分布,出行集中于城区中靠近核心区的部分区域,可以发现出行迂回强度高的区域也分布在靠近核心区的地区,而远离核心区

· 91 ·

的地区出行迂回强度较低。但白云区则相反，越靠近核心区的地区则出行迂回强度较低，表明白云区与核心区的衔接较为密切，出行效率较高，如图5-19所示。

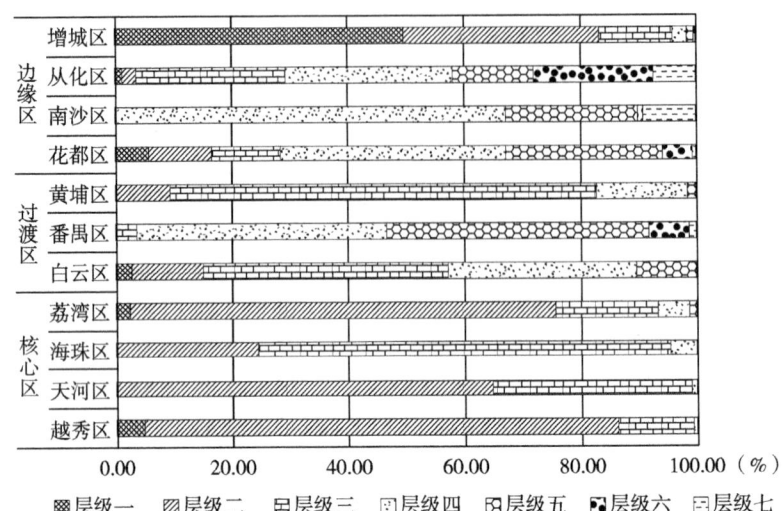

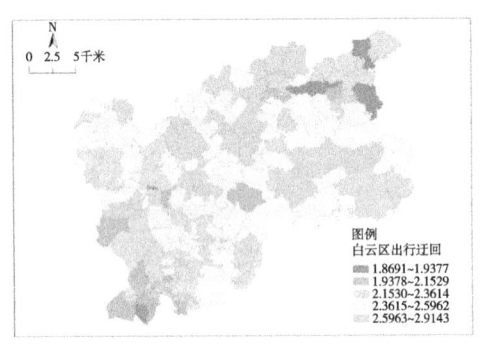

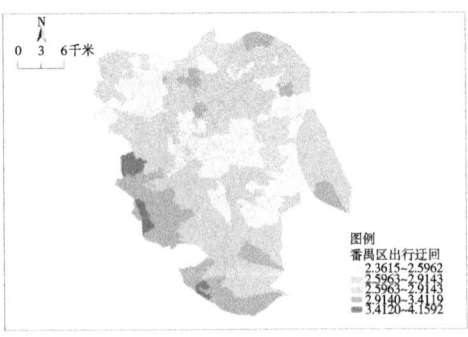

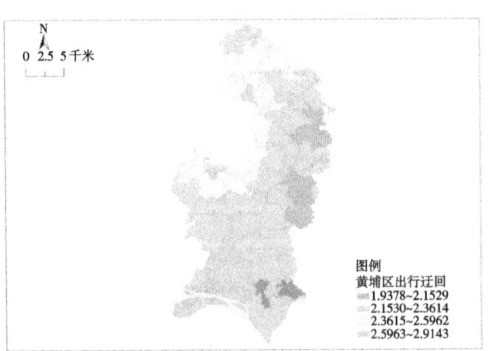

图5-19 城市过渡区3个市辖区出行迂回占比与分布

对于边缘区的 4 个城区而言，出行迂回强度高的区域也分布在城市边缘社区，而靠近过渡区的社区出行迂回强度较低。在 4 个城区中，增城区出行迂回值较低，表明增城区与过渡区的衔接较为密切，出行效率较高。其他 3 个区社区出行迂回值较高，且呈现圈层分布，花都区出行迂回由西向东圈层递增分布，从化区出行迂回由东向西递增分布，说明在两个城区交界的区域存在高出行迂回集聚区。南沙区由北向南递增分布，越靠近过渡区的社区则出行迂回强度较低，龙穴岛独立于海上，四周由海水环绕，与其他社区联系较差，出行迂回较高，如图 5-20 所示。

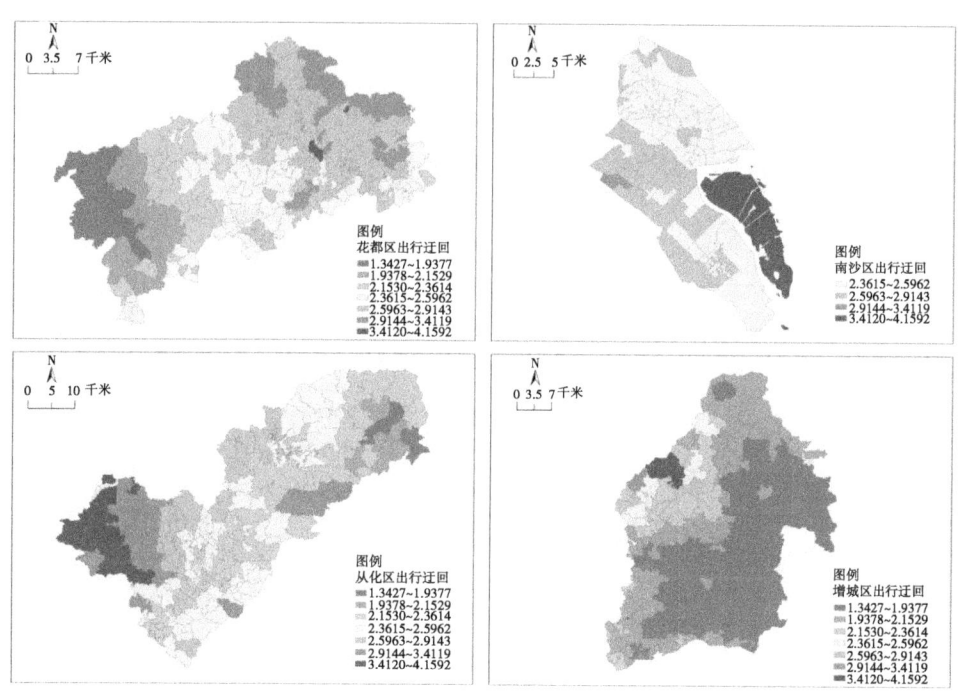

图 5-20 广州边缘区 4 个市辖区公共交通出行迂回分布

5.3 广州公共交通居民出行效率空间特征

本节内容主要是居民出行效率空间分布特征的分析。基于 ArcGIS 10.2 软件对评价后的公共交通居民出行效率进行可视化，运用自然断裂法测算结果进行层

公共交通网络结构与居民出行效率：基于广州的实践与研究

次划分，可以发现公共交通居民出行效率被划分为七个圈层，同时通过 Matlab 2010 对出行迂回特征进行统计量化分析，对比获取出行距离与出行迂回直接的相互关系。从而能够挖掘不同城区、镇街及村级居民公共交通出行效率空间分布差异。

5.3.1 公共交通居民出行效率测算结果

基于 Matlab 2010 分别对城区与社区公共交通居民出行效率进行评价，本次评价指标采用出行空间可达性、时间可达性及出行迂回值。可以获得城区与社区两级公共交通居民出行效率。

首先对广州 11 个区的公共交通出行综合效率进行分析，通过 DEA 模型的测算，可以发现核心区的 4 个城区综合效率均超过 0.6，其中海珠区的居民出行效率最高为 0.6403。边缘区的 4 个城区居民出行效率均低于 0.5，其中增城区的居民出行效率最低，为 0.3196，如表 5-3 所示。

表 5-3 广州各区公共交通居民出行效率值

类型	城区	居民出行效率
核心区	越秀区	0.6290
	天河区	0.6242
	海珠区	0.6403
	荔湾区	0.6011
过渡区	白云区	0.5829
	番禺区	0.5794
	黄埔区	0.5302
边缘区	花都区	0.4578
	南沙区	0.4371
	从化区	0.3582
	增城区	0.3196

按照定额对广州 2831 个社区进行等级划分，可以发现，61.61% 社区的公共交通居民出行效率为 0.5~0.6。高于 0.6 的社区占比 1.7%，共有 48 个，主要是分布在越秀区、天河区、荔湾区、海珠区、白云区及番禺区。最低一级居民出行效率的社区主要分布在花都区、从化区及增城区，如表 5-4 所示。

第5章 广州公共交通居民出行效率空间特征与关系

表5-4 广州社区公共交通居民出行效率等级占比 单位：个，%

序号	综合效率等级	社区数量	占比
1	0.9~1	2	0.07
2	0.7~0.8	46	1.63
3	0.5~0.6	1743	61.61
4	0.3~0.4	768	27.15
5	0~0.2	272	9.61

在2831个社区中，效率投入与产出规模报酬递增的社区数量有1689个，效率投入产出规模报酬递增是指随着公共交通网络节点或者线路的增加，该社区的公共交通居民出行效率将会有所增加。效率投入产出规模报酬递减的社区数量有1130个社区，效率投入产出规模报酬递增是指随着公共交通网络节点或者线路的增加，该社区的公共交通居民出行效率将会有所降低。效率投入产出规模报酬不变的社区数量有12个，效率投入产出规模报酬不变是指当投入加大时，规模效率将不会发生变化，即对这12个社区进行公共交通网络节点或者线路的增加都将不会对公共交通居民出行效率有所改变，这12个社区是海珠区瑞宝街道金碧西社区、白云区嘉禾街道嘉禾社区、新市街道萧岗花园社区、永平街道云泉居社区、黄石街道祥景花园第二社区、石岗社区、太和镇沙亭村、江高镇南浦村、从化区江浦街道江浦村、番禺区小谷围街道北亭村、石基镇低涌村、增城区中新镇双塘村，如表5-5所示。

表5-5 广州社区公共交通网络综合效率投入与产出变化 单位：个，%

投入与产出变化	社区数量	占比
规模报酬不变	12	0.42
规模报酬递减	1130	39.92
规模报酬递增	1689	59.66

5.3.2 公共交通居民出行效率空间特征

利用DEA评价法对广州公共交通居民出行效率进行测度，能够获取综合考虑居民公共交通空间可达性、时间可达性及出行迂回的公共交通居民出行效率。居民出行效率值分布为0~1，效率值越接近1，则居民出行效率越高。基于ArcGIS 10.2对广州2831个社区的居民出行效率值进行可视化，能够挖掘公共交通居民出行效率的空间分布特征。

5.3.2.1 公共交通居民出行效率呈现圈层空间分布

利用自然断裂法对公共交通居民出行效率进行层级划分，可以发现广州公共交通居民出行效率呈现圈层空间分布，其中，公共交通居民出行效率可划分为七个圈层，各圈层效率值所处范围分别为：第一圈层为 0.634~1，第二圈层为 0.538~0.643，第三圈层为 0.507~0.538，第四圈层为 0.413~0.507，第五圈层为 0.353~0.413，第六圈层为 0.271~0.353，第七圈层为 0~0.271。由图 5-21 中的各社区居民出行效率分布情况可以发现，广州不仅只有核心区的 4 个区公共交通居民出行效率高，在过渡区的 3 个区，公共交通居民出行效率同样高效。而且在边缘区的 4 个区中，花都区和从化区的区中心公共交通居民出行效率较高，靠近城市边缘的社区，综合出行效率较低。增城区在靠近过渡区的社区，居民出行效率较高，而其区中心所在的社区，公共交通居民出行效率较差，其靠近惠州的城市边缘社区，公共交通居民出行效率较低，但与东莞相接的社区，公共交通居民出行效率则较高。

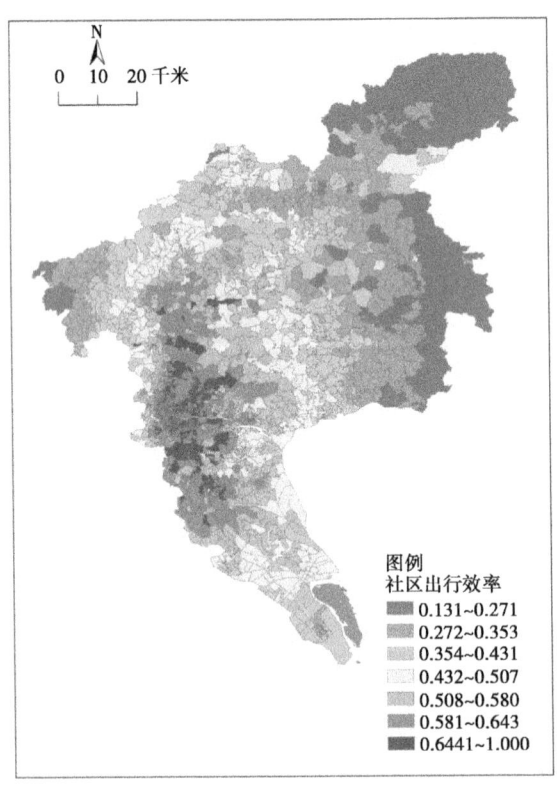

图 5-21　广州社区层级公共交通居民出行效率分布

5.3.2.2 效率圈层社区数量先增后降，圈层分布由核心区向边缘区过渡

由公共交通居民出行效率空间分布来看，第一圈层、第二圈层、第三圈层的社区数量排名前三，其中第二圈层的社区数量为846个，占总数的33.53%，第一圈层、第三圈层的社区数量为461个和454个，占总数的19.36%和19.07%，三个圈层的社区数量之和约占社区总数量的71.96%。通过图5-22可以发现，随着公共交通居民出行效率圈层由中心向外围不断扩散，圈层中社区的数量呈现先增加后降低的特征，从社区数量的变化率来看，第一圈层到第二圈层之间的社区数量是增加的，但是在第二圈层之后，第三圈层到第七圈层社区数量开始逐层减少。

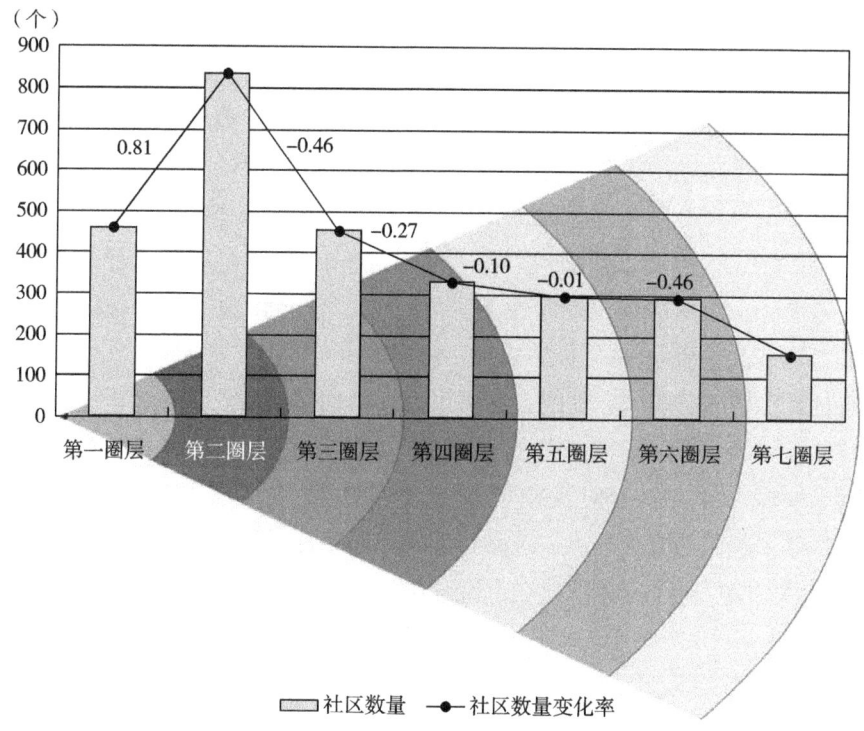

图5-22 广州社区层级公共交通居民出行效率圈层衰减分布

通过对各圈层中核心区、过渡区与边缘区三大类型区的社区数量进行统计分析，可以发现广州核心区与过渡区的社区居民出行效率较高，其中，核心区的越秀区、天河区、海珠区均覆盖了第一圈层、第二圈层及第三圈层，荔湾区则覆盖

了第一圈层到第四圈层。过渡区的白云区和番禺区覆盖了第一圈层到第四圈层，黄埔区则覆盖了第一圈层到第五圈层。而在边缘区的4个区中南沙区覆盖了第二圈层到第六圈层，花都区覆盖了第二圈层到第七圈层，从化区覆盖了第三圈层到第七圈层，增城区覆盖了第四圈层到第七圈层。这一特征表明，广州社区居民出行效率高的区域主要还是城市中心区部分，公共交通网络主要布局于城市中心区，而非城市中心区的公共交通网络平均时间可达性还有待提高。在核心区与过渡区交界处，存在公共交通居民出行效率较高的地区，如白云区南部三元里附近、黄埔区广州科学城附近、番禺区大学城附近。由于这些区域人口集聚明显，同时承接了核心区与过渡区公共交通客流集散的重要功能，为此在这些核心区与过渡区交界的城区公共交通居民出行效率较高。

5.3.2.3　公共交通居民出行效率衰减率逐层递增，增幅先降后升

衰减率能够反映不同圈层公共交通居民出行效率的变化情况，本书的衰减率是指邻近圈层之间公共交通居民出行效率均值之差与前一圈层公共交通居民出行效率的比值。通过对比各个圈层的公共交通居民出行效率的衰减率可以发现，在居民出行效率七大圈层中，随着圈层由内向外延伸，衰减率由第一圈层、第二圈层之间的0.09，上升至第六圈层、第七圈层之间的0.27，居民出行效率的衰减率逐层递增，表明在居民出行效率七大圈层中，公共交通居民出行效率逐层递减，如图5-23所示。

通过对比各圈层衰减率的变化，可以发现其增幅随圈层由内向外呈现先降后升的特征，在第一圈层到第三圈层，衰减率增幅不断上涨，在第四圈层与第五圈层衰减率增幅大幅下降，随后逐步上涨。说明在第一圈层到第四圈层，公共交通居民出行效率降低的幅度较大，但是第四圈层和第五圈层的降低幅度变大，由此可以判断第四圈层和第五圈层的公共交通居民出行效率较为接近。

5.3.2.4　公共交通居民出行效率随圈层变化向广州北部、东部及南部边缘区衰减

将广州不同区在不同公共交通居民出行效率圈层中的衰减率利用雷达图展现出来，衰减率较高的方向表示公共交通居民出行效率衰减的幅度较大。通过图5-24展示的6幅两两圈层之间不同区在居民出行效率衰减的分布情况可以发现，在第一圈层与第二圈层之间，居民出行效率衰减的方向分别为边缘区从化区、花都区及南沙区所在的广州北部、西北部及南部3个方向。在第二圈层与第三圈层之间，居民出行效率衰减的方向主要为边缘区增城区所在的广州东部方向。在第

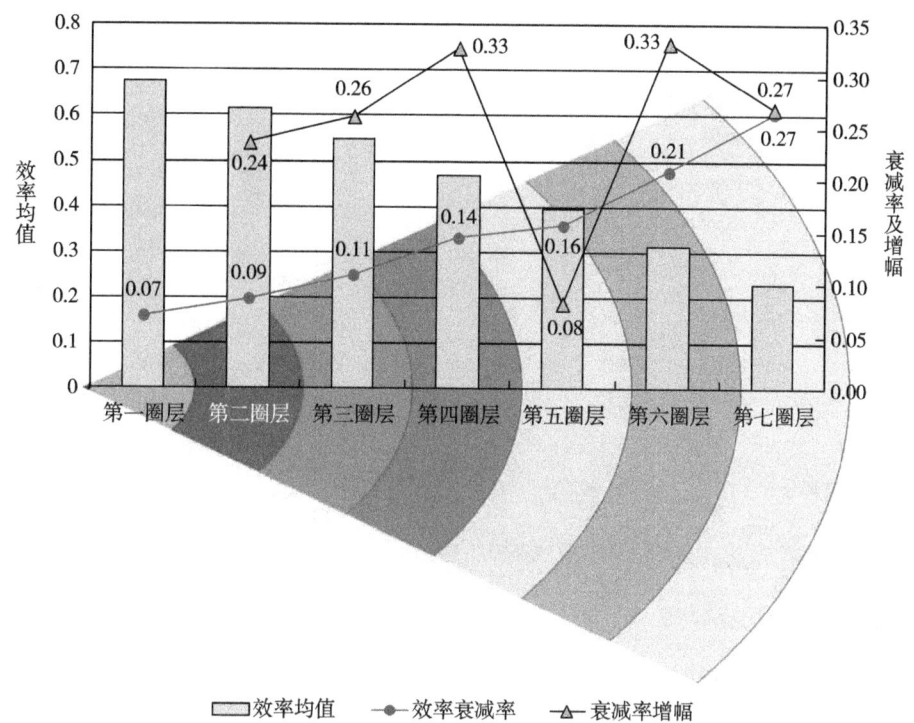

图 5-23 广州公共交通居民出行效率圈层分布及衰减率变化

三圈层与第四圈层之间,居民出行效率衰减的方向在广州 11 个区中均有衰减,呈现均匀衰减的特征。在第四圈层与第五圈层之间,居民出行效率衰减的方向包括广州行政边界所在的花都区、白云区、荔湾区、番禺区、南沙区及增城区。在第五圈层与第七圈层之间,居民出行效率衰减的方向分别为边缘区花都区、从化区、增城区所在的广州北部、西北部及东部 3 个方向。通过对六大层级之间的不同公共交通居民出行效率衰减率的对比分析,可以发现公共交通居民出行效率随层级变化向广州北部、东部及南部边缘区衰减。

5.3.2.5 各圈层中网络结构的站点度及线路数量逐层衰减

通过测算公共交通居民出行效率七大圈层中的网络结构衰减率可以对七大圈层中的网络结构衰减情况进行分析,网络结构选取的指标值包括站点度、站点数量及线路数量三大指标,此处的衰减率为公共交通居民出行效率邻近圈层之间网络结构指标值均值之差与前一圈层网络结构指标值均值的比值。

基于分析可以发现,随居民出行效率七大圈层由内向外递减,网络结构指标

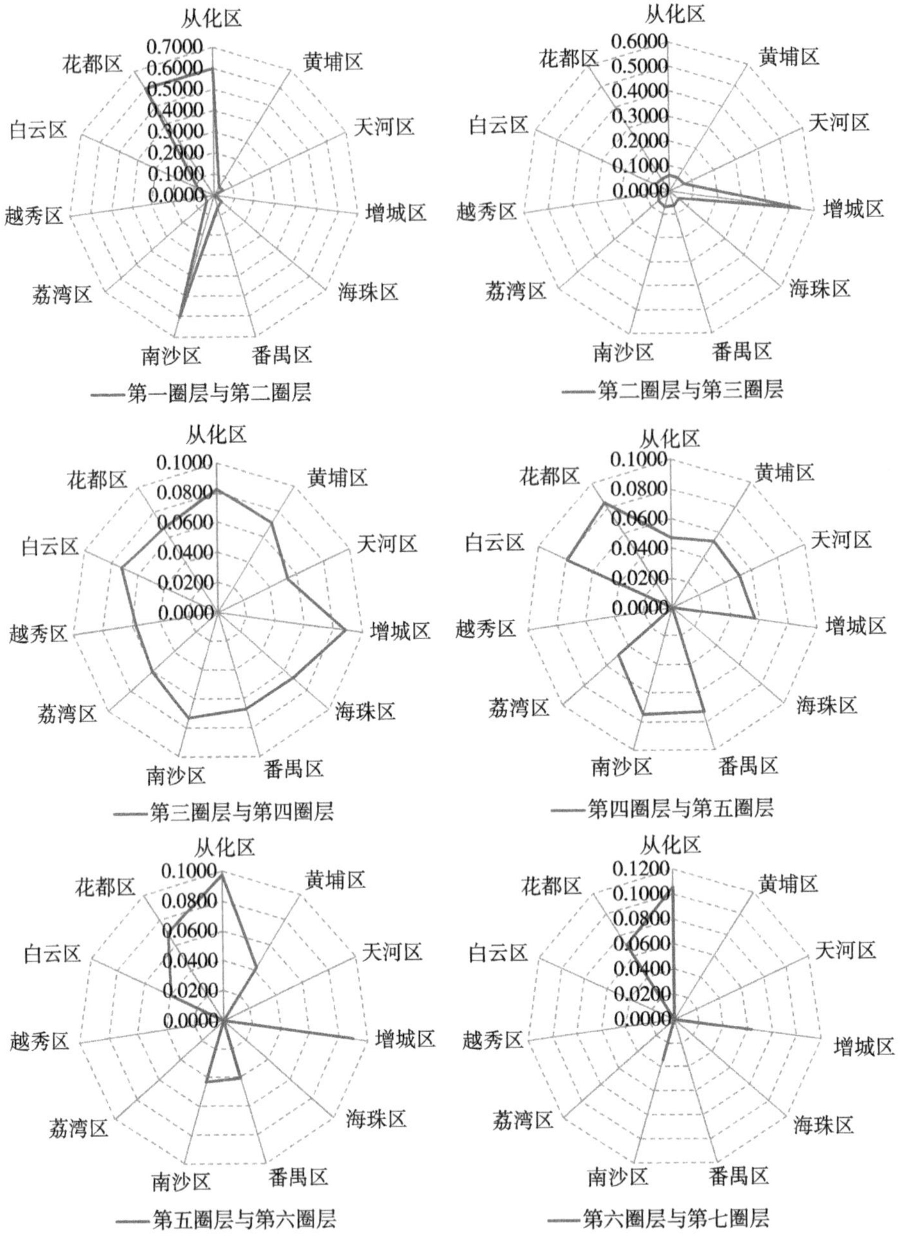

图 5-24 广州公共交通居民出行效率衰减方向

值中的站点度、线路数量的衰减率逐层递减,第一圈层到第五圈层的站点度和线路数量递减幅度较大,但是在第五圈层与第六圈层之间站点度和线路数量衰减幅度较小，说明第五圈层与第六圈层之间的公共交通居民出行效率较为接近。而站点数量的衰减率先降低后增长，可以发现第一圈层与第二圈层之间的衰减率为 0.02，但是第二圈层与第三圈层、第三圈层与第四圈层的衰减率降低到了 -0.46 和 -0.17，说明第二圈层到第四圈层的站点数量不降反升，在第四圈层之前，站点数量不断增加。到了第五圈层时，站点数据快速下降，衰减率达到了 0.5，第六圈层的站点数量衰减率为 0.5，如图 5-25 所示。

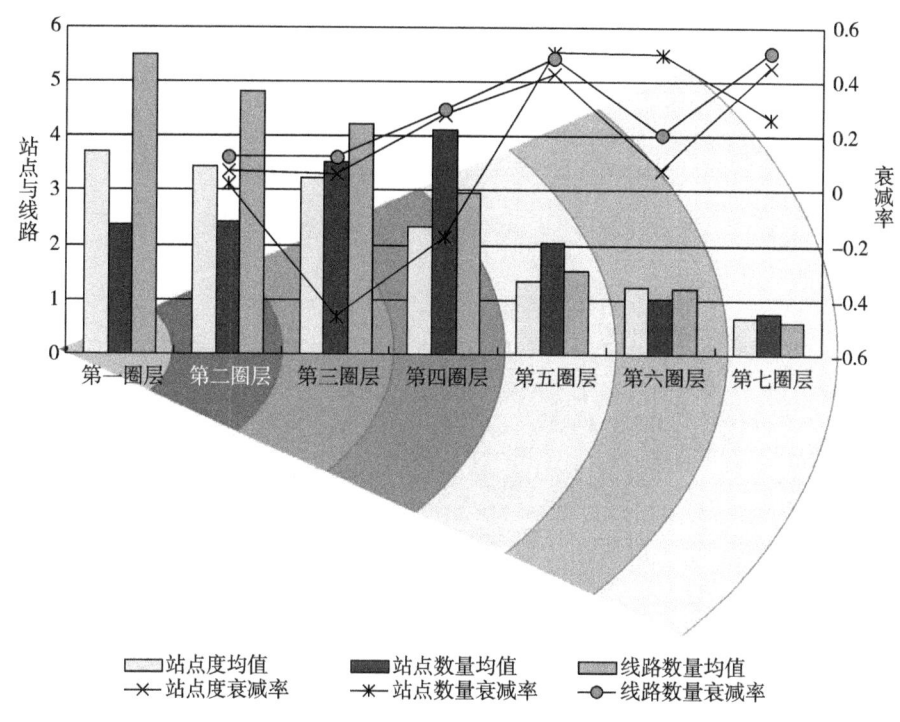

图 5-25 广州公共交通居民出行效率圈层网络结构衰减率变化

5.3.2.6 网络结构对公共交通居民出行效率的影响随圈层由内向外不断增大

衰减率之比能够反映参与对比的两个对象衰减率相对变化情况，为此分别对公共交通居民出行效率及网络结构指标值站点度、站点数量、线路数量的衰减率进行线性归一化处理，并采用效率与站点度、效率与站点数量、效率与线路数量衰减率之比进行分析，可以发现公共交通居民出行效率与站点度及线路数量的衰减率在衰减趋势上存在一致性，站点度与线路数量对公共交通居民出行效率的影响不断上升，但从衰减幅度上看，在第一圈层到第六圈层中，站点度比线路数量对公共交通居民出行效率的影响更大，但到第七圈层时，线路数量比站点度对公共交通居民出行效率的影响更大。公共交通居民出行效率与站点数量衰减率之比的衰减趋势在第一圈层到第四圈层不断降低，在第五圈层到第七圈层之间不断升高，表明站点数量对效率公共交通居民出行效率的影响在第一圈层到第四圈层是不断下降的，而到了第五圈层到第七圈层时，其影响不断增加，如图 5-26 所示。

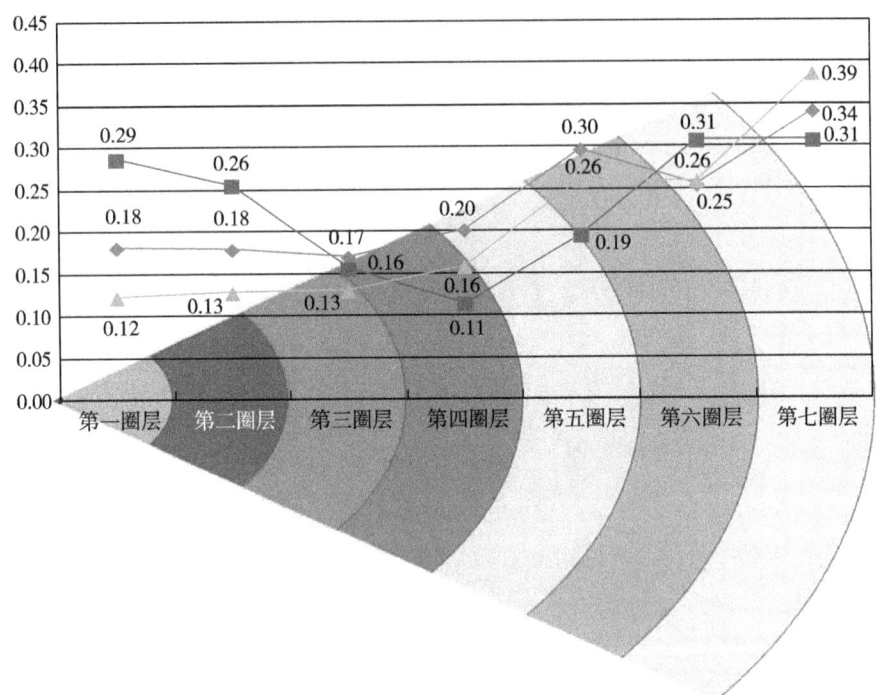

图 5-26 广州公共交通居民出行效率与网络结构衰减率变化

5.4 公共交通网络结构与居民出行效率空间关系

从上述分析中可以发现，城市居民出行效率空间布局是存在一定差异的，那么公共交通网络结构与居民出行效率有何种关系？本节将基于地理加权回归模型，探讨公共交通居民出行效率与网络结构之间空间关系，明确公共交通居民出行效率与

第5章 广州公共交通居民出行效率空间特征与关系

公共交通网络结构之间的关联程度，剖析两者之间的空间异同分布特征。

5.4.1 地理加权回归模型构建

在探寻事物的因素之间的相互关系中，线性回归分析是用于确定一个变量同多个变量之间相互关系的方法。对于线性回归分析而言，主要包括两大类模型，分别为全局模型与局部模型，从全局模型来看，其以全局一致作为约束条件，假设研究样本的回归系数不受空间位置变化的影响。对于局部模型来说，其以局部一致作为约束条件，假设在研究样本的回归系数会受空间位置变化的影响。而地理加权回归模型（GWR）是局部线性回归模型。为此，地理加权回归模型将以局部一致作为约束条件，假设在研究样本的回归系数会受空间位置变化的影响，形成回归系数在局部空间位置上的变化，综合考虑了回归系数的空间差异。

为此构建地理加权回归模型，探讨基于公交网络结构的居民出行效率的空间关系，即调查居民公共交通出行效率与网络节点度及网络节点密度位置距离之间的相互关系。模型构建如下：

$$y = \beta_0(u_i, v_i) + \sum_{k=1}^{p} \beta_{ik}(u_i, v_i) x_{ik} + \varepsilon_i (i = 1, 2, \cdots, n) \tag{5-9}$$

其中，(u_i, v_i) 是空间样本 i 的地理坐标值，$\beta_0(u_i, v_i)$ 是空间样本 i 的连续函数值。

5.4.2 基于公交网络结构的居民出行效率的空间关系

5.4.2.1 模型结果分析

本书采用地理加权回归模型对本次研究范围内的 2831 个社区的公共交通居民出行效率进行测算，在地理加权回归（GWR）模型中，公共交通网络站点度值与线路数量两大自变量的回归系数都为正，表明公共交通网络站点度值与线路数量对公共交通出行效率的影响是正向影响，而站点数量的回归系数在空间布局上呈现出较大波动，表面其对于公共交通出行效率的影响是不稳定的。

局部回归模型的标准化残差值（StdResid）的范围在 [-2.50, 2.50]，同时对模型标准化残差（StdResid）进行可视化分析，通过对 2831 个社区样本标准化残差（StdResid）在广州各大城区及镇街的分布进行分析，可以发现，2831 个社区样本均通过标准化残差检验。在此基础上对标准化残差的空间自相关性进行检验，结果发现莫兰指数为 -0.224，Z 值为 0.500，2831 个社区样本的标准化残差呈现随机分布，表明公共交通网络结构与居民出行效率的局部回归模型能够呈现较好的模型效果，如图 5-27 所示。

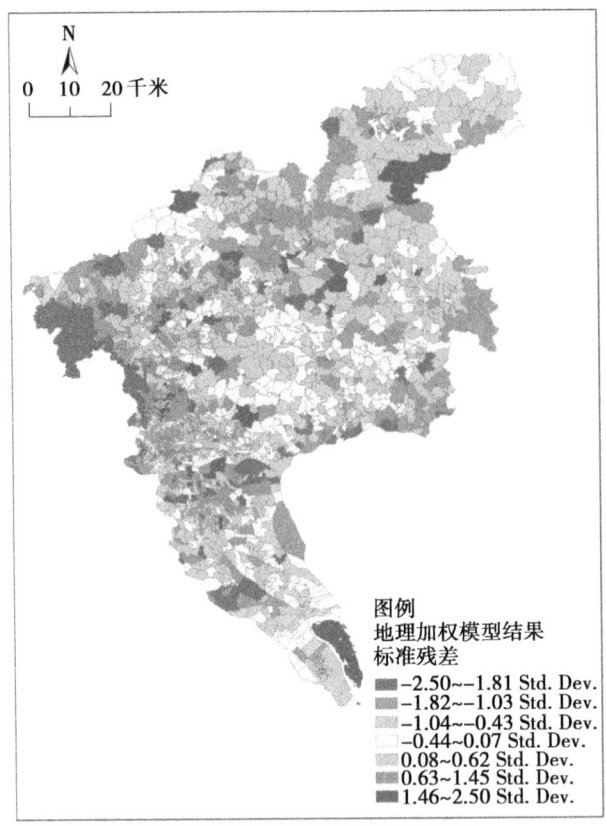

图 5-27 广州 2831 个社区标准残差空间分布

5.4.2.2 回归系数分析

(1) 服务人口数量对居民出行效率影响的空间差异特征。服务人口数量与公共交通居民出行效率呈正相关关系，通过对服务人口数量的回归系数进行可视化分析，能够获取服务人口数量对公共交通居民出行效率的影响程度的空间分布，可以发现在核心区与过渡区的社区中，服务人口数量回归系数值较小，说明服务人口数量的变化对公共交通居民出行效率的影响不大。而在边缘区的花都区西部地区、从化区北部、增城区北部的社区则呈现出高回归系数分布，表明服务人口的变化对公共交通居民出行效率的影响较大，即服务人口数量增长时，公共交通居民出行效率将会增加，这一特征与广州公共交通网络布局不均衡有密切关联。

目前，从广州的实际情况来看，核心区和过渡区是人口集聚的密集区域，公共交通网络的布局较为完善,为此,该部分社区人口数量的变化对于公共交通的影响不大,公共交通居民出行效率变化也较小。而边缘区域的社区人口集聚程度较小,公共交通网络布局较为不完善,站点与线路缺少,导致公共交通居民出行效率较低,当社区人口增加时,公共交通服务的人口增大时,公共交通网络站点与线路也将增多,公共交通居民出行效率将随之增加。

(2)站点度值对出行效率影响的空间差异特征。途经站点度值与公共交通居民出行效率呈现正相关关系,通过对站点度值的回归系数进行可视化分析,能够获取站点度值对公共交通居民出行效率的影响程度的空间分布,可以发现在核心区与过渡区的社区中,途经站点度值回归系数值较大,说明途经站点度值的变化对公共交通居民出行效率的影响较大。而在边缘区的从化区东北部和靠近花都区西部、增城区中部和北部的社区则呈现出高回归系数分布,表明途经站点度值的变化对公共交通居民出行效率的影响较大,即途经站点度值增长时,公共交通居民出行效率将会增加。

目前从广州公共交通网络结构布局的实际情况来看,从化区和增城区等边缘城区公共交通网络布局较为不完善,站点与线路缺少,导致公共交通居民出行效率较低,增加公共交通网络站点的重要度,则线路布局将会加密,公共交通居民出行效率将随之增加。

(3)站点数量对出行效率影响的空间差异特征。站点数量与公共交通居民出行效率呈负相关关系,通过对站点数量的回归系数进行可视化分析,能够获取站点数量对公共交通居民出行效率的影响程度的空间分布,可以发现在核心区、过渡区及边缘区的社区中,站点数量回归系数值为负值,说明站点数量的变化对公共交通居民出行效率的影响为负向影响。这一结果表明,仅增加站点数量并无法有效提高公共交通居民出行效率。

(4)途经线路数量对居民出行效率影响的空间差异特征。途经线路数量与公共交通居民出行效率呈正相关关系,通过对途经线路数量的回归系数进行可视化分析,能够获取途经线路数量对公共交通居民出行效率的影响程度的空间分布。

可以发现在核心区与过渡区的社区中,途经线路数量回归系数值较小,说明途经线路数量的变化对公共交通居民出行效率的影响不大。而在边缘区的从化的北部、增城中部的社区则呈现出高回归系数分布,表明途经线路数量的变化对公共交通居民出行效率的影响较大,即服务人口数量增长时,公共交通居民出行效率将会增加,这一特征与广州公共交通网络布局不均衡有密切关联。而边缘区的 4 个城区公共交通网络途经线路数量较少,将会直接影响公共网络结构的布局,从而影响到公共交通居民出行效率的高低,如图 5-28 所示。

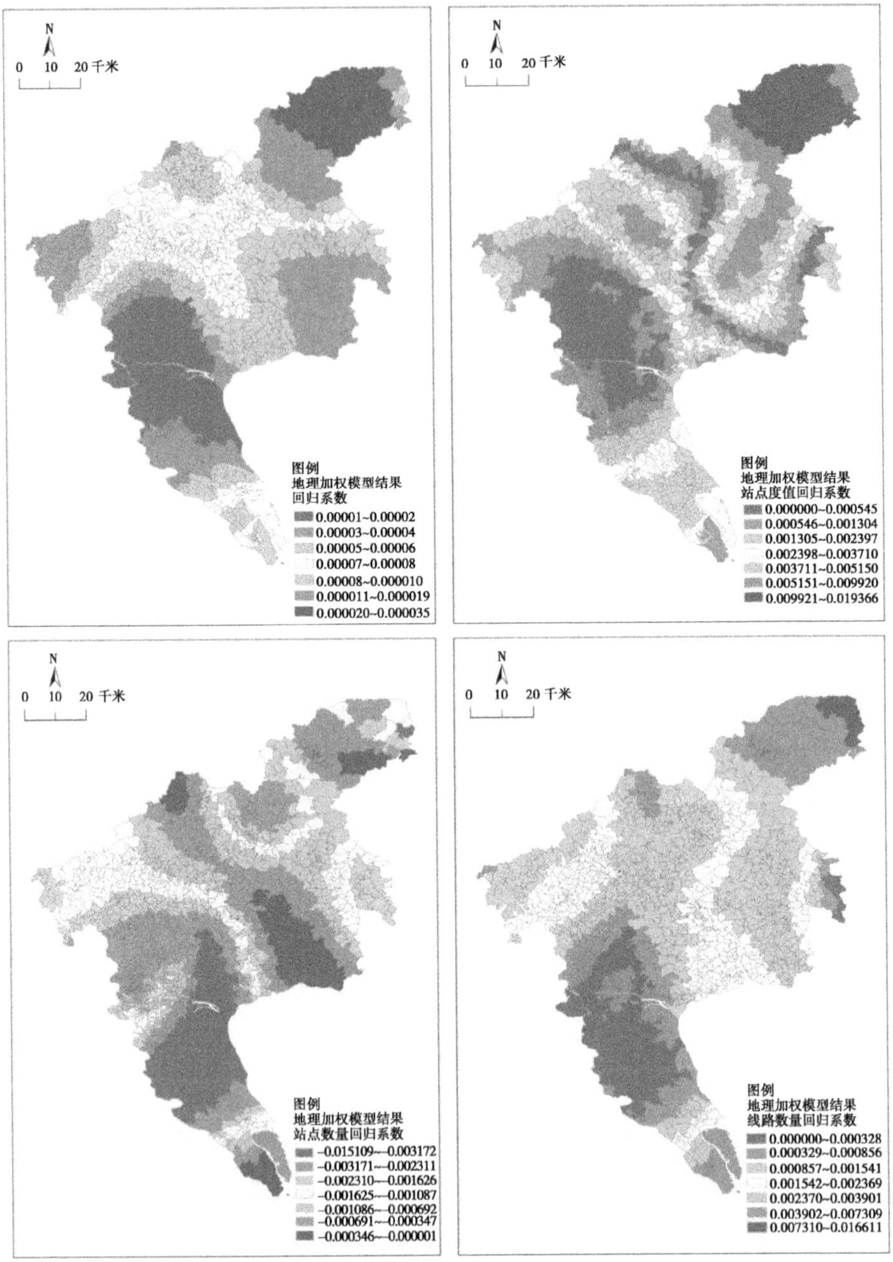

图 5-28 地理加权模型各指标回归系数空间分布

5.5 本章小结

本章旨在对公共交通居民出行效率分布特征进行分析，首先尝试度量居民公共交通居民出行效率，考虑居民公交出行的空间可达性、时间可达性、出行迂回等指标作为公共交通出行效率的表征，基于 DEA 模型，从投入与产出的两个方面，使用公共交通出行空间可达性、出行时间可达性及出行迂回等指标对居民公交出行效率进行量化分析，测算出公共交通居民出行效率。其次获取公共交通居民出行效率分布特征，运用百度 API 实时数据，探讨公共交通居民出行效率的模式、类型，利用居民出行距离及出行时间关系对比。运用核心—边缘空间理论，探求居民出行效率空间分布特征。最后剖析公共交通居民出行效率与网络结构之间存在的关系。基于地理加权回归模型探讨公交网络结构与居民出行效率的相关关系。得到如下结论：

第一，可以发现核心区的居民出行效率较高，边缘区的居民出行效率较低。如 4 个城区居民出行效率均超过 0.6，其中海珠区的居民出行效率最高为 0.64。边缘区的 4 个城区居民出行效率均低于 0.5，其中增城区的居民出行效率最低，为 0.3196。在广州 2831 个社区中，有 61.61% 社区的公共交通网络综合效率为 0.5~0.6。高于 0.6 的社区占比不到 1.7%，共有 28 个，主要是分布在越秀区、天河区、荔湾区、海珠区、白云区及番禺区。最低一级居民出行效率的社区主要分布在花都区、从化区及增城区。

第二，从居民出行效率三大测算指标的空间特征来看，空间可达性呈现均匀圈层空间分布，具有距离衰减特征，呈现按圈层由内向外减弱分布特征，核心区空间可达性普遍较高，过渡区与核心区衔接的社区空间可达性高，与边缘区衔接的社区空间可达性低，边缘区社区空间可达性普遍较低，与中心城区距离越远的社区空间可达性越低。公共交通时间可达性呈现按圈层向外递增均匀分布，核心区公共交通平均时间可达性普遍较高，但也存在个别平均时间可达性较低点，广州外环高速以内的城区公交平均时间可达性较高，核心区与过渡区交界处平均时间可达性较高，过渡区公共交通平均时间可达性分布不均匀，存在明显分界线，过渡区与边缘区交接处公共交通居民出行效率较高。城市整体公共交通出行迂回呈现东西带状均匀分布，南北形成高出行迂回中心，类型区内部出行迂回呈现一致性，空间集聚且强度梯级分布特征。

第三，从公共交通居民出行效率空间特征来看，居民出行效率呈现由核心区向外递减圈层空间分布，公共交通居民出行效率衰减率逐层递增，增幅先降后升，公共交通居民出行效率随圈层变化向广州北部、东部及南部边缘区衰减，各圈层中网络结构的站点度及线路数量逐层衰减，网络结构对公共交通居民出行效率的影响随圈层由内向外不断增大。

第四，基于地理加权回归模型探讨公交网络结构与居民出行效率的相关关系。分析公共交通居民出行效率与公共交通网络结构之间时空关系的关联程度，可以发现公共交通网络站点度值与线路数量对公共交通居民出行效率是正向影响，而站点数量的回归系数在空间上波动较大，说明其对公共交通居民出行效率的影响不稳定。

第6章 基于公共交通网络结构的广州居民出行效率差异性

居民公共交通出行效率与公共交通网络结构密不可分，从而在不同公共交通线网层级结构下，居民出行效率将存在空间上的差异性。同时，居民公共交通出行过程存在两部分的出行，第一部分是由出行出发点或目的地与公共交通站点之间的出行，这部分出行是不包含在公共交通网络之内的，但会受到公共交通网络布局的影响。第二部分是从第一个上车站到最后一个下车站之间的出行过程，这部分出行是在公共交通网络中的，受到公共交通网络结构的影响。为此，基于公共交通网络结构的居民出效率也受到两部分的影响，第一部分是受到公共交通网络结构的影响，呈现出不同交通出行模式的组合影响下的居民出行效率的差异。第二部分是受到由起点到公共交通站点或由公共交通站点到达目的地的这一部分的衔接出行影响，而形成的公共交通居民出行效率与网络效率的差异性。为此，本章主要对以下三个方面研究内容进行探讨，以期能够挖掘基于公共交通网络结构的居民出行效率差异性，如图6-1所示。

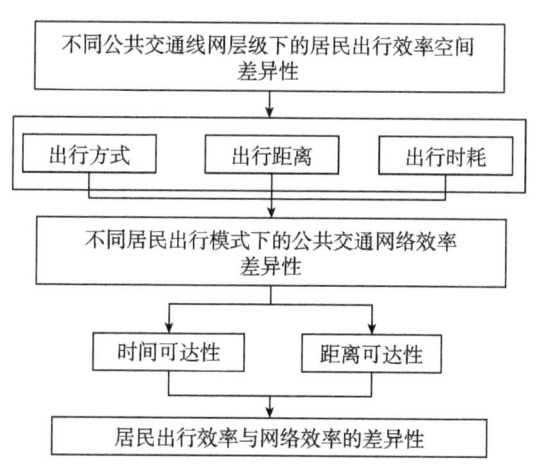

图 6-1　公共交通居民出行效率与网络效率异质性研究框架

第一，探讨公共交通网络层级结构下居民出行效率空间特征。基于公共交通线网层级模块特征的分析，利用百度 API 实时出行时间、出行距离、出行迂回及综合出行效率等指标，分别从通道网络、干线网络、衔接网络及支线网络结构四方面对公共交通居民出行效率空间特征进行探讨。

第二，基于公交出行链的公共交通居民出行模式分析，了解不同出行模式下公共交通出行效率的差异性。从出行过程出发，探讨公共交通出行链的组成，从公共交通出行链着手，挖掘居民公共交通出行过程中的不同出行模式组合方式，在出行距离、出行时耗双重约束下，明确不同居民公共交通出行模式下的居民出行效率差异性。

第三，分析公共交通居民出行效率与网络结构效率的差异性。从可达性层面分析公共交通出行效率与网络效率的差异性。在相同时间、距离两种约束条件下，探求公共交通居民出行效率与网络效率在时间可达性和空间可达性两方面的空间分布差异性。

在目前研究中针对出行链已提出多种定义，王月玥（2014）认为，出行链被提出是对出行者一天不同时间出行顺序的描述，同时在空间上反映了出行者的出行活动的规律。基于已有文献对出行链的定义进行总结，将出行链分为两种类型。

第一类强调其是闭合的出行过程，出行链的起讫点是同一位置（通常为基于家的出行），且将一天作为出行链时间周期，那么在该出行链时间周期内所发生的任何出行都将视为构成出行链的一部分，该类型出行链被广泛应用于出行行为选择、出行需求预测等研究之中。如褚浩然等（2006）提出的出行链主要是居民出行从家出发再返回家这样一个过程。赵莹和柴彦威等（2010）认为，出行链为居民整日出行多目的出行过程。赵昕等（2011）提出的出行链是以家作为起点和终点，以参与一项或多项活动为目的，并按照活动发生的时间顺序将活动链接起来的闭合链。鲜于建川等（2012）定义的出行链是指人们为完成一项或多项活动，而在时间上顺序排列的出行目的所组成的往返行程。杨敏等（2008）定义的出行链是指以家为起点和终点将居民一天当中各种目的出行按发生顺序连接起来所形成的若干闭合链。

第二类重点将出行链主要描述"为完成一个或多个活动，在时间顺序上一系列相互连接的出行"，该类出行链是一种闭合链型的出行链，且未给出行链的时间周期限定（Duncan 等，2016）。如张丽（2011）指出，出行链是个人为满足特定的生产、生活的需求，而进行的一系列在时间和空间上相互连接的出行过程。Mcguckin 等（2004）指出，出行链为两个目的地之间连接在一起的一系列连续的短途出行，如离开家，去接一个乘客，去喝咖啡，然后到单位的一次出行。Liu 等（2010）认为，出行链是指居民对一个或多个活动（多个目的），在一个特定时间顺序上不同出行目的的连接形式。

在已有出行链分析均是对以单一出行链为研究对象，其是实现出行起讫点在时间顺序上的衔接，且重点关注出现过程中的交通出行方式选择行为（如小汽车、公共交通、步行等），而鲜少关注一种类型方式出行过程的出行链。

目前，关注于公共交通出行链的研究，主要如蒋家高（2013）提出的公共交通出行链，是指以公共交通方式为主要出行方式完成的两次或两次以上的连续出行过程。其中的主要出行方式是指出行过程中使用时间或使用距离最长的交通方式，而与公共交通接驳的步行、自行车、小汽车等交通方式，作为次要出行方式也被纳入公共交通出行链组成中（Carrionmadera 等，2011）。王月玥（2014）则认为，公共交通出行链公共交通出行链（Public Transportation Trip Chain，PTTC）是指从出行起始站点到目的站点，由一个或多个公共交通出行阶段按发生顺序组成的一次完整出行过程，即一次完整的公共交通出行可以仅由一个出行阶段构成，也可以由换乘点划分为多个出行阶段，最终所构成的公共交通出行链属于不闭合的单链，可再现出行者每一次公共交通出行的具体过程。

出行阶段作为出行链的重要组成部分，是通过同一种出行方式从起点到终点的过程。对于公共交通出行而言，按照公共交通出行阶段的目的来划分，主要涉及三个阶段：第一阶段实现由出行起点（出行出发地）到公共交通站点的移动目的，该阶段主要依靠步行或慢行交通得以进行。第二阶段实现的是公共交通系统内部移动目的，该阶段主要依靠公共交通方式得以进行。第三阶段实现的是公共交通站点到出行讫点（出行目的地）的移动目的，该阶段与第一阶段一直主要依靠步行或慢行交通得以进行。

在出行阶段的类型中，第二阶段是交通系统内部的移动，为此按照公共交通系统中的交通方式及其组合来划分，将形成三种交通方式的组合形式，形式一为通过单一交通方式实现出行移动，分别为轨道交通、BRT 快速公交以及常规公交。形式二为两种交通方式之间的组合，此时出行过程存在至少一次换乘，分别包括轨道交通—BRT 快速公交、轨道交通—常规公交、BRT 快速公交—常规公交。形式三为三种交通之间的组合，此时出行过程存在至少两次换乘。

按照出行换乘需求来进行划分,又存在三种公共交通出行模式,类型一为无须换乘公共交通出行模式,即在上述第二阶段公共交通系统内部移动时,不需要进行公共交通方式之间的换乘。类型二为单次换乘公共交通出行模式,即在上述第二阶段公共交通系统内部移动时,需要在同一或不同公共交通方式之间进行一次换乘。类型三为多次换乘公共交通出行模式,即在上述第二阶段公共交通系统内部移动时,需要在同一或不同公共交通方式之间进行两次及以上换乘。

本书所研究的公共交通居民出行链所关注的是出行阶段、交通方式选择以及出行换乘需求三者共同影响下形成的公共交通出行链。本书研究的对象是一次全公共交通方式出行,重点考虑一次公共交通出行(起讫点之间)中不同出行阶段,在任意交通方式组合选择的基础上,满足出行换乘需求所形成的公共交通出行链,公共交通出行链主要实现出行 O 点—公共交通—出行 D 点的出行衔接,如图 6-2 所示。

图 6-2 公共交通居民出行链

6.1 基于不同公共交通线网层级的居民出行效率空间差异性

在公共交通网络多重层级结构的影响下,城市居民出行效率在不同层级结构中呈现出空间差异性。基于第 4 章中对于公共交通线网层级模块特征的分析,在明确节点层级的基础上,广州城市公共交通线网共划分为四个层级,分别包括通道网络、干线网络、衔接网络及支线网络。其中,通道网络是由网络 Hub 关键节点的衔接所构成,干线网络是对第一层级非 Hub 关键节点进行衔接而组成,衔接网络则是由第二层级、第三层级非 Hub 关键节点串联而成,支线网络则由第四层

第6章 基于公共交通网络结构的广州居民出行效率差异性

级、第五层级非 Hub 关键节点之间的衔接而成。为了深入了解居民出行效率在多重层级结构影响下的空间特征,以百度 API 实时出行时间与出行距离两者对居民实时公共交通出行效率进行表征,分别获取不同层级结构下公共交通居民实时出行效率空间特征。

不同网络层级结构下公共交通居民出行效率一方面是对不同层级结构所在社区进行提取,利用 ArcGIS 10.2 的叠加分析工具中的空间连接模块将网络不同层级结构的节点与社区进行空间衔接,从而获取到网络不同层级结构节点所在社区;另一方面对百度 API 获取的实时出行时间与出行距离,基于网络结构与百度实时出行距离获取的实时出行迂回及基于 DEA 评价法获取的居民公共交通出行效率进行对比分析,从而深入了解不同层级结构下居民实时出行公共交通出行效率空间特征。

6.1.1 不同网络层级结构所在社区空间差异性

在对不同层级结构下城市居民出行效率空间特征分布之前,需要获取不同网络层级结构所在的社区特性。为此,本书利用 ArcGIS 10.2 的叠加分析工具中的空间连接模块将网络不同层级结构的节点与社区进行空间衔接,从而获取到网络不同层级结构节点所在社区位置,为进一步分析不同层级结构下城市居民出行效率空间特征提供数据基础。

通过对不同网络层级结构节点所在社区进行空间可视化,能够从空间上了解不同网络层级结构所在社区的布局情况,如图 6-3 所示,可以发现通道网络层级结构节点所在社区呈现核心—边缘分布,在越秀区、海珠区及天河区等城区形成核心。干线网络层级结构节点所在社区则围绕着核心区呈现东西横向带状分布。衔接网络层级结构节点所在社区覆盖面最广,呈现核心—边缘分布。支线网络层级结构节点所在社区为南北竖向带状分布,从广州北部的从化区连接到南部的南沙区。

6.1.1.1 通道网络层级结构所在社区主要分布于核心区与过渡区

通道网络层级结构所在社区共包括 379 个社区,其中社区数量排名前三的区为核心区的越秀区、天河区和过渡区的白云区,社区数量占比分别为 19.00%、16.36% 和 16.09%。在越秀区共覆盖 21 个镇街 72 个社区,分别为白云街道、北京街道、大东街道、大塘街道、大新街道、登峰街道、东风街道、东湖街道、光塔街道、洪桥街道、华乐街道、黄花岗街道、建设街道、矿泉街道、流花街道、六榕街道、梅花村街道、农林街道、人民街道、诗书街道、珠光街道。在天河区

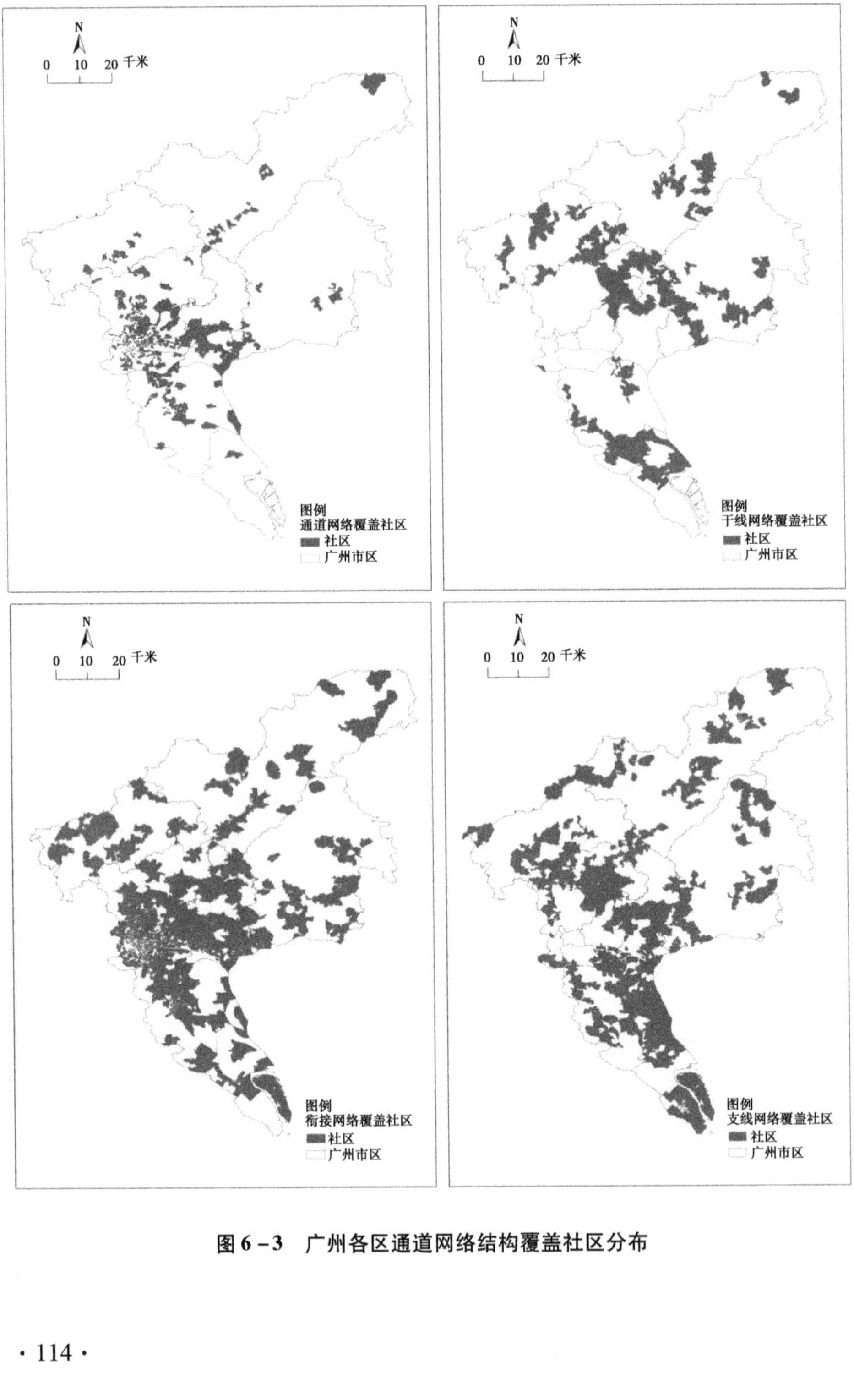

图6-3 广州各区通道网络结构覆盖社区分布

共覆盖17个镇街62个社区，包括车陂街道、凤凰街道、黄村街道、林和街道、龙洞街道、沙东街道、沙河街道、石牌街道、棠下街道、天河南街道、天园街道、五山街道、冼村街道、新塘街道、兴华街道、长兴街道、珠吉街道。在白云区共覆盖17个镇街61个社区，分别为黄石街道、嘉禾街道、江高镇、金沙街道、京溪街道、景泰街道、均禾街道、人和镇、三元里街道、石井街道、松洲街道、太和镇、棠景街道、同德街道、新市街道、永平街道、钟落潭镇，如图6-4所示。

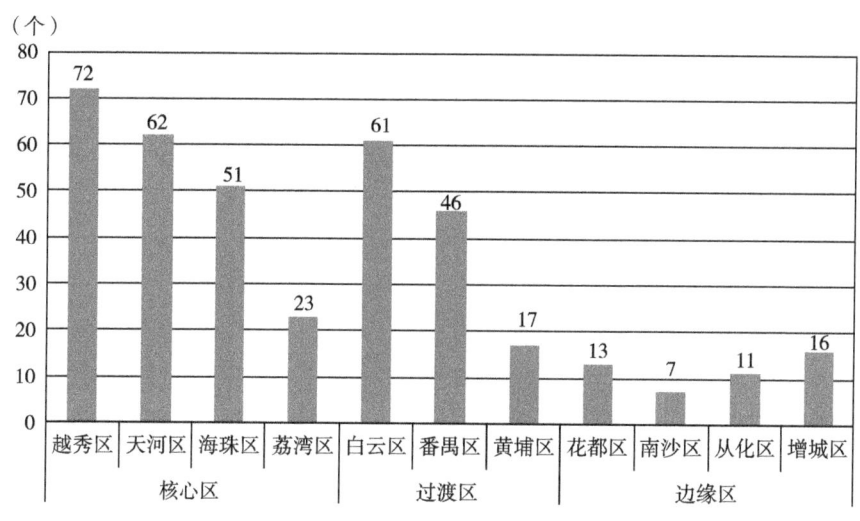

图6-4 广州各区通道网络结构覆盖社区数量分布

6.1.1.2 干线网络层级结构所在社区主要分布于过渡区和边缘区

干线网络层级结构所在社区共包括242个社区，其中社区数量排名前三的区为边缘区的南沙、增城区和花都区，社区数量占比分别为23.55%、16.94%和17.36%。从空间分布上来看，干线网络层级结构所在社区主要分布于过渡区和边缘区，在核心区仅有少数社区分布于天河区和荔湾区。在南沙区共覆盖9个镇街57个社区，分别为大岗镇、东涌镇、横沥镇、黄阁镇、榄核镇、南沙街道、南沙街道、南沙区、珠江街道。在增城区共覆盖6个镇街42个，包括石滩镇、新塘镇、增江街道、正果镇、中新镇、朱村街道。在白云区共覆盖6个镇街41个社区，分别为赤坭镇、花东镇、花山镇、狮岭镇、炭步镇、新华街道，如图6-5所示。

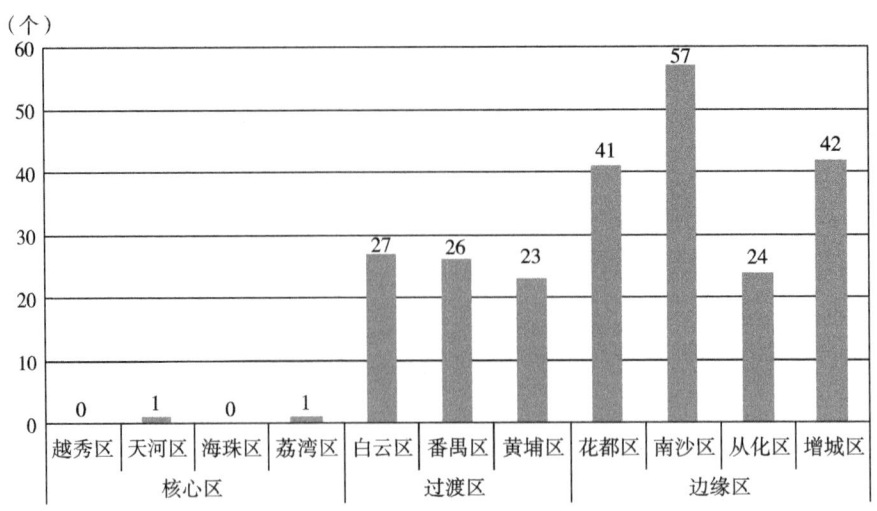

图 6-5 广州各区干线网络结构覆盖社区数量分布

6.1.1.3 衔接网络层级结构所在社区在各城区分布较为均匀

衔接网络层级结构所在社区共包括 1135 个社区,其中社区数量排名前三的区为过渡区的白云区、核心区的越秀区和并列第三的天河区、海珠区、番禺区,社区数量占比分别为 15.86%、12.16% 和 11.72%。从空间分布上来看,衔接网络层级结构所在社区分布较为均匀,在核心区共覆盖了 480 个社区,在过渡区共覆盖了 373 个社区,在边缘区覆盖了 282 个社区,如图 6-6 所示。

6.1.1.4 支线网络层级结构所在社区主要分布在过渡区和边缘区

支线网络层级结构所在社区共包括 467 个社区,其中社区数量排名前三的区为过渡区的白云区、番禺区和边缘区的增城区,社区数量占比分别为 20.77%、18.42% 和 13.70%。从空间分布上来看,支线网络层级结构所在社区主要分布于过渡区和边缘区,在核心区仅有少数社区分布于天河区、海珠区及荔湾区。在白云区共覆盖 8 个镇街,分别为江高镇、人和镇、石井街道、松洲街道、太和镇、同和街道、永平街道、钟落潭镇。在番禺区共覆盖 12 个镇街,包括大石街道、化龙镇、洛浦街道、南村镇、沙头街道、沙湾镇、石壁街、石基镇、石楼镇、小谷围街道、新造镇、钟村镇。在增城区共覆盖 9 个镇街,分别为荔城街道、派潭镇、石滩镇、小楼镇、新塘镇、增江街道、正果镇、中新镇、朱村街道,如图 6-7 所示。

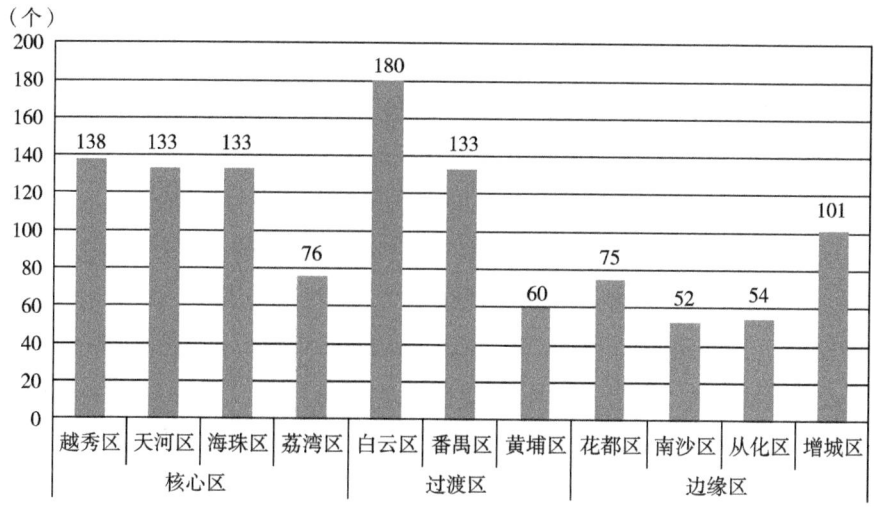

图6-6 广州各区衔接网络结构覆盖社区数量分布

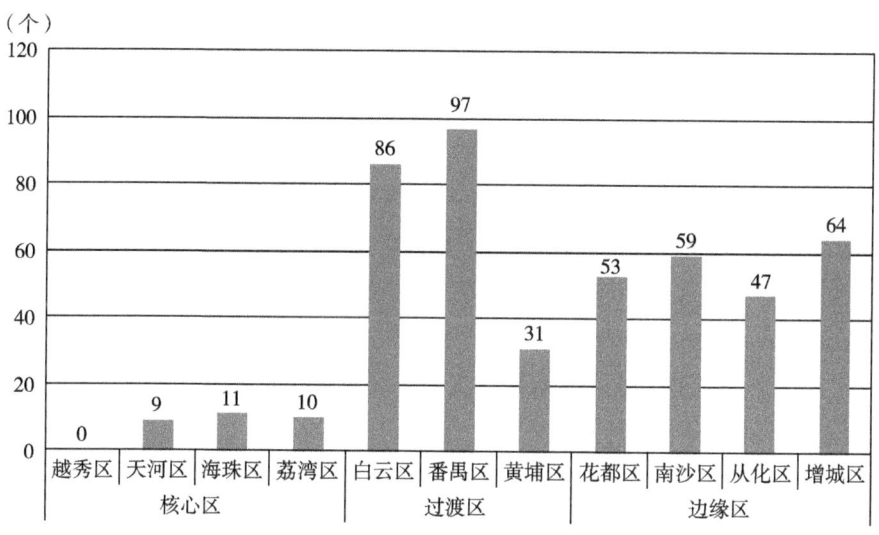

图6-7 广州各区支线网络结构覆盖社区数量分布

6.1.2 不同网络层级结构的居民出行效率空间差异性

在公共交通网络线网层级模块分析中,通道网络是由网络Hub关键节点的衔接所构成,干线网络是对第一层级非Hub关键节点进行衔接而组成,衔接网络则是由第二层、第三层非Hub关键节点串联而成,支线网络是由第四层、第五层非

Hub 关键节点的衔接所构成,通过 ArcGIS 10.2 网络层级结构与广州社区层级行空间衔接,对不同网络层级结构所在社区的实时居民出行效率进行空间可视化,并分析不同网络层级结构所在社区的公共交通居民出行效率空间特征差异。

6.1.2.1 不同网络层级结构的居民出行效率呈现圈层由内向外递减布局

利用 ArcGIS 对居民公交出行效率进行空间可视化,按照前文中公共交通居民出行效率的圈层值对各网络层级结构节点所在社区的居民出行效率进行类型划分,可以发现通道网络层级结构节点所在 379 个社区的公共交通居民出行效率呈现圈层分布,干线网络层级结构节点所在的 242 个社区的公共交通居民出行效率呈现核心—边缘分布。衔接网络层级结构节点所在 1135 个社区的公共交通居民出行效率呈现圈层分布,支线网络层级结构节点所在 467 个社区的公共交通居民出行效率呈现核心—边缘分布,如图 6-8 所示。

6.1.2.2 不同网络层级结构对不同圈层的居民出行效率影响程度存在差异

通过对不同网络层级结构所在社区的居民出行效率均值进行统计分析,可以发现在第一圈层到第五圈层中通道网络结构所在社区的居民出行效率均高于其他三种网络层级结构。表明在第一圈层到第五圈层中,通道网络结构对居民出行效率的影响是明显的。但是在第六圈层和第七圈层中,通道网络结构所在社区的居民出行效率小于其他三种网络层级结构,表明通道网络结构对第六圈层和第七圈层的居民出行效率影响不足。其中在第六层级中,衔接网络结构所在社区的居民出行效率高于其他类型网络层级结构,第七层级中,支线网络结构所在社区的居民出行效率高于其他类型网络层级结构,表明在广州边缘地区衔接网络结构和支线网络结构对居民出行效率影响较高,如图 6-9 所示。

6.1.2.3 不同网络层级结构的居民出行效率在不同圈层存在衰减程度差异

对不同网络层级结构下居民出行效率在不同圈层存在衰减情况分析同样使用衰减率进行表征。在此部分的衰减率是指邻近圈层之间不同网络层级结构下居民出行效率均值之差与前一圈层的比值。通过对比各个圈层不同网络层级结构下居民出行效率可以发现,不同网络层级结构下居民出行效率在不同圈层存在衰减程度差异。

首先是通道网络居民出行效率衰减情况呈现波动上升的特性,在第一圈层到第四圈层通道网络居民出行效率衰减不断增加,到第四圈层和第五层圈层之间时,通道网络居民出行效率衰减率变小,衰减幅度降低,在第五圈层和第六圈层之间,通道网络居民出行效率衰减率变大,衰减幅度快速增加,在第六圈层和第

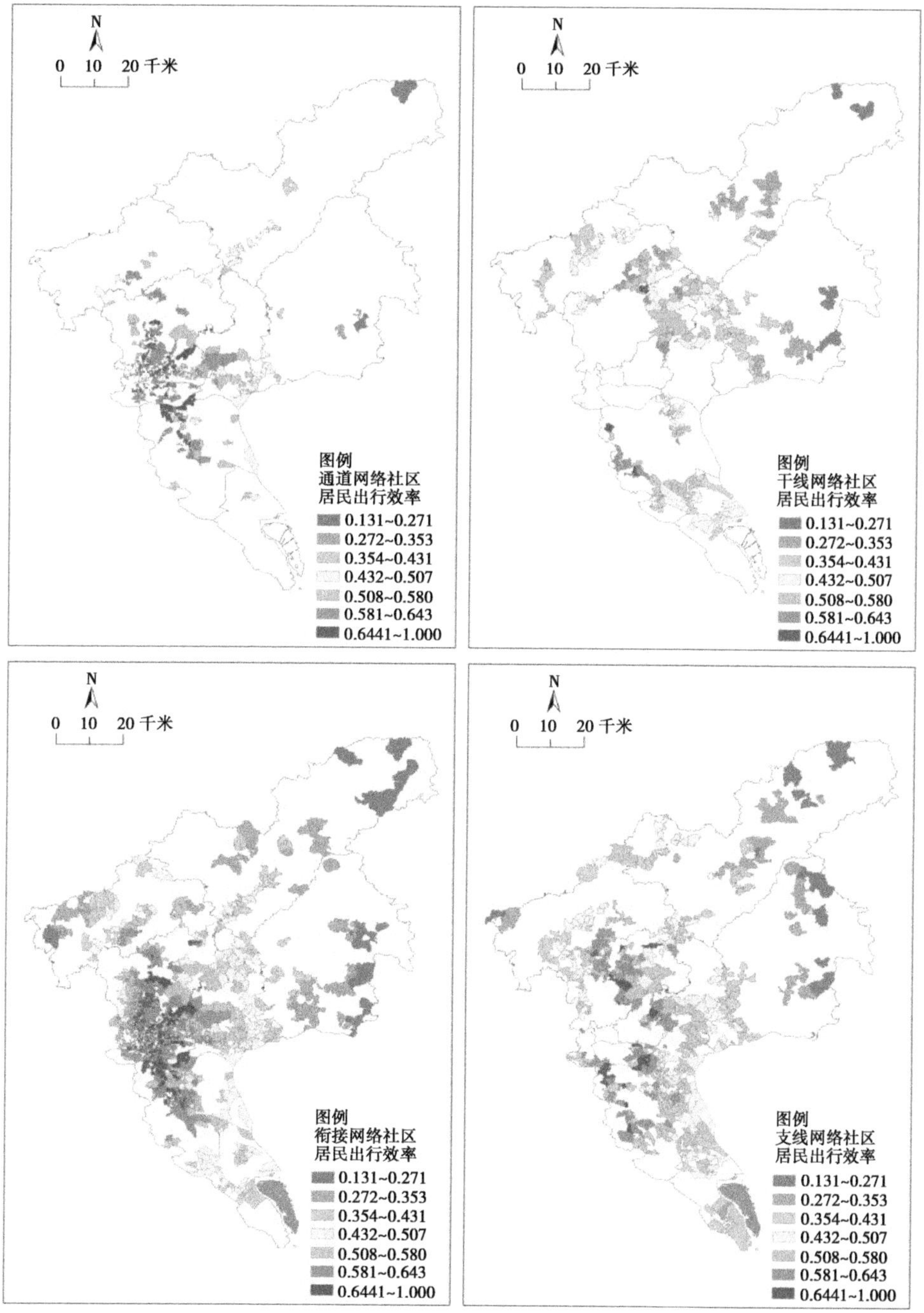

图6-8 广州不同网络结构覆盖社区居民出行效率分布

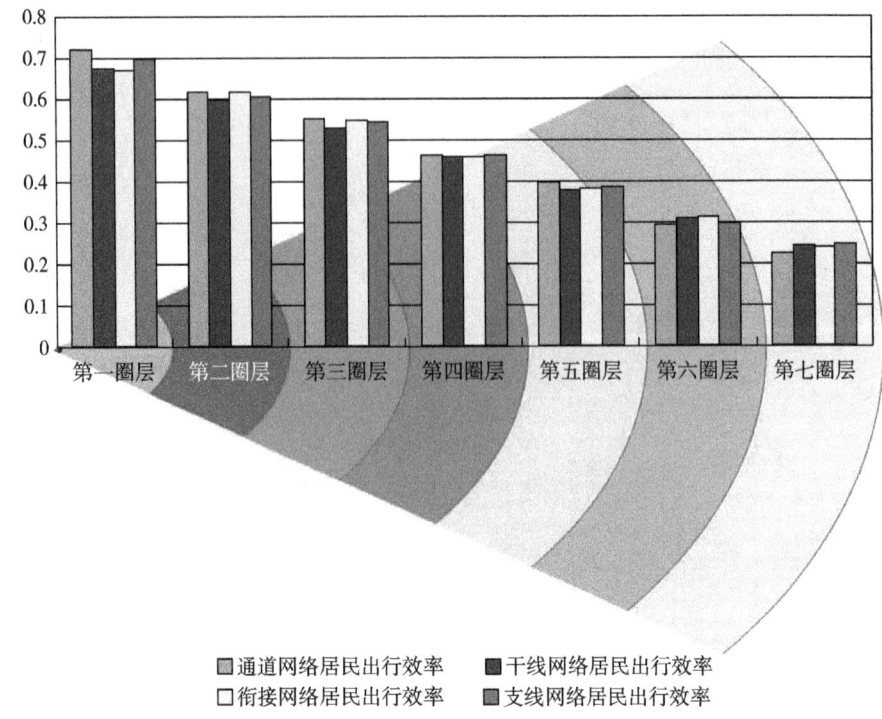

图6-9 广州不同层级结构居民出行效率分布

七圈层之间,通道网络居民出行效率衰减率变小,衰减幅度降低。衔接网络和居民出行效率衰减率在第一圈层到第七圈层逐步增加,表明圈层间的出行效率衰减不断加大。

其次是干线网络居民出行效率衰减率情况呈现先降后升的特性。在第二圈层和第三圈层之间干线网络居民出行效率衰减率变小,衰减幅度降低。在之后的圈层干线网络居民出行效率衰减率逐步增加,圈层间的出行效率衰减不断加大。

最后是支线网络居民出行效率衰减率情况呈现先降后升再下降的特性,在第二圈层和第三圈层之间支线网络居民出行效率衰减率变小,衰减幅度降低。在第三圈层到第六圈层支线网络居民出行效率衰减率逐步增加,圈层间的出行效率衰减不断加大。在第六圈层和第七圈层时,支线网络居民出行效率衰减率变小,衰减幅度降低,表明第六圈层和第七圈层的支线网络居民出行效率较为接近,如图6-10所示。

第6章 基于公共交通网络结构的广州居民出行效率差异性

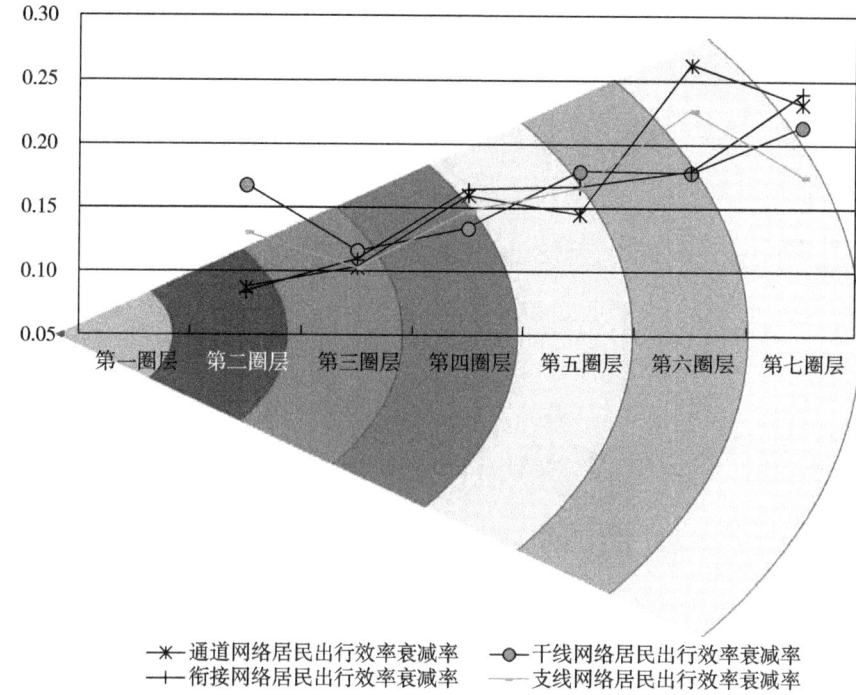

图6-10 广州不同层级结构居民出行效率衰减率分布

6.1.2.4 不同网络结构之间的居民出行效率的衰减方向也存在差异

将广州不同区在不同公共交通网络层级结构之间的社区居民出行效率衰减率利用雷达图展现出来，衰减率较高的方向表示公共交通居民出行效率衰减的幅度较大。通过图6-11展示的三幅两两层级之间广州不同区居民出行效率衰减的分布情况可以发现，在通道网络结构与干线网络结构之间，居民出行效率衰减的方向分别为边缘区的从化区、花都区及过渡区的白云区和黄埔区所在的广州北部方向。在干线网络结构与衔接网络结构之间，居民出行效率衰减的方向主要为边缘区的从化区及过渡区的白云区、番禺区及黄埔区所在的广州核心区以北和以南的方向。在衔接网络结构和支线网络结构之间，居民出行效率衰减的方向在核心区的海珠区和荔湾区及过渡区的白云区和番禺区所在的广州西部及南部地区。通过对四大网络层级结构之间的公共交通居民出行效率衰减率的对比分析，可以发现在边缘区的从化区、花都区及过渡区的白云区、黄埔区和番禺区缺少通道网络、干线网络及衔接网络的布局，而在核心区的海珠区和荔湾区及过渡区的白云区和番禺区则缺乏衔接网络和支线网络的布局，导致这些地区社区在不同网络层级结构的影响下，公共交通居民出行效率比其他地区的衰减率大，公共交通居民出行效率较低。

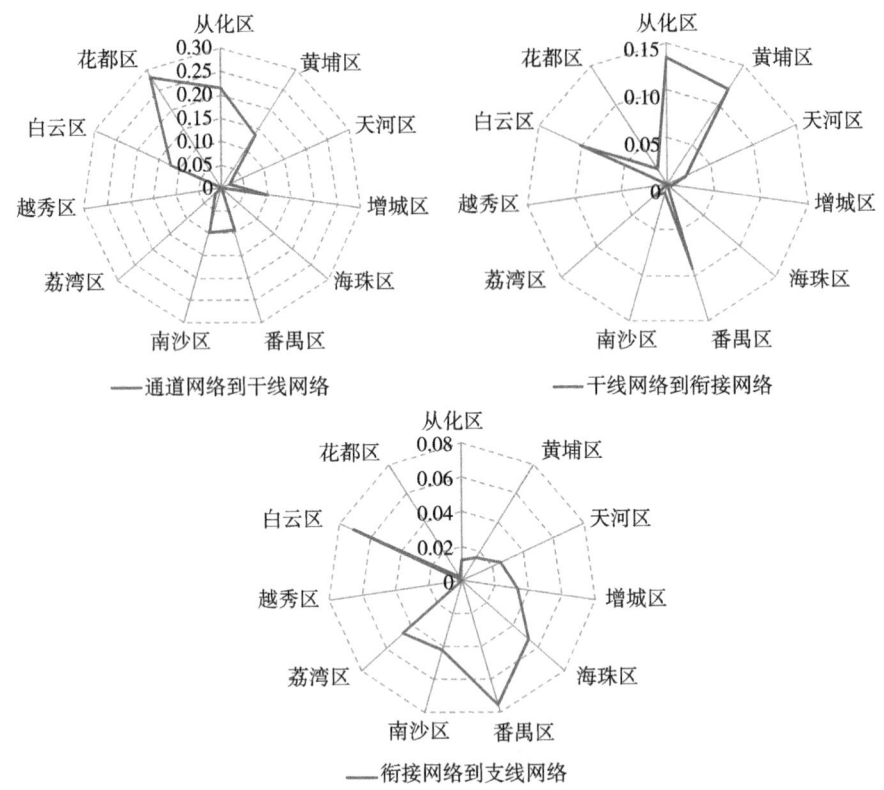

图6-11 广州支线网络结构覆盖社区居民出行效率分布

6.2 不同居民出行模式组合的公共交通网络效率差异性

6.2.1 公共交通模式划分

综合考虑公共交通出行链所形成的三方面影响（出行阶段、出行交通方式组合选择以及换乘需求）进行居民公共交通出行模式划分，出行模式将被划分为六种模式（见表6-1）：

表6-1　城市公共交通网络结构影响因素

方式组合		换乘 无换乘	一次换乘	多次换乘
单一方式组合	轨道交通	√	√	√
	BRT快速公交	√	√	√
	常规公交	√	√	√
两种方式组合	轨道交通—BRT快速公交	×	√	√
	轨道交通—常规公交	×	√	√
	常规公交—BRT快速公交	×	√	√
三种方式组合	轨道交通—BRT快速公交—常规公交	×	×	√

模式一：单一方式无换乘出行模式，即在公共交通系统中的出行移动是依靠单一公共交通方式未进行换乘的模式。

模式二：单一方式一次换乘出行模式，即在公共交通系统中的出行移动是依靠单一公共交通方式进行一次换乘的一次换乘出行模式。

模式三：单一方式多次换乘出行模式，即在公共交通系统中的出行移动是依靠单一公共交通方式进行多次换乘的模式。

模式四：两种方式一次换乘出行模式，即在公共交通系统中的出行移动是在任意两种公共交通方式之间进行一次换乘的出行模式。

模式五：两种方式多次换乘出行模式，即在公共交通系统中的出行移动是在任意两种公共交通方式之间，或同时在两种公共交通方式中任意一种进行多次换乘的出行模式。

模式六：三种方式多次换乘出行模式，即在公共交通系统中的出行移动是在三种公共交通方式之间，或同时在三种公共交通方式中任意一种进行多次换乘的出行模式。

利用百度API大数据获取基于公共交通网络的居民出行模式，主要为广州2831个社区之间公共交通出行过程中，基于公共交通网络，居民采用不同出行模式组合模式出行而产生的出行时间与出行距离。通过对百度API公共交通出行大数据的分析,挖掘因公共交通居民出行模式组合的不同而带来的居民出行效率差异。

6.2.2 数据提取

百度API大数据除了记录居民出行过程中的出行距离与时间之外,同时也包含公共交通出行的相关信息,相关数据信息包括给定OD点之间公交出行步行距离、时长;乘车类型、距离、时长;换乘距离、时长,如表6-2所示。为此该部分数据处理主要是存在3处判别,首先是出行阶段的判别,将出行链中的阶段一与阶段三剔除,保留阶段二公共交通网络出行。其次是对居民公共交通出行模式划分,广州居民公共交通出行中所选择的交通方式共有3种,分别为轨道交通、BRT快速公交及常规公交,为此,公共交通出行模式的划分主要是对居民公共交通出行将会选择何种公共交通方式进行判别。最后是判别居民在公共交通网络中的换乘需求,也包括3种状态,无换乘、一次换乘、多次换乘。

表6-2 城市公共交通网络出行百度指标

字段名称			字段含义	字段类型
status			状态码	int
message			状态码对应的信息	string
result			返回的结果	dict
origin	city_id		起点城市ID	string
	city_name		起点城市ID	string
	location	lng	起点坐标的经度值	double
		lat	终点坐标的纬度值	double
destination	city_id		终点城市ID	string
	city_name		终点城市名称	string
	location	lng	终点坐标的经度值	double
		lat	终点坐标的纬度值	double
Total-line			所有路线的总数	
routes			每页page_size条,第page_index页的路线	array

续表

字段名称				字段含义	字段类型
distance				本条路线的总距离（米）	int
duration				本条路线的总耗时（秒）	int
arrive_time				本条路线预计到达时间	string
price				本条路线的总票价（元）	double
price_detail				车票详细信息	array
	ticket_type			票类型	int（0-1）
	ticket_price			价格（元）	double
	steps			本条路线有几个 step（步骤）	array
		schemes		本 step 中的有几个 scheme（方案）或 sub_step（子步骤）	array
			distance	本 step 的距离（米）	int
			duration	本 step 的耗时（秒）	int
			instructions	本 step 的描述	string
			path	本 step 中的关键点坐标	string
			traffic_condition	本 step 中的路况信息	array
			status	路况状态	int
			geo_cnt	此路况的点数	int

本书提取的居民公共交通出行路径为居民从起点到讫点的最短路径，能够获取该条路径中的所采用的公共交通方式类型、使用该公共交通方式的出行距离、出行时间，通过对该路径所使用公共交通方式类型出现次数的数量，获取居民采用该条路径出行的换乘需求，从而判断居民公共交通出行换乘及公共交通方式选择的具体信息。

6.2.3 不同公共交通出行模式的居民出行效率差异性

对于不同公共交通出行模式的居民出行效率差异性进行分析，主要根据公共交通出行习惯，对不同居民公共交通出行模式在两种情况下的居民出行效率进行分析，分别是固定出行时耗的出行距离变化情况、固定出行距离的出行时耗变化情况。

一方面，在固定出行时耗下观测三种公共交通出行模式的出行距离变化情况，所观测的出行时耗包括5个时耗点，时耗点选取的依据综合考虑三种公共交通出行模式在《城市道路交通规划设计规范》中的出行时耗，分别为3分钟、25

分钟、40 分钟、60 分钟、大于 60 分钟，其中，3 分钟为轨道交通 1 个站距的平均出行时耗，25 分钟为短线常规公交最大出行时耗，40 分钟为快速交通的最大出行时耗，60 分钟为轨道交通最大出行时耗。

另一方面，在固定出行距离下观测三种公共交通出行模式的出行时耗变化情况。所观测的出行距离包括五种距离，观测距离选取《城市道路交通规划设计规范》综合考虑三种公共交通出行模式站距、线路长度因素，分别为 500 米、1000 米、2000 米、12000 米、大于 12000 米。其中 500 米为常规公交最小站距，1000 米为轨道交通最小站距，2000 米为轨道交通最大站距，12000 米为常规公交线路长度最大值。从而剖析居民在方式选择及方式组合的影响下，在公共交通网络中的换乘行为所带来的居民出行效率差异。

不同居民公共交通出行模式主要是在居民公共交通出行模式组合分析的基础上进行，分别对六种出行模式进行分析，同时在每一种出行模式的分析中对三种出行方式进行横向比较研究，并对 6 种出行模式的公共交通出行效率进行纵向比较研究。

6.2.3.1 单一方式无换乘出行模式

通过对单一方式无换乘出行模式的提取，可以发现不同公共交通出行方式的出行效率是存在差异的。在无换乘出行模式中，在相同固定出行时耗内，三种交通方式的出行距离存在较大差异，如表 6-3 所示。

表 6-3　单一方式无换乘出行模式的出行距离与时耗变化

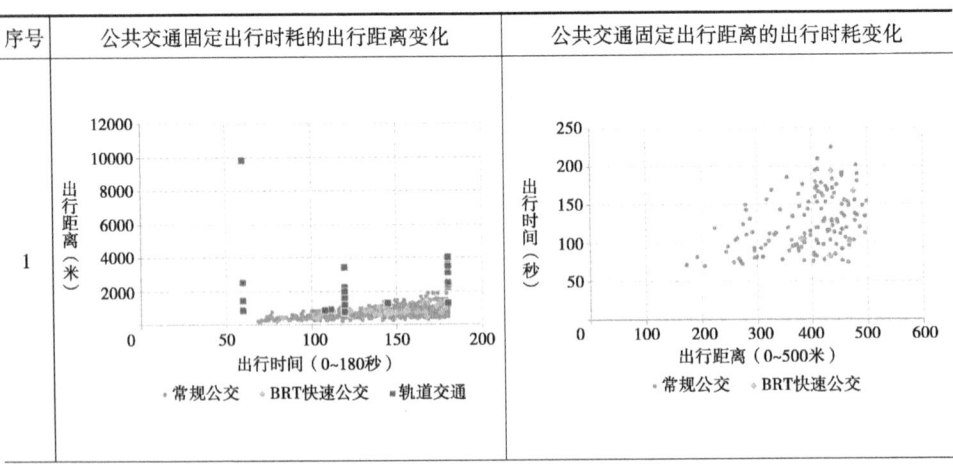

续表

序号	公共交通固定出行时耗的出行距离变化	公共交通固定出行距离的出行时耗变化
2	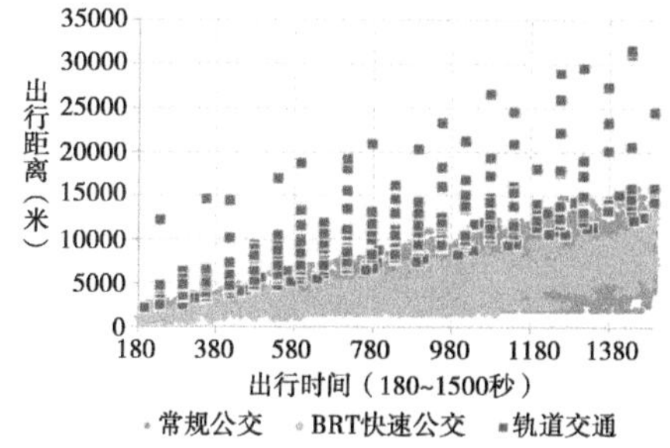 出行时间(180~1500秒),出行距离(米);•常规公交 ▪BRT快速公交 ▪轨道交通	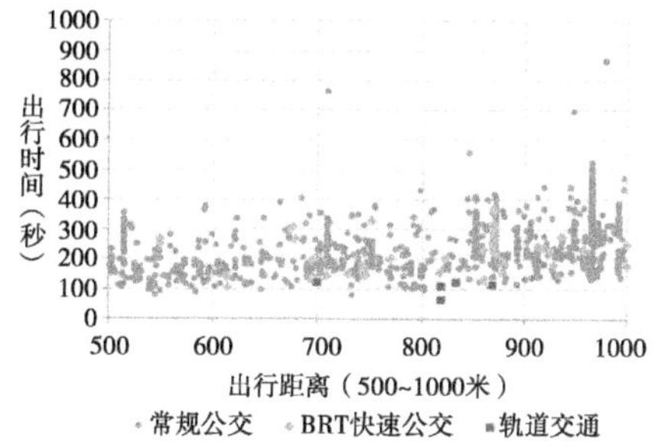 出行距离(500~1000米),出行时间(秒);•常规公交 ▪BRT快速公交 ▪轨道交通
3	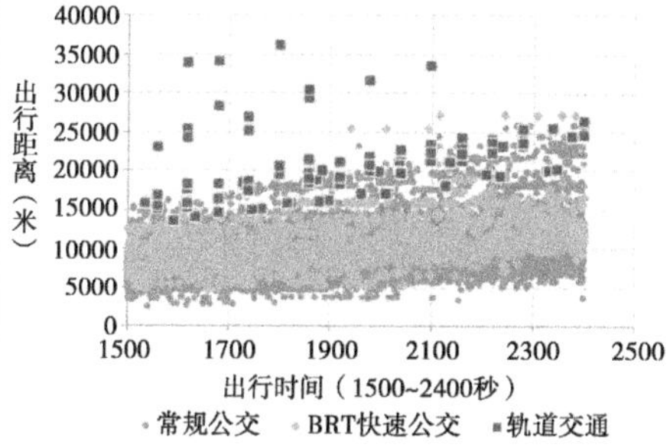 出行时间(1500~2400秒),出行距离(米);•常规公交 ▪BRT快速公交 ▪轨道交通	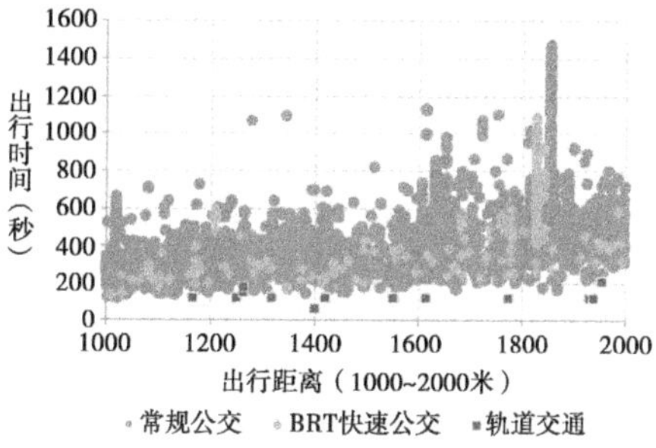 出行距离(1000~2000米),出行时间(秒);•常规公交 ▪BRT快速公交 ▪轨道交通
4	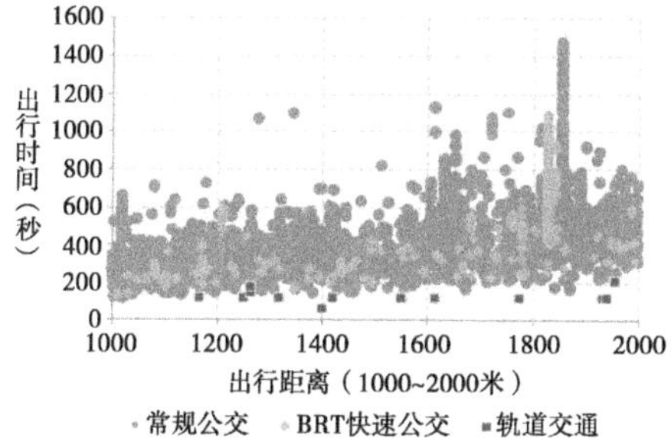 出行距离(1000~2000米),出行时间(秒);•常规公交 ▪BRT快速公交 ▪轨道交通	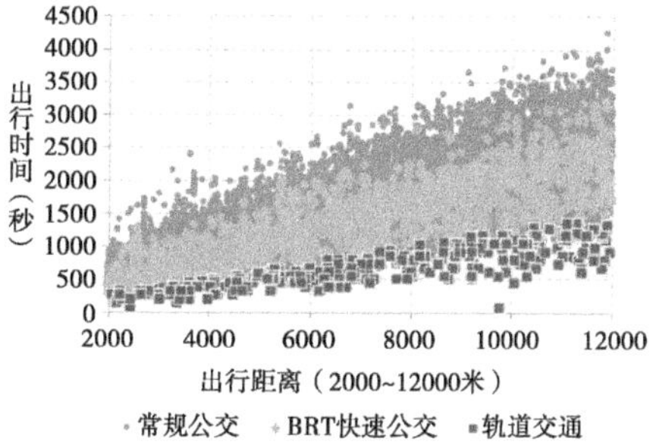 出行距离(2000~12000米),出行时间(秒);•常规公交 ▪BRT快速公交 ▪轨道交通

续表

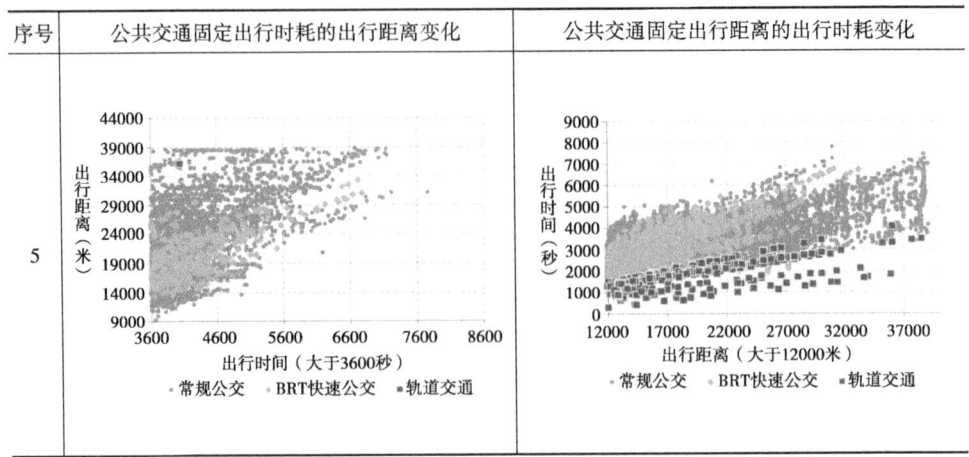

(1) 单一轨道交通方式无换乘以40分钟出行时耗为界，出行距离形成分化。轨道交通在0~3分钟、3~25分钟、25~40分钟的固定出行时耗阶段内，出行距离均比BRT快速公交和常规公交要长，即在40分钟出行时耗中，轨道交通的出行距离比BRT快速公交和常规公交要远。在出行时耗在40~60分钟和大于60分钟的固定出行时耗阶段内，轨道交通的出行距离与部分效率高的常规公交形成一致，即出行时耗大于40分钟，轨道交通的出行距离与部分常规公交相接近。

(2) 单一BRT快速公交方式以25分钟出行时耗为界，长时耗出行BRT快速公交出行距离优势不明显。BRT快速公交在0~3分钟和3~25分钟的固定出行时耗阶段内，出行距离要高于常规公交，但是随着出行时耗的增长，BRT快速公交与常规公交在固定出行时耗条件下的出行距离非常接近，即在短时耗出行中，BRT快速公交比常规公交出行距离远，但是在长时耗出行中，BRT快速公交与常规公交的出行距离相比并无明显优势。

(3) 单一常规公交方式随着出行时耗的增长，出行距离的差异明显增大。常规公交在所有固定出行时耗阶段内，相同出行时耗存在不同的出行距离，在0~3分钟时耗阶段中，出行距离的差异较小。随着出行时耗的增长，出行距离的差异明显增大，差距最大达到10千米，这可能是由于所获取的数据是真实路况影响下的百度公共交通出行数据，为此受到道路拥堵的影响，在拥堵道路上行驶的常规公交出行距离将比在通畅道路上行驶的常规公交要小。

(4) 当出行距离超过 1000 米时，单一轨道交通方式出行时耗优势明显。同时对固定出行距离限制下，观测三种公共交通出行方式的出行时耗变化情况。首先是轨道交通，在 0~500 米出行距离中，轨道交通未被选用，因为轨道交通最小站距也达到 800 米的距离，为此随着出行距离的增长，三种公共交通出行模式的出行效率形成差异，当出行距离超过 1000 米时，轨道交通的出行时耗明显比常规公交和 BRT 快速公交要短。

(5) BRT 快速公交以 12 千米为界，与常规公交出行时耗形成差异。其次是 BRT 快速公交，在 0~500 米出行距离中，BRT 快速公交与常规公交的出行时耗一致，但是当出行距离在 2000~12000 米时，BRT 快速公交的出行时耗要小于常规公交的出行时耗。

但是值得注意的是，当出行距离大于 12000 米时，BRT 快速公交与常规公交的出行时耗一致。最后是常规公交，可以发现常规公交随着出行距离的增长，出行时耗幅度加剧。

6.2.3.2 单一方式一次换乘出行模式

通过对单一方式一次换乘出行模式的提取，可以发现不同公共交通出行方式的出行效率是存在差异的，在一次换乘出行模式中，表 6-4 是固定出行时耗下的出行距离变化情况。

表 6-4 单一方式一次换乘出行模式的出行距离与时耗变化

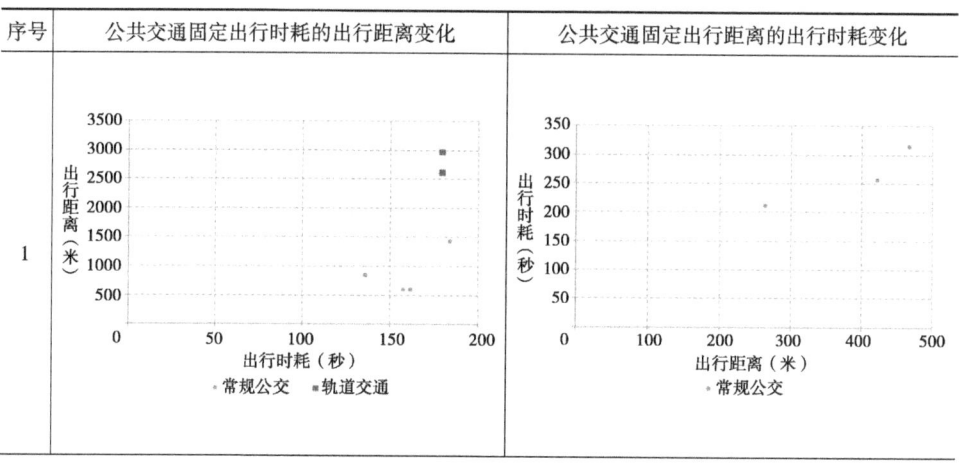

续表

序号	公共交通固定出行时耗的出行距离变化	公共交通固定出行距离的出行时耗变化
2	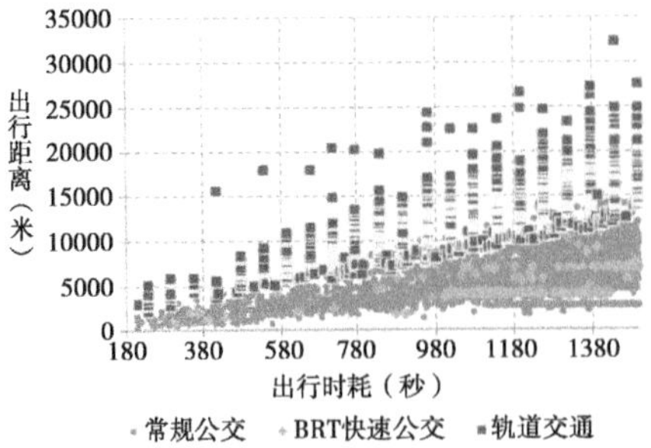	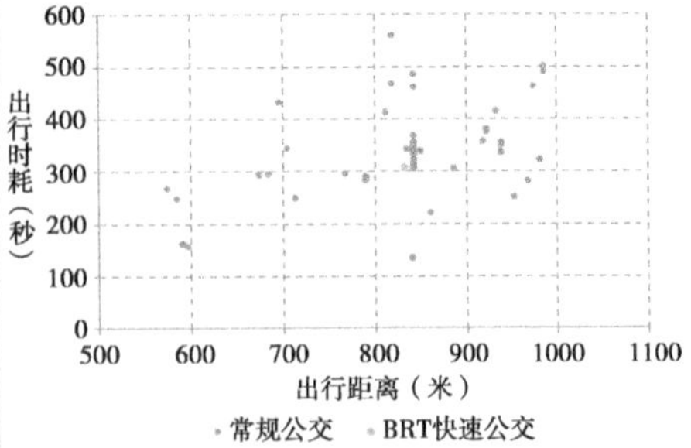
3	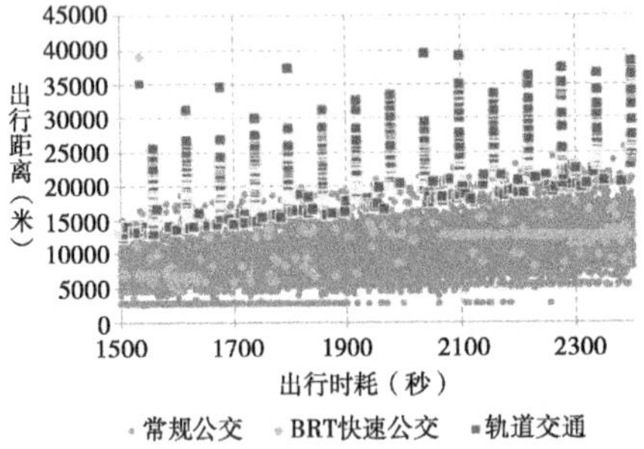	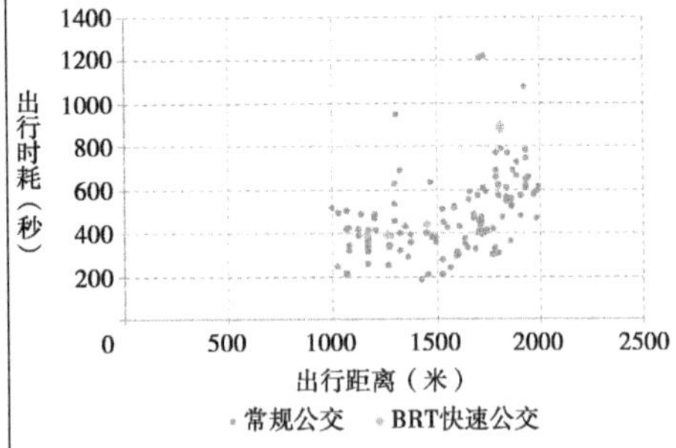
4	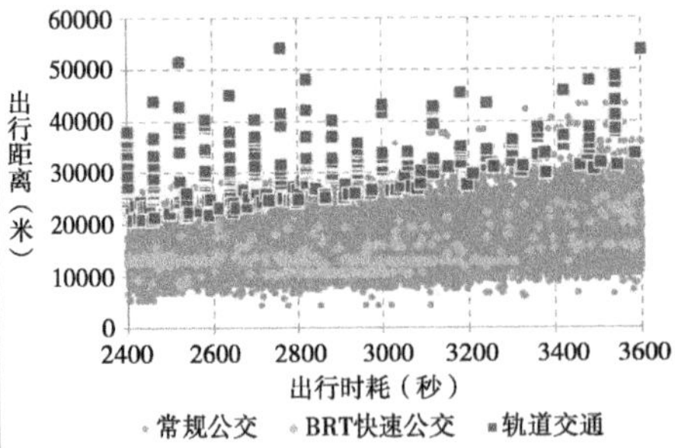	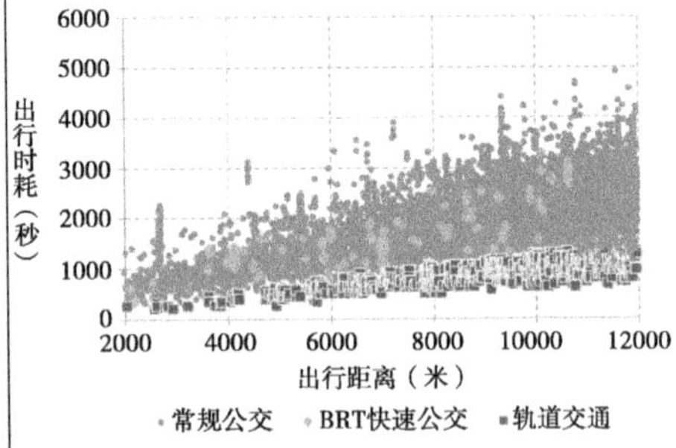

续表

序号	公共交通固定出行时耗的出行距离变化	公共交通固定出行距离的出行时耗变化
5	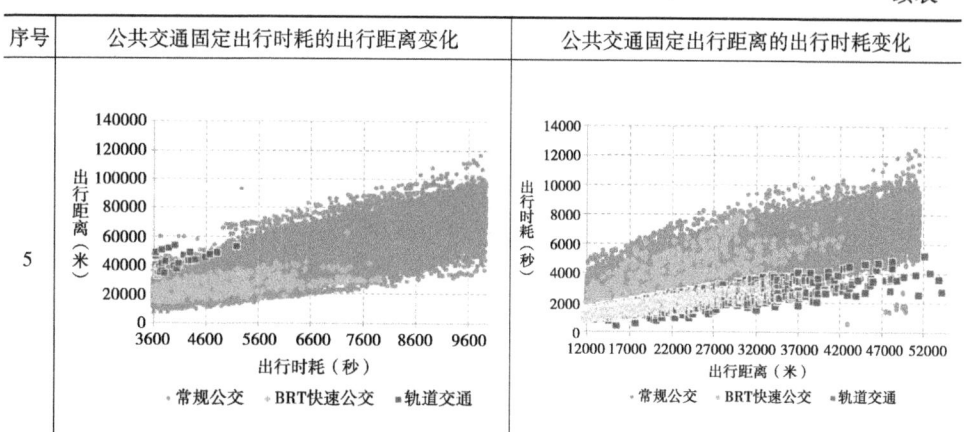	

（1）单一轨道交通一次换乘以60分钟出行时耗为界，出行距离形成分化。在0~3分钟出行时耗之中，换乘公共交通出行的数量较少，即当出行时耗极短时，进行单一方式换乘的出行较少。其次轨道交通在0~60分钟出行时耗内的换乘出行距离远高于BRT快速公交和常规公交，即在60分钟出行时耗内，轨道交通的换乘出行距离比BRT快速公交和常规公交要远。在出行时耗大于60分钟的固定出行时耗阶段内，轨道交通的出行距离与部分效率高的常规公交形成一致，即出行时耗大于40分钟，轨道交通的出行距离与部分常规公交相接近。

（2）BRT快速公交换乘出行距离优势不明显，常规公交等时限制下差距最高达到20千米。BRT快速公交在各个出行时耗阶段内BRT快速公交与常规公交相比，换乘出行距离优势并不明显。常规公交在所有固定出行时耗阶段内，相同出行时耗存在不同的出行距离，在0~3分钟时耗阶段中，出行距离的差异较小。随着出行时耗的增长，换乘出行距离的差异明显增大，差距最大达到20千米，表明在同一个城市内部常规公交换乘出行，出行效率差异较大。

（3）单一轨道交通一次换乘最短出行距离均大于2000米，出行时耗均小于其他方式。同时对固定出行距离限制下，观测三种公共交通出行方式的出行时耗变化情况。首先是轨道交通一次换乘出行在出行距离大于2000米时出现，这是由于轨道交通站距设置在800~1000米的距离，为此当轨道交通单一方式出行进行一次换乘，实时百度数据中的出行距离是大于2000米的。随着出行距离的增长，三种公共交通出行模式的出行效率形成差异，当出行距离超过2000米时，轨道交通的出行时耗明显比常规公交和 BRT 快速公交要短。

（4）BRT 快速公交与常规公交无论有无换乘，出行时耗特征均较为接近。BRT 快速公交在 0～500 米出行距离中，BRT 快速公交与常规公交的出行时耗一致，但是当出行距离在 2000～12000 米时，BRT 快速公交的出行时耗要小于常规公交的出行时耗，但值得注意的是，当出行距离大于 12000 米时，BRT 快速公交与常规公交的出行时耗一致。可以发现常规公交随着出行距离的增长，出行时耗幅度加剧。

6.2.3.3 单一方式多次换乘出行模式（见表6-5）

表6-5 单一方式多次换乘出行模式的出行距离与时耗变化

序号	公共交通固定出行时耗的出行距离变化	公共交通固定出行距离的出行时耗变化
1	—	—
2	（散点图：出行距离（米）对出行时耗（秒），常规公交、BRT快速公交、轨道交通）	—
3	（散点图：出行距离（米）对出行时耗（秒），常规公交、BRT快速公交、轨道交通）	（散点图：出行时耗（秒）对出行距离（米），常规公交）

续表

序号	公共交通固定出行时耗的出行距离变化	公共交通固定出行距离的出行时耗变化
4	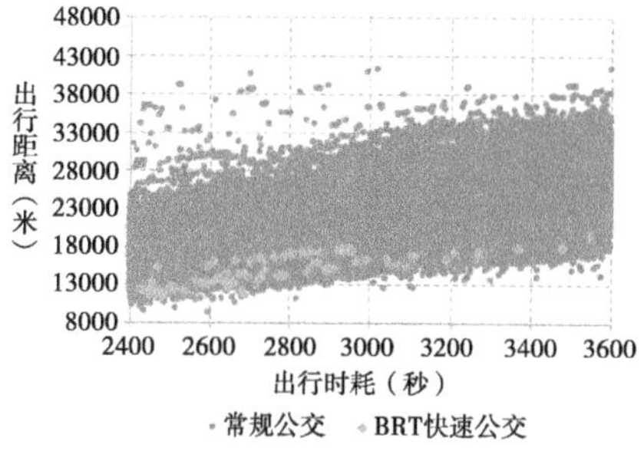	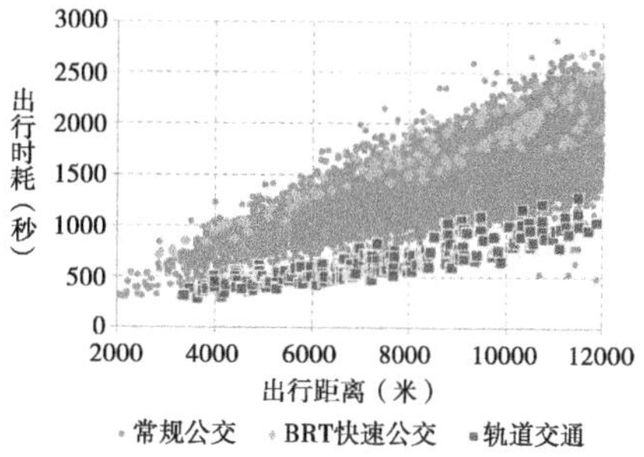
5	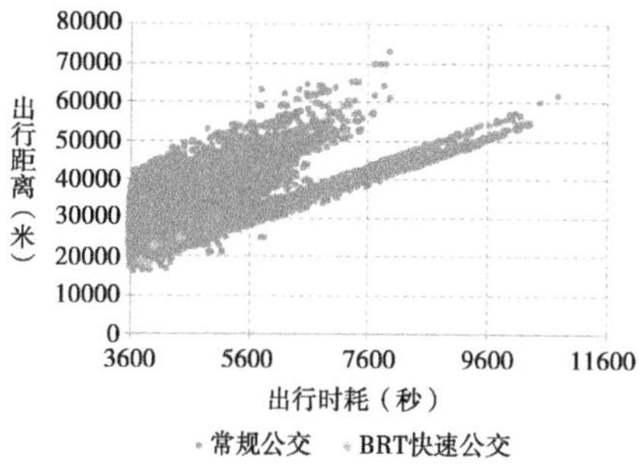	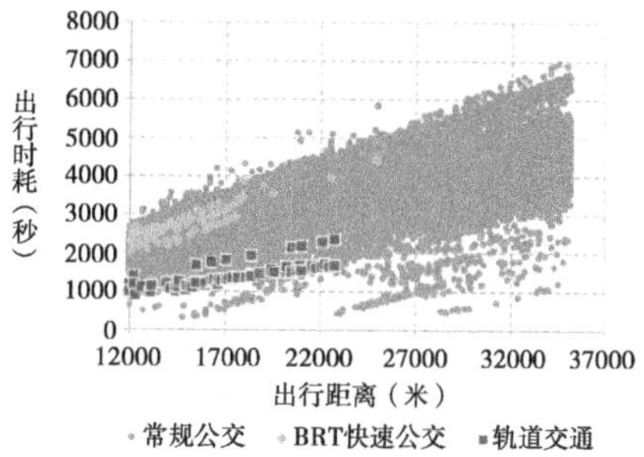

（1）居民通过单一方式公共交通出行时较少选择短时或短距多次换乘出行。通过对单一方式多次换乘出行模式的提取，可以发现不同公共交通出行方式的出行效率是存在差异的，在多次换乘出行模式中，在0~3分钟出行时耗、0~500米、500~1000米出行距离中未观测到单一方式多次换乘出行，这是由于无论是常规公交、BRT快速公交及轨道交通出行模式，其最小站距均大于500米，而多次换乘意味着换乘次数将大于2，为此在0~500米、500~1000米中未观测到实际居民公共交通出行，同时按照常规公交、BRT快速公交及轨道交通平均行驶速度来看，3分钟内三者的出行距离均小于1000米，为此在0~3分钟出行时耗中未观测到实际居民公共交通出行。这一结果表明，居民通过单一方式公共交通出行时较少选择短时或短距多次换乘出行。

（2）居民轨道交通多次换乘出行主要在40分钟出行时耗内完成出行。通过分析固定出行时耗下的出行距离变化情况，可以发现轨道交通换乘出行主要存在与 3~40 分钟出行时耗内,即居民轨道交通单一方式多次换乘出行能够控制在 40 分钟以内完成出行。同时在 3~25 分钟出行时耗内的轨道交通换乘出行距离远高于 BRT 快速公交和常规公交,即在 25 分钟出行时耗内,轨道交通的换乘出行距离比 BRT 快速公交和常规公交要远。而在 25~40 分钟出行时耗内,轨道交通单一方式多次换乘出行的出行距离未占优势,存在部分常规公交多次换乘的出行距离要高于轨道交通多次换乘出行模式。在出行时耗大于 60 分钟的固定出行时耗阶段内,轨道交通的出行距离与部分效率高的常规公交形成一致,即出行时耗大于 40 分钟,轨道交通的出行距离与部分常规公交相接近。

(3) BRT 快速公交多次换乘出行时耗优势不明显,常规公交单一方式多次换乘出行,出行效率差异较大。BRT 快速公交在各个出行时耗阶段内与常规公交相比,在相同出行时耗内,与常规公交短出行距离相接近,换乘出行距离优势并不明显。常规公交在所有固定出行时耗阶段内,相同出行时耗存在不同的出行距离。随着出行时耗的增长,换乘出行距离的差异明显增大,差距最大达到 20 千米,表明在同一个城市内部常规公交单一方式多次换乘出行,出行效率差异较大。

(4) 单一方式多次换乘主要分布在大于 2000 米的出行距离。同时对固定出行距离限制下,观测三种公共交通出行方式的出行时耗变化情况,可以发现单一方式多次换乘主要分布在大于 2000 米的出行距离。随着出行距离的增长,三种公共交通出行模式的出行效率形成差异。

(5) 轨道交通多次换乘出行时耗最短,在单一方式多次换乘出行中,BRT 快速公交的出行效率并不高。轨道交通多次换乘出行在出行距离为 2000~12000 米时,其出行时耗明显比常规公交和 BRT 快速公交要短。在 BRT 快速公交的固定出行距离限制下,其与常规公交中高出行时耗的出行一致,这表明在单一方式多次换乘出行中,BRT 快速公交的出行效率并不高。最后是常规公交,可以发现常规公交随着出行距离的增长,出行时耗幅度加剧,存在常规公交出行在固定出行距离限制下,出行时耗低于轨道交通与 BRT 快速公交的情况,这是由于在边缘区与其他类型城区之间的公共交通会使用高速公路作为线路构成,这时常规公交的出行时耗低于其他两种出行模式。

6.2.3.4　两种方式一次换乘出行模式（见表6-6）

表6-6　两种方式一次换乘出行模式的出行距离与时耗变化

<table>
<tr><th>序号</th><th>公共交通固定出行时耗的出行距离变化</th><th>公共交通固定出行距离的出行时耗变化</th></tr>
<tr><td>1</td><td>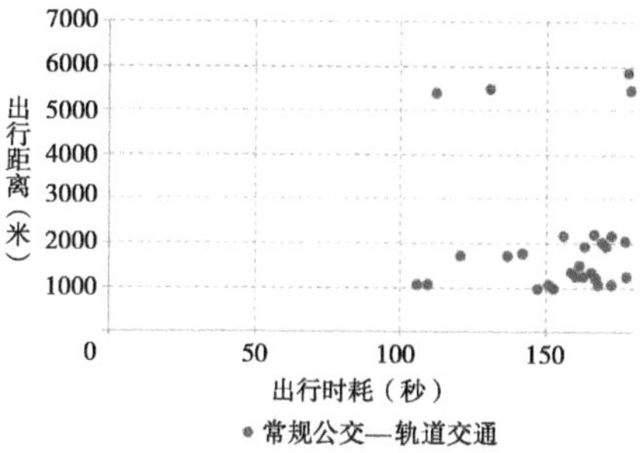
7000
6000
5000
4000
3000
2000
1000
0
50
100
150
出行距离（米）
出行时耗（秒）
常规公交—轨道交通</td><td>—</td></tr>
<tr><td>2</td><td>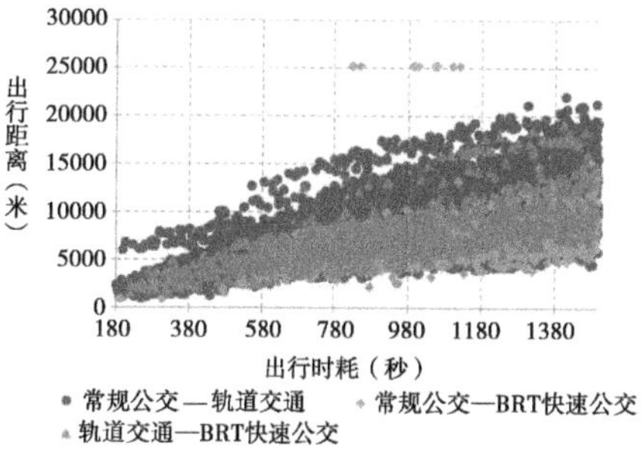
30000
25000
20000
15000
10000
5000
0
180
380
580
780
980
1180
1380
出行距离（米）
出行时耗（秒）
常规公交—轨道交通
常规公交—BRT快速公交
轨道交通—BRT快速公交</td><td>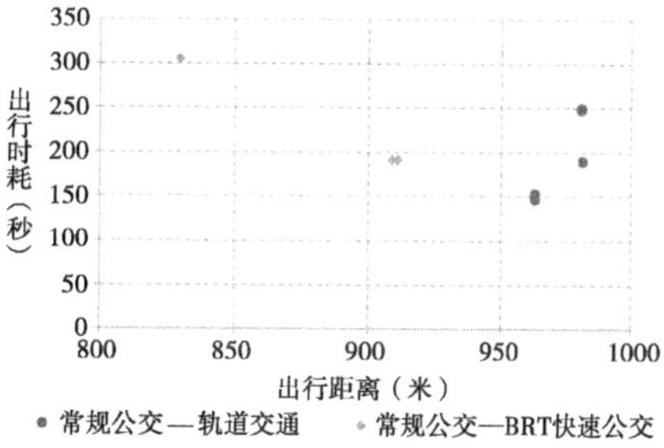
350
300
250
200
150
100
50
0
800
850
900
950
1000
出行时耗（秒）
出行距离（米）
常规公交—轨道交通
常规公交—BRT快速公交</td></tr>
<tr><td>3</td><td>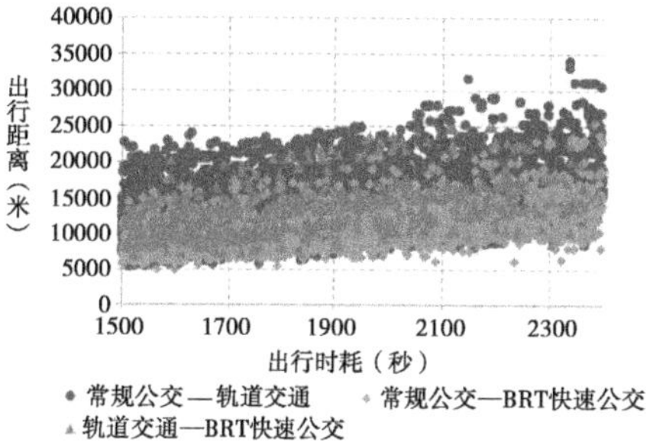
40000
35000
30000
25000
20000
15000
10000
5000
0
1500
1700
1900
2100
2300
出行距离（米）
出行时耗（秒）
常规公交—轨道交通
常规公交—BRT快速公交
轨道交通—BRT快速公交</td><td>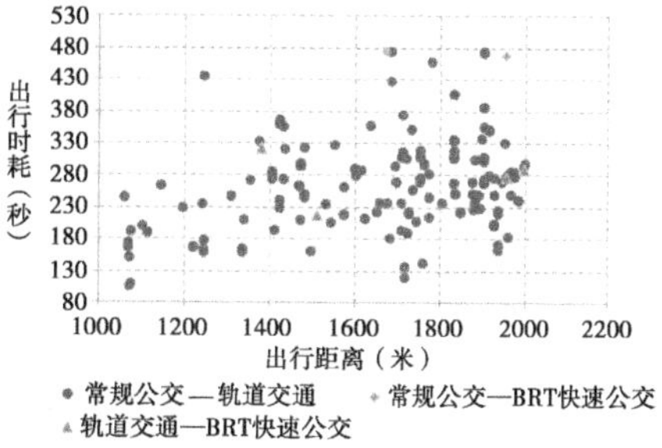
530
480
430
380
330
280
230
180
130
80
1000
1200
1400
1600
1800
2000
2200
出行时耗（秒）
出行距离（米）
常规公交—轨道交通
常规公交—BRT快速公交
轨道交通—BRT快速公交</td></tr>
</table>

续表

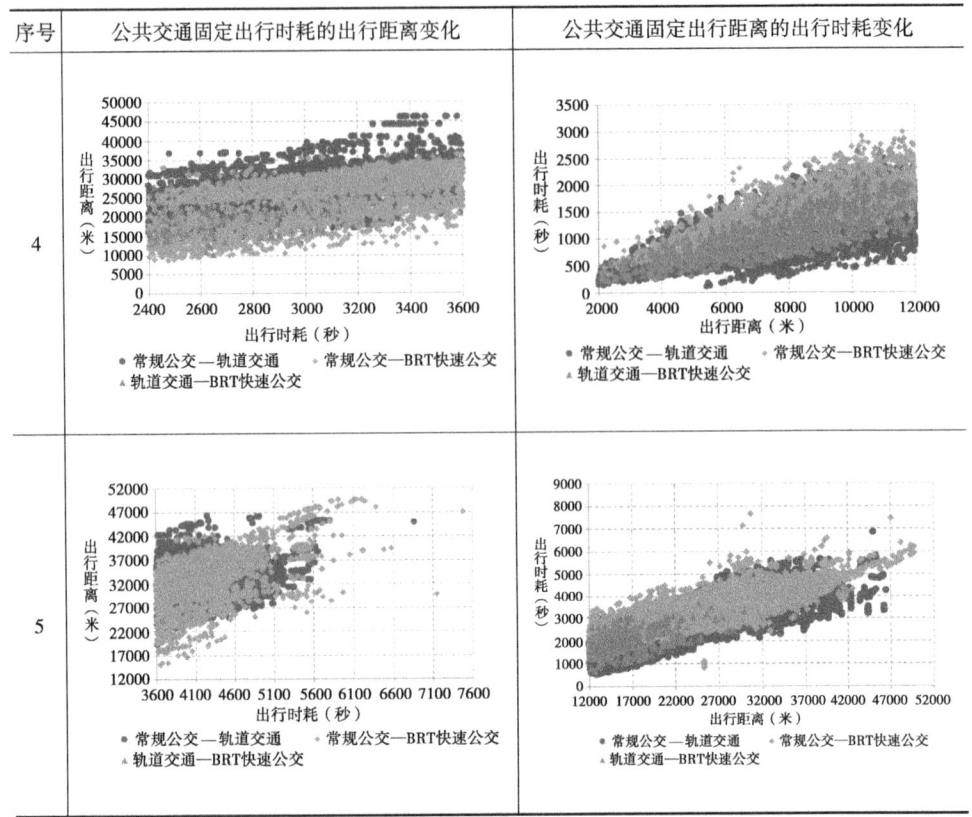

（1）居民通过两种方式公共交通换乘出行时不会选择进行短距多次换乘出行。通过对两种方式一次换乘出行模式的提取，可以发现不同公共交通出行方式的出行效率是存在差异的，在两种方式一次换乘出行模式中，在0～500米出行距离中未观测到两种方式多次换乘出行，这也是受到三种交通方式站点布设的影响，为此在0～500米中未观测到实际居民公共交通出行，这一结果表明，居民通过两种方式公共交通换乘出行时较少选择进行短距多次换乘出行。

（2）常规公交与轨道交通之间的换乘出行存在于全部出行时耗阶段内。通过分析固定出行时耗下的出行距离变化情况，常规公交与轨道交通之间的换乘出行存在于全部出行时耗内，常规公交与轨道交通之间的换乘出行大于1.5分钟，即居民常规公交与轨道交通之间一次换乘出行存在各自一站之间的换乘。

（3）全部出行时耗阶段内，常规公交与轨道交通一次换乘出行距离比其他两种类型换乘出行模式要远。同时在3～25分钟、25～40分钟、40～60分钟出行时耗内的常规公交与轨道交通一次换乘出行距离远高于常规公交与 BRT 快速公交一次换乘和轨道交通与 BRT 快速公交一次换乘，即在全部出行时耗内，常规公交与轨道交通一次换乘出行距离比其他两种类型换乘出行模式要远。

（4）以 15.8 分钟时耗为界，常规公交、轨道交通与 BRT 快速公交一次换乘形成差异。其次是常规公交与 BRT 快速公交一次换乘出行在各个出行时耗阶段内和轨道交通与 BRT 快速公交一次换乘出行相比，在 15.8 分钟时耗之前，两者的出行距离相接近，换乘出行距离差距不大，但随着出行时耗的增加，常规公交与 BRT 快速公交一次换乘出行比轨道交通与 BRT 快速公交一次换乘出行的出行距离短。

（5）三种类型两种方式一次换乘出均随着出行时耗的增长，模式内出行距离的差异明显增大。三种类型两种方式一次换乘出行在所有固定出行时耗阶段内，相同出行时耗存在不同的出行距离。随着出行时耗的增长，换乘出行距离的差异明显增大，常规公交与轨道交通之间一次换乘出行的出行差距最大达到 15 千米，常规公交与 BRT 快速公交之间一次换乘出行的出行差距接近 10 千米，轨道交通与 BRT 快速公交一次换乘出行差距最大为 5 千米，表明在同一个城市内部基于常规公交的居民出行效率较不稳定，出行时耗与出行距离存在较大差异。

（6）两种方式一次换乘主要分布在大于 2000 米的出行距离阶段。在对固定出行距离限制下，观测三种公共交通换乘出行方式的出行时耗变化情况，可以发现两种方式一次换乘主要分布在大于 2000 米的出行距离。随着出行距离的增长，三种公共交通出行模式的出行效率形成差异。

（7）固定出行距离限制下，常规公交与轨道交通一次换乘出行时耗明显较短。首先是常规公交与轨道交通一次换乘出行在出行距离为 2000～12000 米时，其出行时耗明显比常规公交与 BRT 快速公交一次换乘出行和轨道交通与 BRT 快速公交一次换乘出行要短。其次是常规公交与 BRT 快速公交一次换乘出行在固定出行距离限制下，其出行时耗比轨道交通—BRT 快速公交一次换乘出行的出行时耗要高，这表明在两种方式多次换乘出行中，常规公交与 BRT 快速公交一次换乘出行的出行效率是最低的。最后是轨道交通—BRT 快速公交一次换乘出行，可以发现常规公交随着出行距离的增长，出行时耗幅度加剧，存在常规公交出行在固定出行距离限制下，出行时耗最低值大于常规公交—轨道交通、而小于轨道交通—BRT 快速公交，这表明常规公交与轨道交通换乘出行是出行效率较高的出行模式。

6.2.3.5 两种方式多次换乘出行模式（见表 6-7）

表 6-7 两种方式多次换乘出行模式的出行距离与时耗变化

<table>
<tr><th>序号</th><th>公共交通固定出行时耗的出行距离变化</th><th>公共交通固定出行距离的出行时耗变化</th></tr>
<tr><td>1</td><td>—</td><td>—</td></tr>
<tr><td>2</td><td>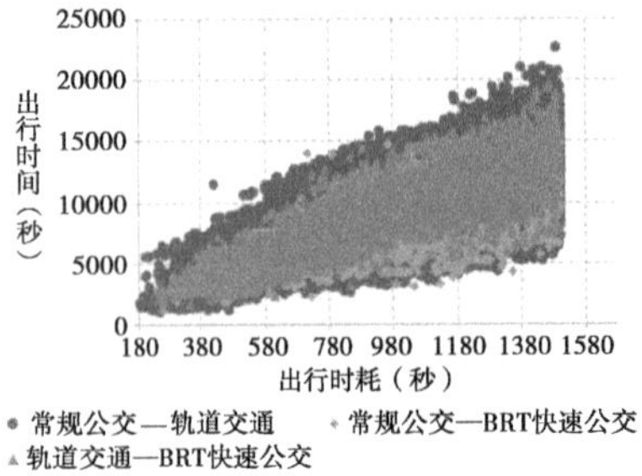
25000
20000
15000
10000
5000
0
出行时间（秒）
180 380 580 780 980 1180 1380 1580
出行时耗（秒）
常规公交—轨道交通
常规公交—BRT快速公交
轨道交通—BRT快速公交</td><td>—</td></tr>
<tr><td>3</td><td>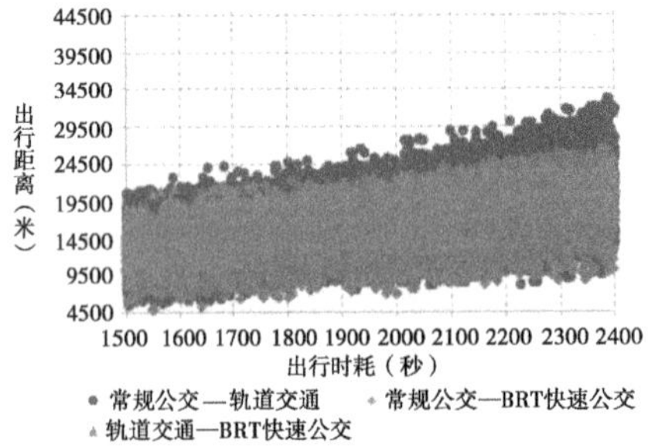
44500
39500
34500
29500
24500
19500
14500
9500
4500
出行距离（米）
1500 1600 1700 1800 1900 2000 2100 2200 2300 2400
出行时耗（秒）
常规公交—轨道交通
常规公交—BRT快速公交
轨道交通—BRT快速公交</td><td>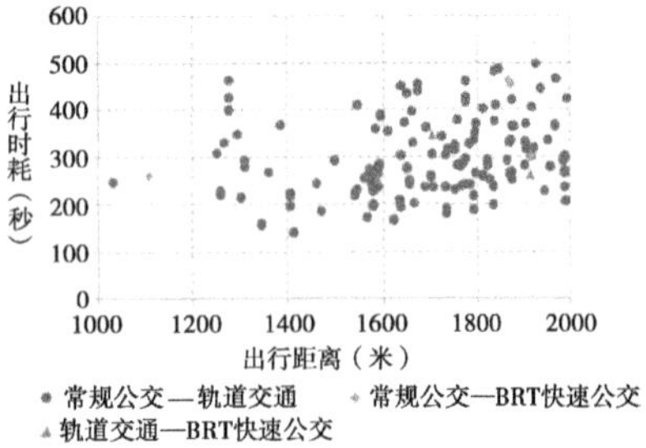
600
500
400
300
200
100
0
出行时耗（秒）
1000 1200 1400 1600 1800 2000
出行距离（米）
常规公交—轨道交通
常规公交—BRT快速公交
轨道交通—BRT快速公交</td></tr>
<tr><td>4</td><td>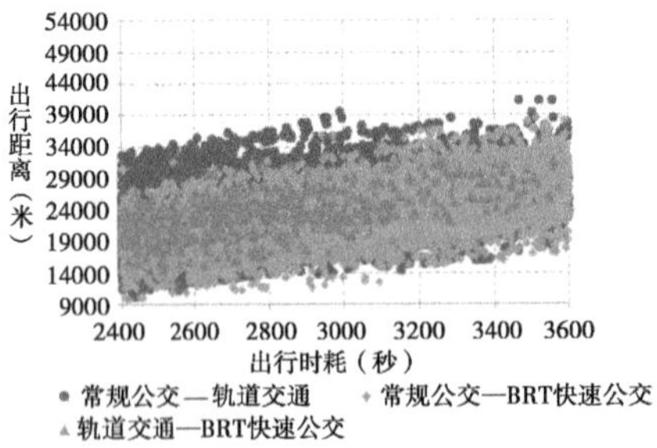
54000
49000
44000
39000
34000
29000
24000
19000
14000
9000
出行距离（米）
2400 2600 2800 3000 3200 3400 3600
出行时耗（秒）
常规公交—轨道交通
常规公交—BRT快速公交
轨道交通—BRT快速公交</td><td>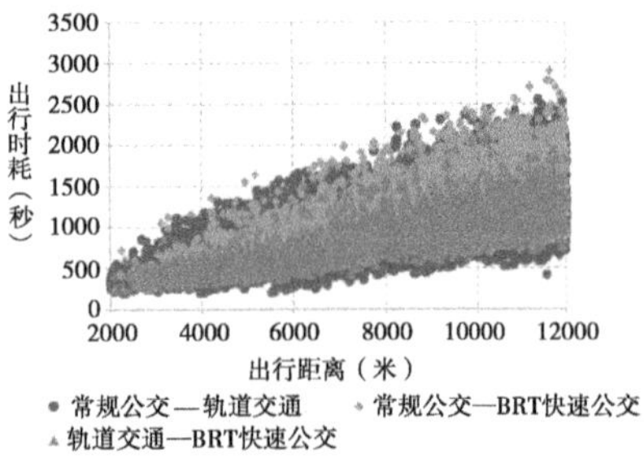
3500
3000
2500
2000
1500
1000
500
0
出行时耗（秒）
2000 4000 6000 8000 10000 12000
出行距离（米）
常规公交—轨道交通
常规公交—BRT快速公交
轨道交通—BRT快速公交</td></tr>
</table>

续表

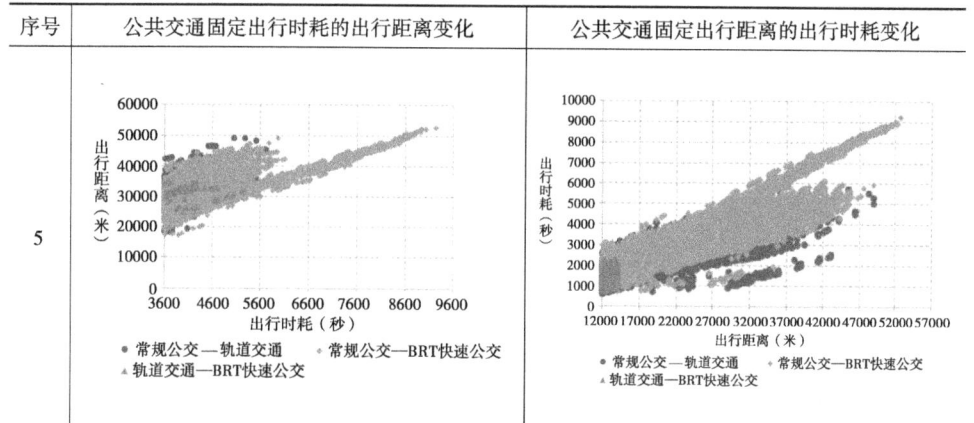

序号	公共交通固定出行时耗的出行距离变化	公共交通固定出行距离的出行时耗变化
5		

（1）两种方式公共交通换乘出行时较少选择进行短距与中短距多次换乘出行。在两种方式多次换乘出行模式中，在0~3分钟、0~500米、500~1000米出行距离中未观测到两种方式多次换乘出行，这也是受到三种交通方式站点布设的影响，为此，在0~500米、500~1000米中未观测到实际居民公共交通出行，这一结果表明，居民通过两种方式公共交通换乘出行时较少选择进行短距与中短距多次换乘出行。

（2）以25分钟出行时耗为界，常规公交与轨道交通多次换乘出行距离优势开始凸显。通过分析固定出行时耗下的出行距离变化情况，常规公交与轨道交通之间的多次换乘出行均大于3分钟出行时耗，同时在3~25分钟出行时耗中，常规公交与轨道交通多次换乘出行距离优势并不明显，当出行时耗大于25分钟时，如25~40分钟、40~60分钟出行时耗内的常规公交与轨道交通多次换乘出行距离高于常规公交与BRT快速公交多次换乘和轨道交通与BRT快速公交多次换乘，即在同等长出行时耗出行中，常规公交与轨道交通多次换乘出行距离比其他两种类型换乘出行模式要远。

（3）出行时耗大于10分钟时，常规公交与BRT快速公交比轨道交通与BRT快速公交出行距离短。常规公交与BRT快速公交多次换乘出行在各个出行时耗阶段内和轨道交通与BRT快速公交多次换乘出行相比，在10分钟时耗之前，两者的出行距离相接近，换乘出行距离差距不大，但随着出行时耗的增加，常规公交与BRT快速公交多次换乘出行比轨道交通与BRT快速公交多次换乘出行的出行距离短。

(4) 固定出行时耗约束下,三种类型多次换乘模式内的出行距离差距均较大。三种类型两种方式多次换乘出行在所有固定出行时耗阶段内,相同出行时耗存在不同的出行距离。随着出行时耗的增加,换乘出行距离的差异明显增大,常规公交与轨道交通之间多次换乘出行的出行差距最大达到 15 千米,常规公交与 BRT 快速公交之间多次换乘出行的出行差距接近 13 千米,轨道交通与 BRT 快速公交多次换乘出行差距最大为 10 千米,表明在同一个城市内部基于常规公交的居民出行效率较不稳定,出行时耗与出行距离存在较大差异。

(5) 两种方式多次换乘主要分布在大于 2000 米的出行距离。同时对固定出行距离限制下,观测三种公共交通换乘出行方式的出行时耗变化情况,可以发现两种方式多次换乘主要分布在大于 2000 米的出行距离。随着出行距离的增长,三种公共交通出行模式的出行效率形成差异。

(6) 以出行距离 2000 米为界,常规公交与轨道交通出行时耗明显较小。首先是常规公交与轨道交通多次换乘出行在出行距离为 1000～2000 米时,其换乘出行次数较多,当出行距离大于 2000 米时,出行时耗明显比常规公交与 BRT 快速公交多次换乘出行和轨道交通与 BRT 快速公交多次换乘出行要小。其次是常规公交与 BRT 快速公交多次换乘出行在固定出行距离限制下,其出行时耗比轨道交通—BRT 快速公交多次换乘出行的出行时耗要高,这表明在两种方式多次换乘出行中,常规公交与 BRT 快速公交多次换乘出行的出行效率是最低的。最后是轨道交通—BRT 快速公交多次换乘出行,可以发现随着出行距离的增长,出行时耗幅度加剧,在固定出行距离限制下,出行时耗最低值大于常规公交—轨道交通及轨道交通—BRT 快速公交,这表明常规轨道交通与 BRT 快速公交多次换乘出行是出行效率较高的出行模式。

6.2.3.6 三种方式多次换乘出行模式

通过对三种方式多次换乘出行模式的提取,可以发现出行时耗与出行距离之间的变化均呈现线性递增的趋势。一方面,随着三种方式多次换乘出行模式的出行时耗均大于 3 分钟,随着出行时耗的增加,出行距离不断增长,当出行时耗大于 15 分钟后,出行时耗限制下,出行距离的差值逐步增加,出行时耗相差可以达到 5000 米以上。另一方面,三种方式多次换乘出行模式的出行距离均大于 2000 米,当出行距离大于 7000 米时,在出行距离限制下,出行时耗的差值开始增加,出行时耗相差可以达到 30 分钟以上。这表明三种方式多次换乘出行在相同出行时耗或出行距离的限制下,存在出行效率上的差异,即出行距离与出行时耗在指标值上存在差异，如图6-12所示。

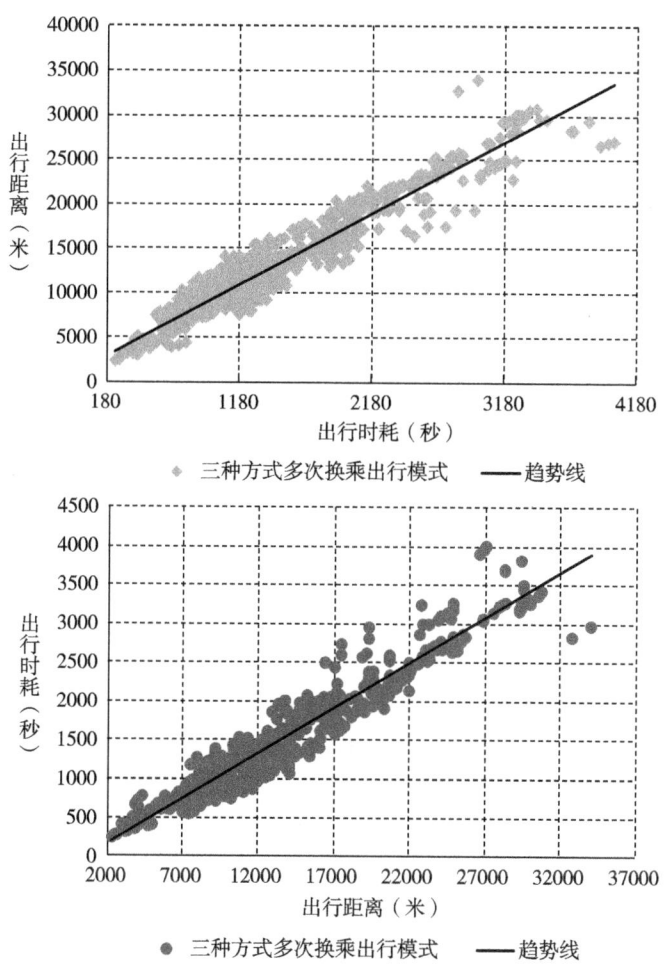

图6-12 三种方式多次换乘出行模式的出行距离与时耗变化

6.2.3.7 模式差异纵向分析

基于以上多种居民公共交通出行模式的横向比较，可以发现模式结构组合变化将带来居民出行效率的差异（见表6-8）。为此，通过对不同居民公共交通出行模式的居民出行效率的纵向对比，能够挖掘模式结构差异对居民出行效率的影响。

表6-8 不同居民公共交通出行模式横向对比

单位：分钟，千米，米，秒

换乘模式		固定出行时耗		固定出行距离	
		首次出现时耗段	出行距离差均值	首次出现距离段	出行时耗差均值
无换乘模式	1. 轨道交通无换乘	0~3	2.91	500~1000	210
	2. BRT无换乘	0~3	4.37	0~500	1057
	3. 常规公交无换乘	0~3	10.23	0~500	1653
一次换乘模式	4. 轨道交通一次换乘	3~25	5.24	1000~2000	567
	5. BRT一次换乘	0~3	6.75	0~500	1257
	6. 常规公交一次换乘	0~3	12.78	500~1000	1932
	7. 轨道交通—BRT一次换乘	3~25	10.81	500~1000	644
	8. 轨道交通—常规公交一次换乘	0~3	14.76	500~1000	1276
	9. 常规公交—BRT一次换乘	3~25	12.43	1000~2000	982
多次换乘模式	10. 轨道交通多次换乘	3~25	6.83	2000~12000	683
	11. BRT多次换乘	3~25	5.39	2000~12000	1641
	12. 常规公交多次换乘	3~25	13.29	1000~2000	2098
	13. 轨道交通—BRT多次换乘	3~25	11.23	1000~2000	965
	14. 轨道交通—常规公交多次换乘	3~25	12.82	1000~2000	1549
	15. 常规公交—BRT多次换乘	3~25	17.34	1000~2000	1328
	16. 轨道交通—BRT—常规公交	3~25	13.87	2000~12000	1547

（1）无换乘模式中轨道交通出行效率最高，常规公交出行效率最低。在固定出行时耗限制下，无换乘模式的三种出行模式中的首次出现均为出行时耗0~3分钟时间段，但相同出行时耗的出行距离差均值差异较大，出行距离差最小的是轨道交通出行模式，为2.91千米，而常规公交出行的出行距离差均值达到了10.23千米，达到轨道交通出行模式的3倍。在固定出行距离限制下，轨道交通无换乘模式首次出现为出行距离500~1000米距离段，出行时耗差均值为210秒，BRT快速公交和常规公交无换乘模式首次出现为出行距离0~500米距离段，出行时耗差均值分别为1157秒和1653秒，常规公交无换乘出行模式的出行时耗差均值是轨道交通无换乘出行模式的8倍。值得注意的是，BRT快速公交无换乘出行模式的出行时耗差均值是轨道交通无换乘出行模式的5倍，BRT快速公交无换乘出行模式居民出行效率也较低。

(2)含有轨道交通的换乘出行模式出行效率普遍较高。无论是单一轨道交通一次或多次换乘出行模式，抑或是两种方式换乘出行模式中的轨道交通与常规公交及轨道交通与 BRT 快速公交之间的一次或多次换乘出行模式，只要含有轨道交通出行模式，其在固定时耗或固定距离限制下，出行距离差与出行时耗差均值均比同类型出行模式的出行效率高。同时含有轨道交通的换乘出行模式的首次出行的出行时耗时间段与出行距离范围分别大于 3 分钟与 1000 米，表明含有轨道交通的换乘出行模式多为长距离与长时耗出行。

(3)随着换乘次数的增加，出行模式的出行效率逐渐降低。通过对比无换乘出行模式、一次换乘出行模式及多次换乘出行模式，可以发现无换乘出行模式的出行效率明显高于后两种出行模式，随着换乘次数的增加，在固定出行时耗与固定出行距离的限制下，出行距离差与出行时耗差不断增加，出行模式的出行效率逐渐降低。

6.3 公共交通居民出行效率与网络效率的空间差异性

基于公共交通出行链的分析，可以发现公共交通系统的出行阶段是整个居民公共交通出行的一个部分，在出行链的两端，分别是出行起讫点与公共交通网络的距离。该距离是公共交通居民出行的重要部分。在这一距离的影响下，公共交通居民出行效率与网络效率到底存在什么样的关系？在空间上存在何种特征？

6.3.1 空间可达性的差异性

6.3.1.1 公共交通居民出行与网络空间可达性空间分布存在一致性

对比公共交通居民出行空间可达性与网络空间可达性分布，可以挖掘公共交通居民出行效率与网络效率在空间可达性分布方面的一致性，两者均呈现均匀的圈层分布特征，且低空间可达性社区的范围围绕核心区向北部过渡区延伸，即公共交通居民出行效率与网络效率较高的社区主要分布于核心区及核心区以北的过渡区。核心区的越秀区、天河区、海珠区、荔湾区空间可达性值较低，公共交通居民出行效率与网络效率均较高，两者的空间可达性均由核心区向边缘区逐层递减。同时，公共交通网络效率可达性值均小于居民公共交通出行空间可达性值。

在过渡区的白云区,部分社区公共交通网络空间可达性较低,出行效率较高,而居民公共交通出行空间可达性较高,出行效率较低。在过渡区的番禺区与黄埔区则呈现出一致性。对于边缘区的南沙区、花都区、从化区、增城区而言,公共交通居民出行效率与网络效率在空间可达性分布存在一致性,圈层涉及的社区数量及分布是一致的。表明公共交通出行效率与网络效率在空间可达性方面是存在一致性的,如图6-13所示。

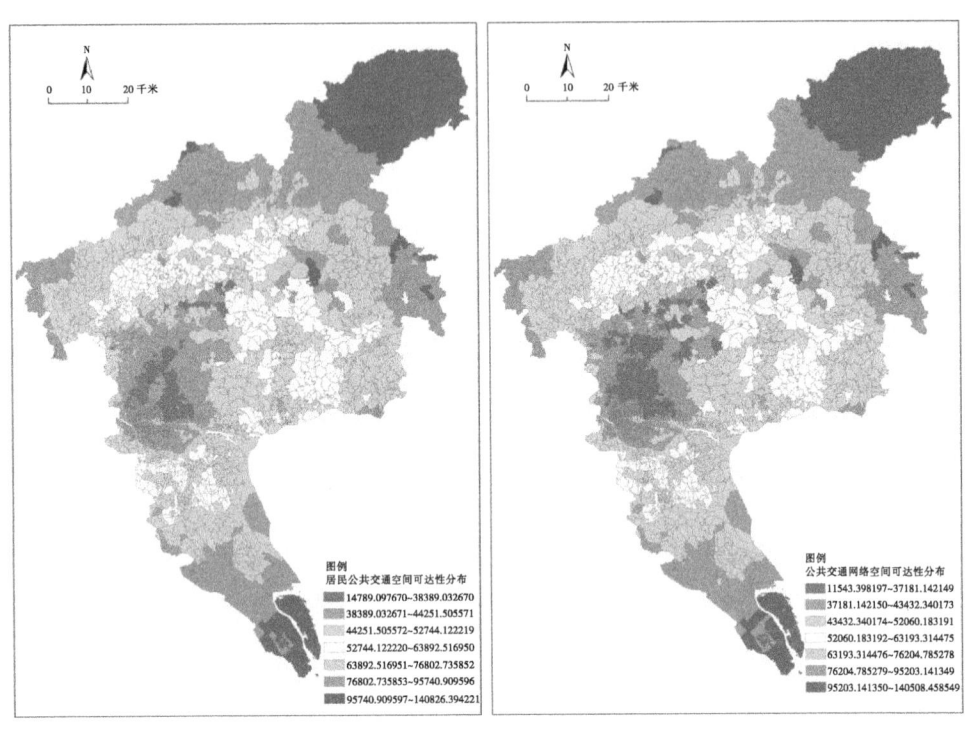

图6-13 居民公共交通出行与公交网络空间可达性的异同

6.3.1.2 不同社区的起讫点到公共交通网络的空间可达性差异较大

起讫点到公共交通网络之间的空间可达性可以利用获取的公共交通居民出行空间可达性与公共交通网络空间可达性的差值进行表征,即在居民公共交通出行中,去除掉公共交通网络中的出行相关部分,就是居民公共交通出行"第一公里或最后一公里",也可以将其视为公共交通设施空间可达性。

通过对起讫点到公共交通网络之间的公共交通设施空间可达性进行可视化分

析，可以发现，广州不同社区的起讫点到公共交通网络的空间可达性差异较大，即公共交通网络结构未能与居民的出发地和目的地直接衔接，且在城市不同区位的社区，其与公共交通网络的衔接情况也存在较大差异。核心区的越秀区、天河区、海珠区、荔湾区的差值较小，其与公共交通网络的衔接较好，但是不仅边缘区的南沙区、花都区、从化区、增城区，也包括过渡的白云区、番禺区、黄埔区，其与公共交通网络的衔接还有待提高，出行效率较低，两者的空间可达性均由核心区向边缘区逐层递减，如图6-14所示。

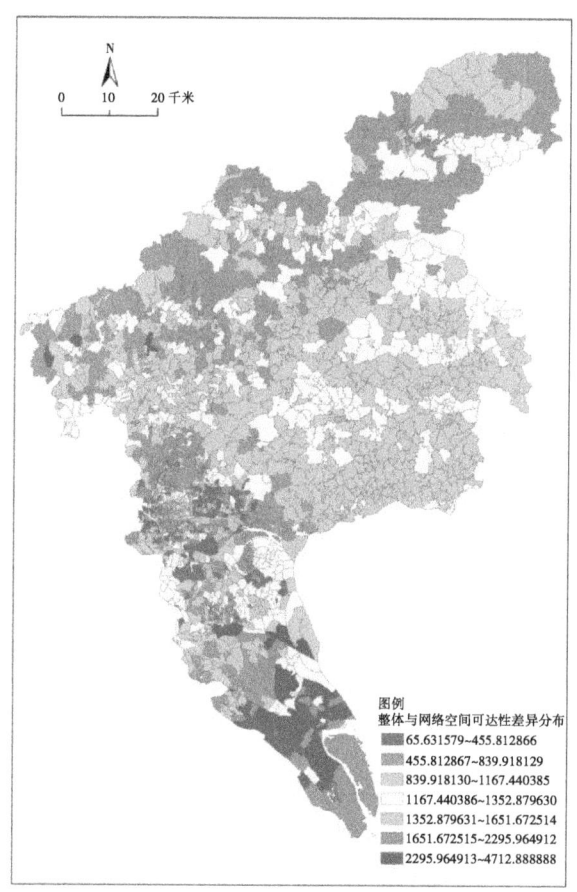

图6-14　起讫点到公共交通网络之间的空间可达性

6.3.2 时间可达性的差异性

6.3.2.1 公共交通居民出行与网络的时间可达性空间分布存在差异性

对比公共交通居民出行时间可达性与公共交通网络时间可达性分布,可以挖掘公共交通居民出行效率与网络效率在时间可达性分布方面存在差异性,虽然两者均呈现均匀的圈层分布特征,两者的空间可达性均由核心区向边缘区逐层递减。核心区的越秀区、天河区、海珠区、荔湾区时间可达性值较低,公共交通居民出行效率较高,但是公共交通网络的时间可达性低值的社区数量明显小于居民公共交通出行,居民公共交通出行可达性好的社区分布要高于公共交通网络时间可达性,说明这些社区与公共交通网络的衔接在花费时耗上是小的,更容易到达公共交通网络系统中。对于公共交通网络效率而言,核心区的时间可达性虽然较低,但与过渡区的社区相比优势并不明显,表明对于公共交通居民出行效率与网络效率在时间可达性分布方面确实存在差异性,如图6-15所示。

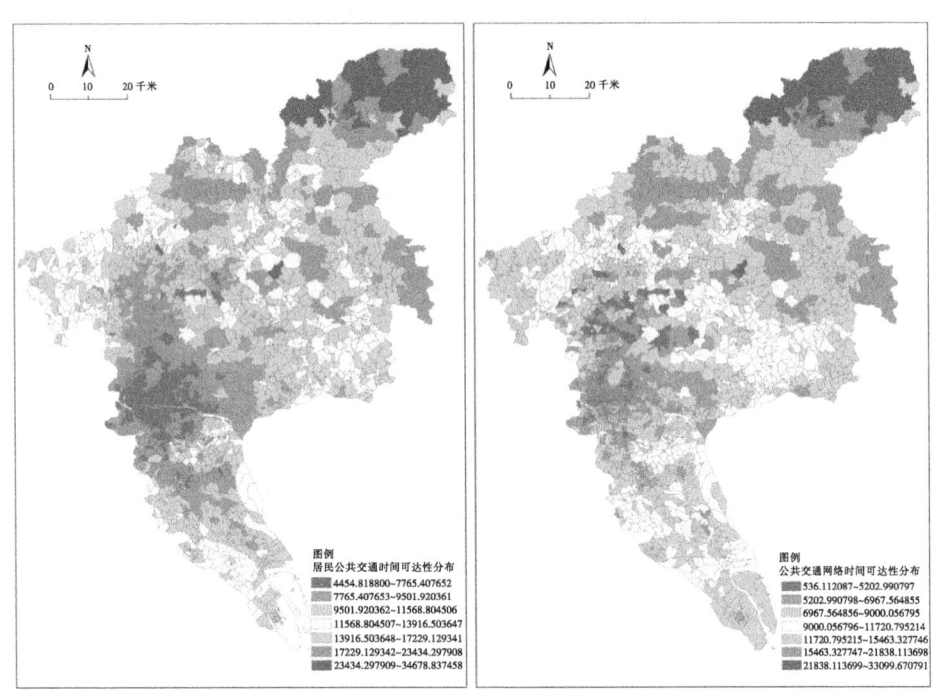

图6-15 居民公共交通出行与网络时间可达性的异同

6.3.2.2 不同社区的起讫点到公共交通网络的时间可达性差异较大

起讫点到公共交通网络之间的时间可达性可以利用获取的居民公共交通出行时间可达性与公共交通网络时间可达性的差值进行表征，也可以将其视为公共交通设施时间可达性，即到达最近的公共交通设施的时间可达性。

通过对起讫点到公共交通网络之间的公共交通设施时间可达性进行可视化分析，可以发现，广州不同社区的起讫点到公共交通网络的时间可达性差异较大，即居民的出发地和目的地需要耗费不同的出行时耗才能到达公共交通网络系统中，且在城市不同区位的社区，其与公共交通网络的衔接情况也存在较大差异。核心区的越秀区、天河区、海珠区、荔湾区的差值较小，其到达公共交通网络系统的出行时耗较小。而在过渡区中，番禺区的起讫点与公共交通网络衔接程度较好，而白云区和黄埔区的起讫点与公共交通网络衔接程度较差。同时，边缘区的南沙区、花都区、从化区、增城区其与公共交通网络的衔接还有待提高，居民出行效率较低，如图6-16所示。

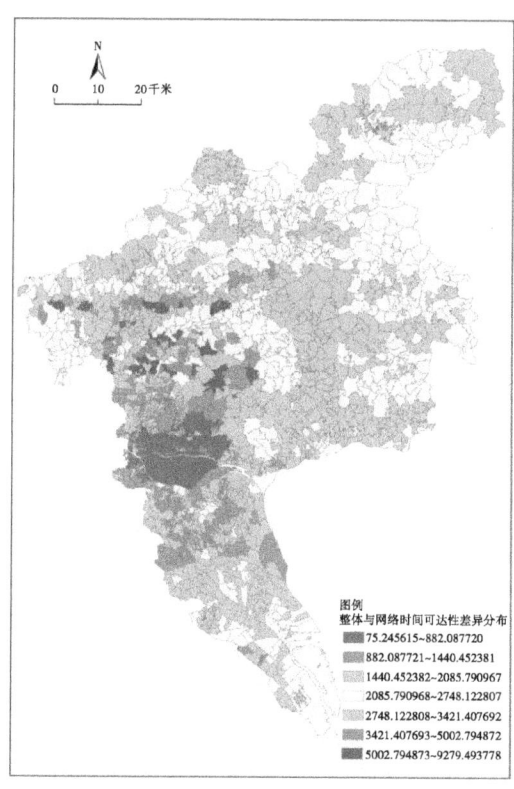

图6-16 起讫点到公共交通网络之间的时间可达性

6.4 本章小结

本章旨在论证基于公共交通网络结构的居民出行效率差异性。分析不同网络层级结构下公共交通居民出行效率的差异性。在分析公共交通出行链的基础上，获取居民公共交通出行的阶段类型，挖掘居民公共交通出行模式，探讨在公共交通系统的出行移动中，不同公共交通出行模式的影响下，居民出行效率的差异性。将居民公共交通出行划分为公共交通出行阶段与非使用公共交通出行阶段，了解居民公共交通居民出行效率与网络效率的差异性。

通过分析可以发现：

第一，基于不同公共交通线网层级的居民出行效率空间分布存在差异性。不同网络层级结构的居民出行效率呈现圈层由内向外递减布局，在不同圈层存在衰减程度上的差异性，不同网络层级结构对不同圈层的居民出行效率影响程度存在差异，不同网络结构之间的居民出行效率的衰减方向也存在差异。

第二，对不同公共交通出行模式在以下两种情况中的公共交通居民出行效率进行分析，分别是固定出行时耗的出行距离变化情况、固定出行距离的出行时耗变化情况。可以发现，对于广州市居民公共交通出行而言，无换乘模式中轨道交通出行效率最高，常规公交出行效率最低，含有轨道交通的换乘出行模式出行效率普遍较高，随着换乘次数的增加，出行模式的出行效率逐渐降低。

第三，从公共交通居民出行效率与网络效率的空间差异性来看，居民公共交通出行与公共交通网络的空间可达性空间分布存在一致性，但居民公共交通出行与公共交通网络的时间可达性空间分布存在差异性，不同社区的起讫点到公共交通网络的空间与时间可达性差异较大。

第7章 基于公共交通网络结构的居民出行效率影响因素

通过对公共交通网络结构特征、居民公共交通出行效率空间特征及居民公共交通出行效率差异性进行分析,可以发现公共交通居民出行效率受到多重影响因素共同影响,为了挖掘基于公共交通网络结构的居民公共交通出行效率影响因素,本章主要分析以公共交通网络结构作为中介,从城市结构、人口集聚、经济发展等方面剖析公共交通居民出行效率的影响因素。基于结构方程模型,分析以城市结构、人口集聚、经济发展、公共交通网络结构等因素作为潜在变量对居民出行效率的影响,如图7-1所示。

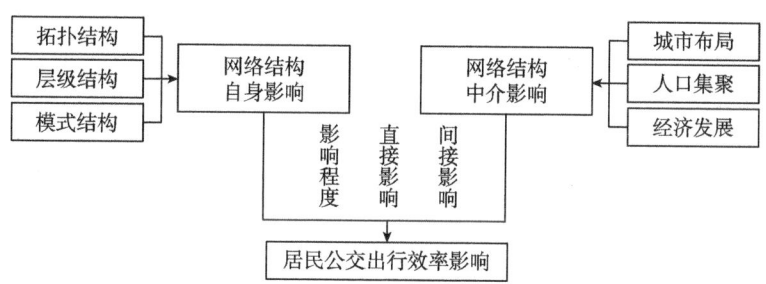

图7-1 居民出行效率影响研究框架

7.1 公共交通居民出行效率因素分析

7.1.1 影响因素分析

公共交通居民出行效率受到居民出行过程中的出行目的、出行距离、出行时耗、公共交通方式、公共交通网络等方面行为特征的多重影响。为此，居民个体属性、出行习惯、社会经济、城市形态及公共交通网络结构成为居民公交出行效率的主要影响因子，其相互作用的关系如图 7-2 所示。

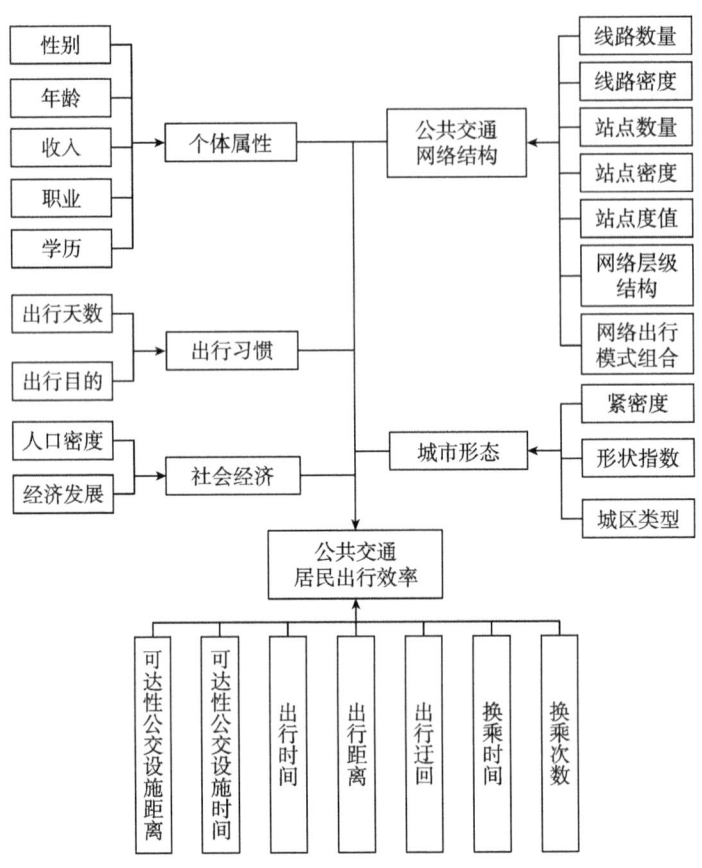

图 7-2 居民公共交通出行效率影响关系及因子构成示意

7.1.1.1 居民个体属性

城市居民是公共交通的重要使用者，居民在出行过程中使用各种公共交通方式出行，既有可能是单一公共交通方式，也有可能是多种交通方式所组合的出行模式，为此居民个体属性中的年龄、性别、收入等因素决定了居民公共交通出行行为的各种选择，成为公共交通出行效率的根本影响因子。

7.1.1.2 出行习惯

在居民进行公共交通出行的过程中，居民的感知、偏好以及决策行为会形成出行习惯，在出行习惯的影响下，居民公共交通出行天数、出行目的会形成具有个体特征的选择偏好模式，从而影响公共交通出行效率，为此出行习惯是公共交通出行效率的重要影响因子。

7.1.1.3 公共交通网络结构

公共交通网络作为公交出行的基本载体，公共交通网络的站点、线路是居民公共交通出行必不可少的一环，成为公共交通出行行为的必要条件。公共交通网络结构也是居民公交出行效率的根本影响因子。本书选取线路数量、线路密度、站点数量、站点密度、站点度值、网络层级结构及网络出行模式组合对公共交通网络的影响进行表征。

7.1.1.4 社会经济

城市人口集聚程度决定了使用公共交通的需求大小，受到需求的影响，城市公共交通供给不变的情况下，公共交通出行效率将大大下降，而在公共交通改善的情况下，公共交通出行效率将大大提高，为此本书选取人口密度来对社会影响因素进行表征。

城市经济发展因素是城市居民公共交通的首要因素，一方面，城市经济为城市公共交通提供经济支撑，无论是修建站点还是开通线路，均需要城市经济支撑，城市经济实力决定了城市公共交通系统的发展水平。另一方面，经济发展同时也意味着居民出行目的与方式具有多样性，城市公共交通为城市居民出行提供基本载体，城市经济发展影响了城市公共交通的布局。为此，本书选取GDP指标来进行表征经济发展水平。

7.1.1.5 城市形态

城市形态是城市公共交通网络结构发展的重要因素，随着城市空间结构的不断向外拓展，城市公共交通网络也会根据城市空间结构的布局走向进行站点及线路的增加。同时城市空间布局的内部调整，也会对城市公共交通站点及线路的层级结构产生影响。同时，城市中不同城区的出行受到所在城区在城市中的区位影响，也会对居民出行效率产生影响，为此，本书选取城市形状指数（SI）、紧密度（CI）及城区类型来反映城市形态。

7.1.2 调查数据

本书通过对广州11个区90个抽样社区的居民进行问卷调查，主要针对个体

表 7-1 问卷居民属性及出行习惯观测变量情况

观测变量	样本量（%）	变量说明 类型	观测变量	样本量（%）	变量说明 类型	观测变量	样本量（%）	变量说明 类型
性别	1435 (100%)	类型	学历	1435 (100%)	类型	公共交通出行目的	1435 (100%)	类型
男	732 (51.01%)	1	初中及以下	250 (17.42%)	1	上班	424 (29.55%)	1
女	703 (48.99%)	2	高中	235 (16.38%)	2	上学	233 (16.24%)	2
年龄	1435 (100%)	等级	大专	255 (17.77%)	3	接送孩子	142 (9.9%)	3
18岁以下	94 (6.55%)	1	本科及以上	695 (48.43%)	4	购物	379 (26.41%)	4
19~23岁	109 (7.6%)	2	收入	1435 (100%)	等级	娱乐	259 (18.05%)	5
24~29岁	445 (31.01%)	3	2000元以下	407 (28.36%)	1	周公共交通出行天数	1435 (100%)	连续
30~39岁	468 (32.61%)	4	2001~5000元	236 (16.45%)	2	1天	209 (14.565%)	1
40~49岁	178 (12.40%)	5	5001~8000元	230 (16.03%)	3	2天	228 (15.89%)	2
50~59岁	82 (5.71%)	6	8001~10000元	191 (13.31%)	4	3天	200 (13.94%)	3
60岁以上	59 (4.11%)	7	10001~15000元	190 (13.24%)	5	4天	305 (21.25%)	4
—	—	—	15001元以上	181 (12.61%)	6	5天	242 (16.86%)	5
—	—	—	—	—	—	6天	206 (14.36%)	6
—	—	—	—	—	—	7天	45 (3.14%)	7

属性、出行习惯、网络结构、出行效率等方面开展调查。

在问卷调查样本中,男、女性别所占百分比分别为51.01%和48.99%。在年龄观测变量中,18岁以下的样本占6.55%,样本量最大的为30~39岁,所占百分比为32.61%,24~29岁占比位居第二,达到31.01%。在学历观测变量中,本科及以上的样本量最大,所占百分比为48.43%,其他学历层次的样本量较为均衡。在收入观测变量中,收入在2000元以下的样本量较多,约占总数的28.36%,这是由于调查对象涵盖了18岁以下及19~23岁的群体,该年龄层次多为在校学生,所以导致收入在2000元以下的样本量占比数量较大,同时,本次调研不仅在广州市中心城区开展,还包括边缘区的从化区、增城区、花都区及南沙区等,调查对象也涵盖了部分低收入群体。在公共交通出行目的观测变量中,以上班为出行目的的出行样本量较大,达29.5%,购物和娱乐出行次之,分别为26.4%和18.05%。在一周公共交通出行天数观测变量来看,一周4天使用公共交通出行的样本量最大,所占百分比为21.25%,居民个人属性及出行习惯观测变量如表7-1所示。

7.2 公共交通居民出行效率结构方程模型

7.2.1 结构方程模型

7.2.1.1 结构方程模型简介

结构方程模型(Structural Equation Modeling,SEM),是通过获取各类结构方程变量协方差矩阵,来观测外显观测变量、外显潜在、内生观测变量、内生潜在变量之间直接或间接关系。一方面,其能够通过观测变量对潜在变量进行量化测定;另一方面,能够通过构建内生与外显潜在变量之间的假定关系,以此分析与检验内生与外显潜变量之间的相互关系。由于公共交通居民出行效率分别受到个体属性、出行习惯、社会经济、城市形态及公共交通网络结构等因素的影响,基于结构方程模型的模型原理,对居民出行效率的个体属性、出行习惯、社会经济、城市形态及公共交通网络结构等多个潜在变量进行深入分析。结构方程模型中的测量模型主要考虑了观测变量和潜在变量的关系,其中观测变量时反映潜在变量的重要构成,而结构模型则重点考虑内生潜在变量与外显潜在变量之间的相互关系(戢晓峰,2013)。两大模型如下所示:

公共交通居民出行效率测量模型：

$$y = \Lambda_y \eta + \varepsilon \quad (7-1)$$

$$x = \Lambda_x \xi + \sigma \quad (7-2)$$

其中，y 作为内生潜在变量的向量矩阵；而 x 则是外显潜在变量的向量矩阵；Λ_y 是外显观测变量与外显潜在变量的关系，Λ_x 是内生观测变量与内生潜在变量的关系，分别为内外变量的因子载荷矩阵；η 为外显潜在变量，ξ 为内生潜在变量；ε 为内生观测变量观测残差；σ 是与外显观测变量的观测残差。

公共交通居民出行效率结构模型：

$$\eta = B\eta + \Gamma\xi + \zeta \quad (7-3)$$

其中，η 为外显潜在变量，ξ 为内生潜在变量；B 为内生潜在变量 η 的协方差矩阵；Γ 为潜变量之间相互影响的协方差矩阵，ζ 为潜在变量的估计误差。

7.2.1.2 因子提取

通过对公共交通居民出行效率所涵盖的 24 项影响因子进行因子分析，主要利用 KMO 与球形检验（KMO and Bartlett's Test）进行分析。基于 SPSS 9.0 中的主成分分析法获取公共交通居民出行效率相关性矩阵。公共交通居民出行效率因子分析结果为相关性显著，说明对于居民出行效率影响因素而言，24 项影响因子的相关性矩阵是存在公因子，总共有 6 个影响因子特征根是大于 1。为此将 24 项观测变量共分为 6 大类潜变量，如表 7-2 所示。

表 7-2 潜变量与观测变量说明

潜变量	观测变量	变量说明
个体属性（ξ_1）	性别（x_1）	男、女
	年龄（x_2）	划分为 5 个等级
	收入（x_3）	划分为 5 个类型
	学历（x_4）	划分为 6 个类型
出行习惯（ξ_2）	出行天数（x_5）	划分为 7 个类型
	出行目的（x_6）	划分为 5 个类型
社会经济（ξ_3）	人口密度（x_7）	划分为 5 个等级
	GDP（x_8）	划分为 5 个等级
城市形态（ξ_4）	紧密度（x_9）	划分为 5 个等级
	形状指数（x_{10}）	划分为 5 个等级

续表

潜变量	观测变量	变量说明
公共交通网络结构（ξ_5）	站点密度（x_{11}）	划分为5个等级
	站点数量（x_{12}）	划分为5个等级
	线路密度（x_{13}）	划分为5个等级
	线路数量（x_{14}）	划分为5个等级
	站点度值（x_{15}）	划分为5个等级
	网络层级结构（x_{16}）	划分为4个等级
	网络模式结构（x_{17}）	划分为6个等级
公共交通出行效率（η）	公共交通设施距离可达性（y_1）	划分为5个等级
	公共交通设施时间可达性（y_2）	划分为5个等级
	出行时间（y_3）	划分为5个等级
	出行距离（y_4）	划分为5个等级
	出行迂回（y_5）	划分为5个等级
	换乘时间（y_6）	划分为5个等级
	换乘次数（y_7）	划分为6个类型

7.2.2 公共交通居民出行效率的结构模型

首先利用 Lisrel 8.70 软件来构建公共交通居民出行效率的测量模型，对居民公共交通出行效率影响因素进行验证分析。其次可以通过内外显观测变量用来检验内外潜在变量的真实性，由于验证分析是在观测模型构建的基础上进行的，为此，居民公共交通出行效率的观测模型及因素验证分析的结果如图7-3所示。

通过公共交通居民出行效率观测模型，获取了公共交通居民出行效率因素验证分析结果，可以发现内外显各类变量之间的因子载荷均高于0.6，表明各观测变量能够有效反映出行潜在变量存在的真实性，而观测变量能够有效解释潜在变量。

随后通过 Lisrel 8.70 软件对居民公交出行效率的结构模型进行测算，获得居民公交出行效率结构方程模型的主要参数，结构方程模型的评价主要由卡方值和自由度之比值、拟合适配度值（GFI）、调整适配度值（AGFI）、评价概似平方误根系数（RMSEA）、适配指数值（CFI）5个主要特征指标值决定，从而确定模型拟合度。居民公共交通出行效率结构模型的主要特征指标值如表7-3所示。

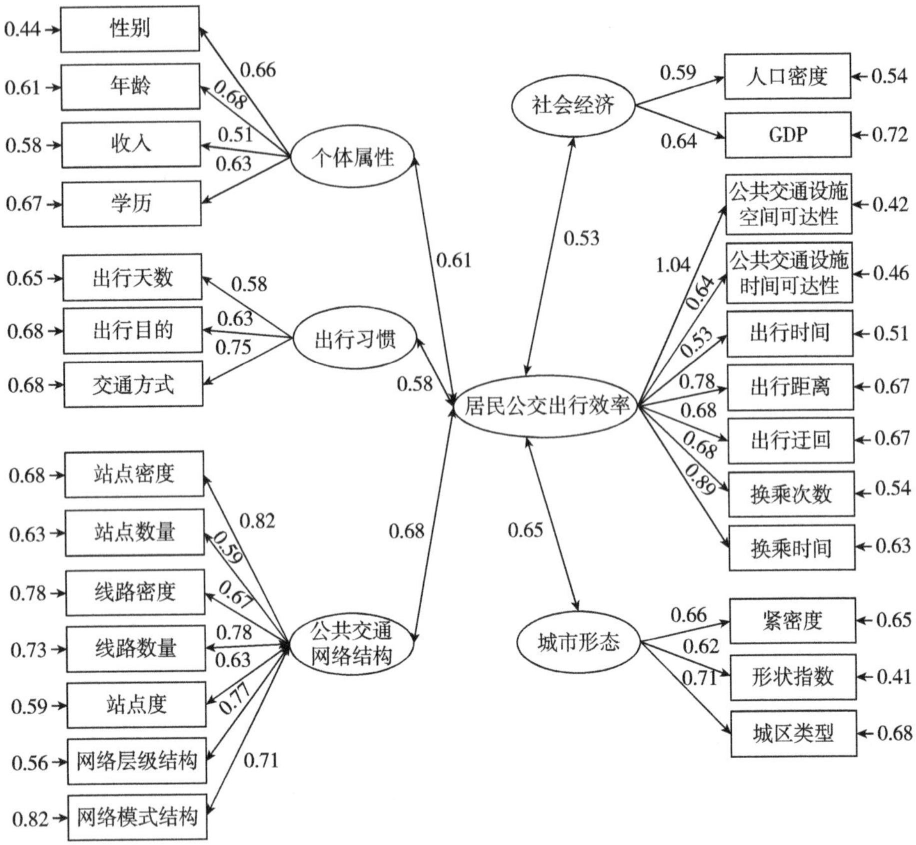

图 7-3　公共交通居民出行效率观测模型分析结果

表 7-3　模型拟合评价

指标	CFI	AGFI	GFI	RMSEA	卡方值/自由度
指标值	0.978	0.914	0.964	0.069	4.15
对比值	>0.9500	>0.900	>0.900	<0.0800	<5.00

基于指标值与对比值的比较，可以发现居民公交出行效率的结构模型评价指标都处于合理范围之内，说明居民公交出行效率的结构模型拟合度较好，能够达到结构方程模型检验的要求。

7.3 基于公共交通网络结构的居民出行效率影响

7.3.1 五大潜在因素对居民出行效率的直接影响

7.3.1.1 五大潜在因素中公共交通网络结构对居民出行效率直接影响最大

在结构方程模型的构建过程中,以个体属性、出行习惯、公共交通网络结构、社会经济及城市形态五大因素作为居民出行效率这一外显潜在变量的内生潜在变量,即利用个体属性、出行习惯、公共交通网络结构、社会经济及城市形态剖析居民出行效率。通过对结构方程模型结果中内生潜在变量与外显潜在变量之间的直接影响效应的挖掘,可以发现在个体属性、出行习惯、公共交通网络结构、社会经济及城市形态五大潜在因素中,公共交通网络结构对居民出行效率直接影响最大。个体属性、公共交通网络结构、社会经济、出行习惯、城市形态内生潜变量与居民公共交通出行效率外显潜在变量为 0.61、0.68、0.53、0.58 和 0.65,表明个体属性、公共交通网络结构、城市形态能够较好地反映居民公共交通出行效率的变化,对居民公共交通出行效率具有直接的正向影响,而社会经济、出行习惯对居民公共交通出行效率的作用效果要低于其他3个内生潜变量的影响。城市形态比社会经济比较,对公共交通居民出行效率的影响更为明显,特别是城市紧密度的提升对出行时耗产生重大影响。当人口密度上升,出行者在选择公共交通出行时将受到限制,对降低公共交通出行时耗具有重大影响。而由网络结构直接影响系数可以发现,公共交通网络结构对公共交通居民出行效率影响最大,为此,说明公共交通网络结构对公共交通居民出行效率的重要性较高,如图 7-4 所示。

7.3.1.2 换乘次数受到五大内生潜在变量的直接影响值大于其他外显观测变量

在居民公交出行效率结构方程模型结果中,五大内生潜在变量与公共交通居民出行效率外显潜在变量的关系可由图 7-4 看出,五大内生潜在变量与公共交通居民出效率外显观测变量的关系(见图 7-5),能够获取五大内生潜在变量对公共交通居民出效率外显观测变量的直接影响系数如表 7-4 所示。换乘次数受到五大内生潜在变量的直接影响值大于其他外显观测变量,而公交设施时间可达性的直接影响值最小,表明在公共交通居民出行效率中,换乘次数受到外界因素的影响最大,而公交设施时间可达性受到的影响最小。调查发现出行者在出行过程中对到公交设施空间可达性十分敏感,距离的长短决定了出行时耗。

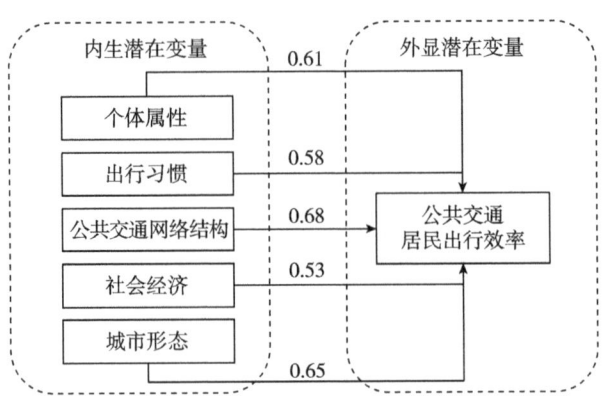

图 7-4　公共交通居民出行效率潜在变量直接关系

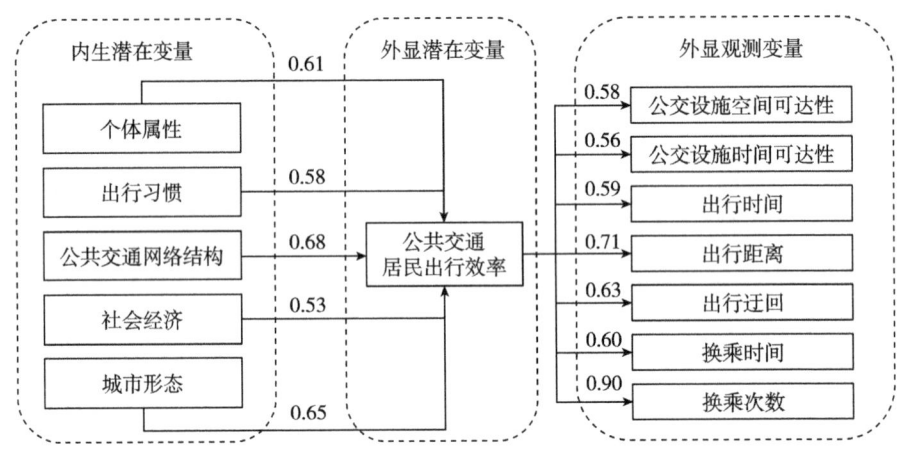

图 7-5　公共交通居民出行效率潜在变量与外显观测变量间接关系

表 7-4　外显观测变量对内生潜变量的直接影响系数

指标	出行时间	出行距离	出行迂回	换乘时间	换乘次数	公交设施空间可达性	公交设施时间可达性
个体属性	0.3599	0.4331	0.3843	0.366	0.549	0.3538	0.3416
出行习惯	0.3422	0.4118	0.3654	0.348	0.522	0.3364	0.3248

第7章 基于公共交通网络结构的居民出行效率影响因素

续表

指标	出行时间	出行距离	出行迂回	换乘时间	换乘次数	公交设施空间可达性	公交设施时间可达性
公共交通网络结构	0.4012	0.4828	0.4284	0.408	0.612	0.3944	0.3808
社会经济	0.3127	0.3763	0.3339	0.318	0.477	0.3074	0.2968
城市形态	0.3835	0.4615	0.4095	0.390	0.585	0.3770	0.3640

7.3.2 公共交通网络结构观测变量对居民出行效率的直接影响

7.3.2.1 公共交通网络拓扑结构观测变量中节点度值对居民出行效率影响较大

从公共交通网络结构对居民出行效率的直接影响路径可以发现，反映公共交通网络拓扑结构的线路数量、线路密度、站点数量、站点密度及站点度指标对居民出行效率的影响是正向影响，其中站点度值这一观测变量对居民出行效率的影响值为0.4624，是拓扑结构观测变量中对居民出行效率影响较大的观测变量，说明当站点度值越高，居民出行效率将随之增加，同时站点度值表明该站点在网络拓扑结构中的重要性，即当站点在网络拓扑结构中越重要，则居民出行效率将越高，如表7-5和图7-6所示。

表7-5 公共交通网络对外显潜变量及观测变量的直接影响系数

指标	出行时间	出行距离	出行迂回	换乘时间	换乘次数	公交设施空间可达性	公交设施时间可达性
层级结构	0.3599	0.4331	0.3843	0.3660	0.5490	0.3538	0.3416
模式结构	0.3490	0.4200	0.3727	0.3550	0.5324	0.3431	0.3313
线路数量	0.1725	0.2076	0.1842	0.1754	0.2632	0.1696	0.1637
线路密度	0.1244	0.1497	0.1328	0.1265	0.1897	0.1223	0.1180
站点数量	0.1565	0.1883	0.1671	0.1591	0.2387	0.1538	0.1485
站点密度	0.1525	0.1835	0.1628	0.1550	0.2326	0.1499	0.1447
站点度	0.2728	0.3283	0.2913	0.2774	0.4162	0.2682	0.2589

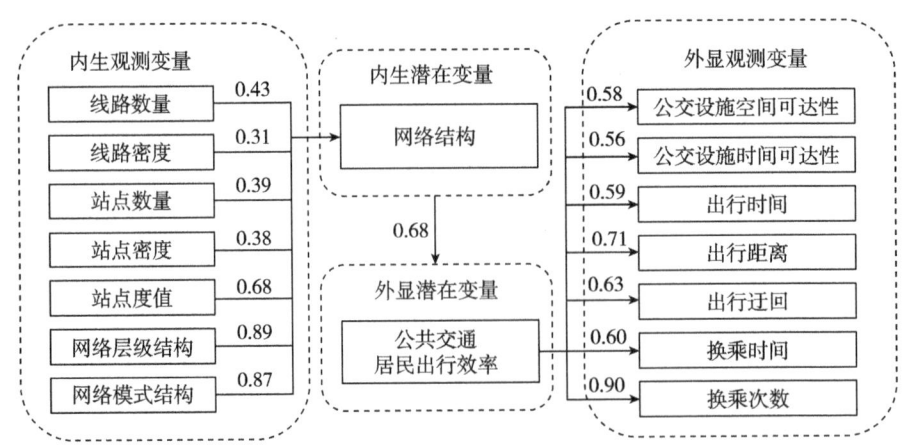

图7-6 公共交通网络对外显潜变量及观测变量间接关系

在反映线路与站点影响内生观测变量的对比中,线路数量对居民出行效率的影响较高,在线路数量、线路密度、站点数量、站点密度4个指标中,线路数量对居民出行效率的直接影响值为0.2924,但线路密度的影响值为4个观测变量中最小的,说明站点的线路数量大小对于居民出行效率影响较大,而反映区域线路数量的线路密度增大对居民出行效率影响较小。为此,对于居民公共交通出行来说,站点途经线路的数量是提高居民出行效率的关键。

7.3.2.2 公共交通网络层级结构对居民出行效率影响最大

从公共交通网络结构对居民出行效率的直接影响路径可以发现,反映公共交通网络层级结构的网络层级结构内生观测指标在六大观测变量中对居民出行效率的影响最大,网络层级结构观测变量反映了通道网络、干线网络、衔接网络及支线网络四种类型网络层级结构对居民出行效率的影响。从网络层级结构对居民出行效率的直接影响值来看,网络层级结构对居民出行效率呈现正向影响,说明当网络层级结构的等级越高,居民出行效率则越高。

7.3.2.3 公共交通网络模式组合越单一居民出行效率越高

从公共交通网络结构对居民出行效率的直接影响路径可以发现,公共交通网络模式结构的直接影响值为0.5961,仅次于网络层级结构的影响。从网络模式结构对居民出行效率的直接影响值来看,网络模式结构对居民出行效率呈现正向影响,在网络模式结构中,当模式组合越单一,其居民出行效率则越高。

7.3.3 其他因素对公共交通居民出行效率的直接影响

7.3.3.1 居民个体属性中性别差异对公共交通居民出行效率影响较大

居民个体属性对公共交通居民出行效率直接影响系数表明，性别观测变量对居民出行效率的影响值最高，由于不同性别出行者的行为差异，主要体现于出行时耗的影响，分别对至站点的时间、换乘时间能产生影响，因此，性别属性对换乘次数、公共交通设施空间可达性、换乘时间的间接影响较为显著。收入属性与年龄属性成为主要影响因素，尤其是在收入属性部分，高收入出行者在居民公交出行效率中，其与交通方式形成正比关系，表现为高收入出行者更倾向于选择舒适度高的公共交通方式进行出行活动，如轨道交通，如表 7-6 和图 7-7 所示。

表 7-6　个体属性对外显潜变量及观测变量的直接影响系数

指标	出行时间	出行距离	出行迂回	换乘时间	换乘次数	公交设施空间可达性	公交设施时间可达性
性别	0.4130	0.4970	0.4410	0.4200	0.6300	0.4060	0.3920
年龄	0.2950	0.3550	0.3150	0.3000	0.4500	0.2900	0.2800
收入	0.2537	0.3053	0.2709	0.2580	0.3870	0.2494	0.2408
学历	0.2006	0.2414	0.2142	0.2040	0.3060	0.1972	0.1904

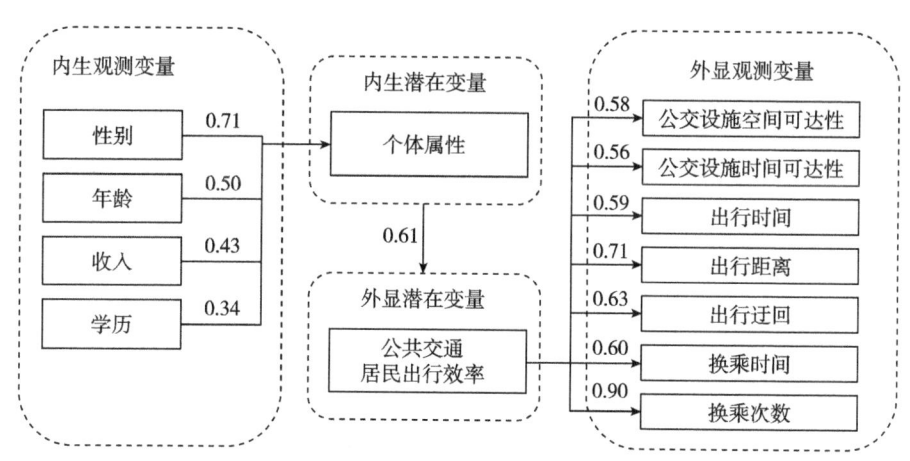

图 7-7　个体属性对外显潜变量及观测变量间接关系

7.3.3.2 出行习惯中出行目的对居民出行效率的影响较大

出行习惯内生变量对公共交通居民出行效率直接影响系数表明，出行目的变量对居民出行效率的影响值最高。出行目的与出行天数对居民出行效率均呈现正向相关影响，对于不同出行目的而言，购物与娱乐多处于非高峰时间出行，为此，这两项出行目的的居民出行效率较高，而上班上学的时间段多为高峰时间出行，居民出行效率相对较低。对于出行天数而言，周六、周日为非高峰出行时段，居民出行效率相对较高，如表7-7和图7-8所示。

表7-7 出行习惯对外显潜变量及观测变量的直接影响系数

指标	出行时间	出行距离	出行迂回	换乘时间	换乘次数	公交设施空间可达性	公交设施时间可达性
出行目的	0.4897	0.5893	0.5229	0.4980	0.7470	0.4814	0.4648
出行天数	0.1180	0.1420	0.1260	0.1200	0.1800	0.1160	0.1120

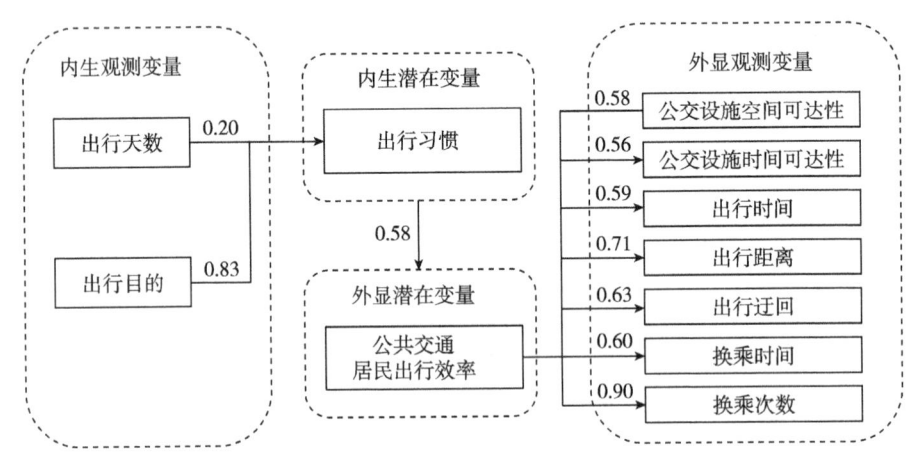

图7-8 出行习惯对外显潜变量及观测变量间接关系

7.3.3.3 社会经济中反映经济发展的观测变量对居民出行效率的影响较大

社会经济观测变量对公共交通居民出行效率直接影响系数表明，反映经济发展的GDP观测变量对居民出行效率的影响较大，而人口密度观测变量的影响较小。出行目的与出行天数对居民出行效率均呈现正向相关影响，就地区经济发展而言，经济发展越好的地方居民出行效率则越高，人口密度也是如此。在经济发展越好的地方，人口集聚程度就越高，同时网络结构的站点及线路布局较为完善，从而影响公共交通居民出行效率的高低，如表7-8和图7-9所示。

第7章 基于公共交通网络结构的居民出行效率影响因素

表7-8 社会经济对外显潜变量及观测变量的直接影响系数

指标	出行时间	出行距离	出行迂回	换乘时间	换乘次数	公交设施空间可达性	公交设施时间可达性
人口密度	0.1003	0.1207	0.1071	0.1020	0.1530	0.0986	0.0952
GDP	0.1416	0.1704	0.1512	0.1440	0.2160	0.1392	0.1344

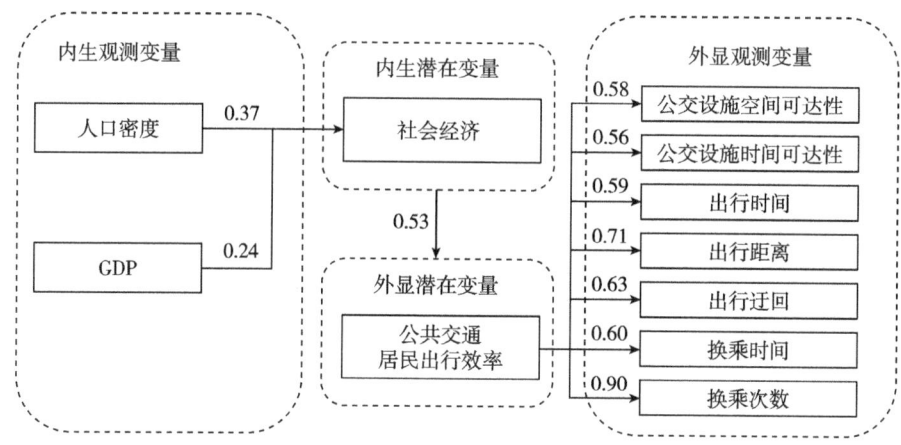

图7-9 社会经济对外显潜变量及观测变量间接关系

7.3.3.4 城市布局中紧密度观测变量对居民出行效率的影响较大

城市布局观测变量对公共交通居民出行效率直接影响系数表明，城市发展紧密度变量对居民出行效率的影响值最高，在公共交通出行中，当区域发展紧密度越高，其居民出行效率则越高。这与网络结构中的站点与线路布局密切相关，在城市区域紧密度越高的地方，站点与线路的布局数量与密度也会增加，从而促进居民出行效率的提高，如表7-9和图7-10所示。

表7-9 城市布局对外显潜变量及观测变量的直接影响系数

指标	出行时间	出行距离	出行迂回	换乘时间	换乘次数	公交设施空间可达性	公交设施时间可达性
紧密度	0.5369	0.6461	0.5733	0.5460	0.8190	0.5278	0.5096
形状指数	0.1298	0.1562	0.1386	0.1320	0.1980	0.1276	0.1232
城区类型	0.2950	0.3550	0.3150	0.3000	0.4500	0.2900	0.2800

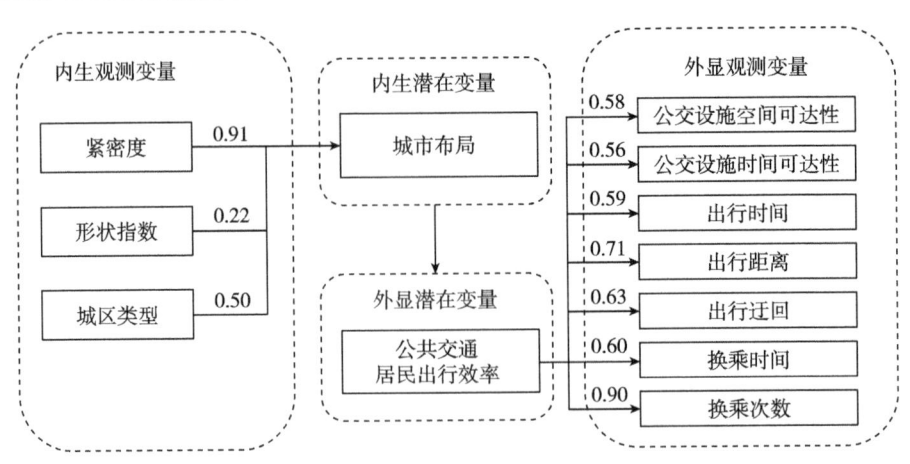

图7-10 城市布局对外显潜变量及观测变量间接关系

7.4 本章小结

本章旨在剖析居民公交出行效率空间差异性的影响。基于公共交通居民出行效率结构方程模型的构建，分析以个体属性、出行习惯、城市形态、社会经济、公共交通网络结构等因素作为潜在变量对居民公交出行效率的影响进行分析，得出以下结论：

第一，在公共交通网络结构对居民出行效率的影响来看，公共交通网络结构从拓扑结构、层级结构及模式结构三方面对居民出行效率均产生较大影响。在公共交通网络拓扑结构观测变量中节点度值对居民出行效率影响较大，站点途经线路的数量是提高居民出行效率的关键。从网络层级结构对居民出行效率的直接影响值来看，公共交通网络结构对居民出行效率呈现正向影响，说明当公共交通网络结构的等级越高，居民出行效率则越高。对于网络模式结构而言，其对居民出行效率呈现正向影响。

第二，在居民个体属性中性别差异对公共交通居民出行效率影响较大，出行习惯中出行目的对居民出行效率的影响较大，社会经济中反映经济发展的观测变量对居民出行效率的影响较大，城市形态中紧密度观测变量对居民出行效率的影响较大。由于不同性别出行者的行为差异，主要体现于出行时耗的影响，分别对至站点的时间、换乘时间能产生影响，因此，性别属性对换乘次数、公共交通设施空间可达性、换乘时间的间接影响较为显著。城市形态比社会经济对居民公共交通出行效率的影响更为明显，特别是城市紧密度的提升对出行时耗产生重大影响。

第8章 广州多模式公共交通网络效率优化对策

应充分重视多模式公共交通的规划与建设,尤其是一些用地集中、人口密度高的地区,应强化公共交通线路衔接在多模式公共交通中的地位,具体措施包括从城市整体角度出发,完善城市公共交通子系统;充分重视公共交通站点布局,尤其是一类核心站点的建设,部分城市过渡区可逐步增加核心站点的设置,为城市核心区与边缘区的衔接预留衔接空间;城市边缘区由于人口分布较为分散,可通过增设网络末端节点,提高网络节点的覆盖范围,边缘区公共交通线路尽可能联通镇街内部核心社区/村,线路应充分保证城市边缘区居民出行的联通性;建立城市多模式公共交通多层级站点系统,为进一步完善城市公共交通体系创造条件,通过上述措施,形成高效、便捷的城市公共交通系统。

8.1 合理布局多级站点,实现高效公交出行

通过对比公共交通网络站点分布与公共交通网络效率分布情况,可以发现目前广州公共交通网络站点分级未形成体系,枢纽站点主要分布与核心区,在过渡区枢纽站点设置过少,导致外围区与核心区的联系无法形成过渡。外围区的末端公交站点布局不够完善,在增城区与从化区还存在较多盲点未曾覆盖。可考虑加快构筑多级公交站点体系,在过渡区合理布设枢纽站点,实现核心区与外围区的中转,同时满足过渡区内部公共交通转换的需求。在外围区新增末端公交站点,提高公共交通站点覆盖率。

8.2 构筑完善公共交通网络形态，提高公交集散效率

完善的网络形态是提供高效公共交通网络的基础，可分别优化三种公共交通子网络入手，如从网络线路设置入手，以提高行程时间利用率为目的，充分考虑居民公共交通出行目的，将利用网络线路公共交通网络节点进行串联，实现一条公交线路上的节点能够与居民出行目的地的契合。并形成多层级公共交通线网，轨道交通由于其独立路权的特点可以做到准时、快速，服务质量往往优于低速、拥挤、易发生拥堵的常规公交。而优化常规公交线网使乘客更易换乘到轨道交通，通过轨道交通、BRT快速公交与常规公交的逐级衔接，实现公交客流的高效集聚与分散功能，能够提高城市整体的公共交通服务质量。

8.3 核心区与过渡区重点关注轨道交通与常规公交应协调互补发展

根据轨道交通与常规公交的自身特点，应围绕轨道交通通道实现常规公交协调互补发展，在摸清楚轨道交通与常规公交客流需求的基础上，明确轨道交通站点与线路布局方向，易采用另行安置、走向调整、站点调整、长线截短、保留竞争、新增加密6种类型的优化方法对常规公交的站点及线路进行优化，以实现轨道交通走廊内常规公交线路与轨道交通之间的平衡一体化发展为目标。提高核心区与过渡区内部的公共交通网络效率。

8.4 边缘区对应公共交通缺失问题，应重视提高常规公交线网覆盖

常规公交站点是公共交通的重要基础设施，也是公交运行的节点和联系乘客的重要纽带，是实现公共交通服务极为重要的部分。目前，广州边缘区的花都

区、南沙区、从化区、增城区的公共交通网络站点与线路布局存在缺失,应针对站点与线路空白的区域,进行新增常规公交站点与线路的优化措施,开设定点定时公交班次,为广州城市边缘区居民公共交通出行提供基础保障。

8.5　城区间公共交通方式积极优化组合

从城市发展规律来看,往往在核心区、过渡区及外围区逐渐形成多个中心区。广州也分别在不同类型城区分别形成了多个城区中心,为此区之间可以以轨道交通、BRT 快速公交为主要的公共交通出行方式,距离越长,选择轨道交通出行的比例越大。区内部则以常规公交线路进行连接,形成大环线与小环线等多环衔接公共交通组合模式。随着城市公共交通需求的快速增长,以区间出行可接受的最大时间(经调查,不超过 1 小时),划分为 5 千米圈层、5～10 千米圈层、10～30 千米圈层、30～50 千米圈层,从不同范围圈层的公共交通出行目的和需求差异进行分析,提出不同范围圈层适应的主体交通方式组合。5 千米圈层,即通勤生活圈:主要为区内部各社区/村与区中心之间的联系,该圈层内主要以城市常规公交供给为主。5～10 千米圈层,即通勤圈:主要为区与邻近区之间的公交出行,该圈层内主要以 BRT 快速公交或常规公交等方式进行联系。10～30 千米圈层,即公务圈:主要为区之间的公共交通出行,以轨道交通、BRT 快速公交等方式为主。30～50 千米圈层,即商务圈:主要为中区之间的公共交通出行,出行目的以商务、旅游为主,公交出行方式以城市轨道交通为优。

8.6　核心区与边缘区跨区公交出行应提高公交多样化发展力度

随着广州不同区协同发展的不断推进,城区间交通联系的日益密切,核心区与边缘区之间的跨区公共交通需求日益增大,应构建多方式快速公交巴士系统,提供点点直达、站站停靠等多样化定制公交服务。整合城区间衔接的公交线路,降低线路重复系数。

第9章 研究结论与研究展望

9.1 研究结论

本书从广州市公共交通网络结构入手,分析广州公共交通居民出行效率分布特征,论证公共交通网络结构与居民出行效率的空间关系。旨在获取不同线网层级下的居民出行效率空间差异性,挖掘居民公共交通出行模式下的居民出行效率差异,探讨居民公共交通出行效率与网络效率的差异性。最后基于结构方程模型,剖析公共交通网络影响下的居民出行效率影响因素,研究主要得出以下结论:

第一,广州公共交通网络受到交通模式的影响存在拓扑结构差异,同时因衔接的城市功能单元存在差别呈现明显层级特性。公共交通内部线路数量与外部城市空间布局因素是网络结构形成的主要影响因素。

广州市公共交通网络拓扑结构差异化显著。广州 11 个区综合公共交通网络的度分布情况来看,越秀区、海珠区、荔湾区核心综合枢纽站点较多,从化区、增城区、荔湾区网络末端节点较多。广州 11 个区轨道交通网络的度分布呈现线性递减分布,在天河区、海珠区轨道交通枢纽站较多,番禺区、白云区以及天河区的中转站点数量较大,承载了线路转换作用,而南沙区与黄埔区主要是支线网络,承担着连接末端节点的作用。广州 11 个区 BRT 快速公交网络的度分布呈现线性递减分布。BRT 核心枢纽站点主要位于天河区。白云区、番禺区、增城区为末端节点。

广州公共交通网络呈现明显层级特性。可以发现围绕着广州公共交通网络 Hub 关键节点,形成了五级节点层级结构。关键节点承载着城市各大功能单元之间的衔接,从对外交通衔接到内部的城市居住、公服、产业之间的交通衔接均依托于公共交通网络的关键节点与线路。不同层级站点所承接的城市功能存在差异。如与城市医疗服务相衔接的站点，当站点层级越高，对接的医院等级也越高，层级越低的站点所对接的医院多为社区医院，其中关键节点对接的多为省市级的三甲医院，非关键节点第一层级对接的多为市辖区中心医院，如花都区人民医院、番禺区中心医院、增城人民医院等公立医院，而非关键节点第四层级对接的多为社区医院，如朱村医院、灵山医院、狮岭医院、九佛医院等。大部分站点与以城市居住为主的混合功能单元相衔接，其中站点所对接的单元也存在人口集聚规模的差异，如第一层级站点对接的是城市中心区附近的大型社区及"城中村"，而其他层级站点所对接的则大多是城市过渡区与边缘区的社区与"城中村"。广州公共交通网络线网则呈现四个层级，分别包括通道网络、干线网络、衔接网络及支线网络。四个不同层级的线网模块空间分布格局存在明显差异，通道网络与干线网络均衔接了广州11个区的中心，衔接网络则主要承担各区中心到区内各地的连接，而支线网络则负责更小尺度范围的公共交通网络节点之间的衔接。

公共交通网络结构的影响因素主要由外部因素与内部因素构成，其中外部影响因素包括城市经济发展、空间布局、交通需求三方面因素组成，内部因素主要由站点与线路两方面因素构成。可以发现，内部多重因素是公共交通网络结构的主要影响因素，当线路数量越大，则该区域公共交通网络结构越好。而在外部因素中，城市空间布局对公共交通网络结构存在抑制作用，当城市空间布局越大，该区域公共交通网络结构越不合理。

第二，广州公共交通居民出行效率呈现圈层分布特征，受到区位与人口集聚程度的影响出行效率衰减率由城市中心区向外逐层递增，同时网络结构对公共交通居民出行效率的影响不断增大。

基于百度地图 API 平台，获取广州 2831 个社区之间的空间可达性、时间可达性及出行迂回三大指标，以此综合测算广州公共交通居民出行效率。从空间可达性指标值来看，空间可达性值越低，表明居民出行效率越高。在广州核心区中天河区的居民出行平均空间可达性值最低，而越秀区的平均空间可达性值最高。在广州过渡区中，白云区的平均空间可达性最低，甚至低于部分核心区，番禺区的最大空间可达性值最高，与边缘区相近。在广州边缘区中，增城区的平均空间可达性最低。从空间分布上看，广州社区空间可达性呈现均匀圈层空间分布，具有距离衰减特征，呈现按圈层由内向外减弱分布特征，核心区空间可达性普遍较高，过渡区与核心区衔接的社区空间可达性高，与边缘区衔接的社区空间可达性低，边缘区社区空间可达性普遍较低，与中心城区距离越远的社区空间可达性越低。

从时间可达性指标值来看，时间可达性值越高，表明居民出行效率越低。时间可达性平均值在广州核心区的越秀区、天河区、荔湾区、海珠区分布较为均衡，越秀区是广州所有区中时间可达性平均值最高的区。过渡区与边缘区随着与核心区的距离越远，其平均时间可达性越高。增城区公共交通出行无论是平均时间可达性还是最大时间可达性都是最高的。从空间分布上看，公共交通时间可达性呈现按圈层向外递增均匀分布，核心区公共交通平均时间可达性普遍较高，但也存在个别平均时间可达性较低点，外环高速以内的城区公共交通时间可达性较高，核心区与过渡区交界处公共交通时间可达性较高，过渡区公共交通时间可达性分布不均匀，存在明显分界线，过渡区与边缘区交接处公共交通居民出行效率较高。

从出行迂回指标值来看，出行迂回越低，表明居民出行效率越高。出行迂回平均值表明，广州核心区、过渡区、边缘区的平均出行距离均为直线距离2倍以上，越秀区是广州所有区中出行迂回平均值最低的区。过渡区与边缘区随着与核心区的距离越远，其出行迂回平均值越高。从空间分布上看，城市整体公共交通出行迂回呈现东西带状均匀分布，南北形成高出行迂回中心，类型区内部出行迂回呈现一致性，空间集聚且强度梯级分布特征。

广州公共交通居民出行效率呈现圈层空间分布，核心区与过渡区的公共交通居民出行效率同样高效。但在边缘区的4个区中，花都区和从化区的区中心公共交通居民出行效率较高，靠近城市边缘的社区综合出行效率较低。增城区在靠近过渡区的社区的居民出行效率较高效率圈层社区数量先增后降。居民出行效率圈层分布由核心区向边缘区过渡，公共交通居民出行效率衰减率逐层递增，增幅先降后升，在核心区与过渡区交界处，存在公共交通居民出行效率较高的地区，如白云区南部三元里附近、黄埔区广州科学城附近、番禺区大学城附近。由于这些区域人口集聚明显，同时承接了核心区与过渡区公共交通客流集散的重要功能，为此在这些核心区与过渡区交界的城区公共交通居民出行效率较高。公共交通居民出行效率随圈层变化向广州北部、东部及南部边缘区衰减，在第一圈层与第二圈层之间，居民出行效率衰减的方向分别为边缘区从化区、花都区及南沙区所在的广州北部、西北部及南部3个方向。在第二圈层与第三圈层之间，居民出行效率衰减的方向主要为边缘区增城区所在的广州东部方向。在第三圈层和第四圈层之间，居民出行效率衰减的方向在广州11个区中均有衰减，呈现均匀衰减的特征。在第四圈层和第五圈层之间，居民出行效率衰减的方向包括广州行政边界所在的花都区、白云区、荔湾区、番禺区、南沙区及增城区。在第五圈层到第七圈层之间，居民出行效率衰减的方向分别为边缘区花都区、从化区、增城区所在的广州北部、西北部及东部3个方向。各圈层中网络结构的站点度及线路数量逐层衰减，网络结构对公共交通居民出行效率的影响随圈层由内向外不断增大。第一圈层到第五圈层的站点度和线路数量递减幅度较大，但是在第五层级与第六层级之间站点度和线路数量衰减幅度较小，说明第五层级与第六层级之间的公共交通居民出行效率较为接近。而站点数量的衰减率先降低后增长。

基于地理加权回归模型探讨公交网络结构与居民出行效率的相关关系。分析居民公交出行效率与公交网络结构之间时空关系的关联程度，可以发现公共交通网络站点度值与线路数量对公共交通居民出行效率是正向影响，而站点数量的回归系数在空间上波动较大，说明其对公共交通居民出行效率的影响不稳定。

第三，不同公共交通网络层级以及出行换乘组合的居民出行效率存在差异，公共交通居民出行效率与网络效率在空间可达性表现一致，但受接入公共交通网络的便利性影响在时间可达性上存在差异性。

对于不同网络层级结构而言，居民出行效率呈现圈层由内向外递减布局，对不同圈层的居民出行效率影响程度存在差异，广州居民出行效率的第一圈层到第五圈层中，通道网络结构对居民出行效率的影响是明显的。但是在第六圈层和第七圈层中，通道网络结构所在社区的居民出行效率小于其他三种网络层级结构，表明通道网络结构对第六圈层和第七圈层的居民出行效率影响不足。在第六层级中，衔接网络结构所在社区的居民出行效率高于其他类型网络层级结构，在第七层级中，支线网络结构所在社区的居民出行效率高于其他类型网络层级结构，表明在广州边缘地区衔接网络结构和支线网络结构对居民出行效率影响较高。居民出行效率在不同圈层存在衰减程度差异，且衰减方向也存在差异。广州公共交通通道网络居民出行效率衰减情况呈现波动上升的特性，干线网络居民出行效率衰减率情况呈现先降后升的特性。在第二圈层到第三圈层之间干线网络居民出行效率衰减率变小，衰减幅度降低。在之后的圈层干线网络居民出行效率衰减率逐步增加，圈层间的出行效率衰减不断加大。

综合考虑公交出行所形成的三方面影响（出行阶段、出行交通方式组合选择

第9章 研究结论与研究展望

以及换乘需求)进行居民公共交通出行模式划分,出行模式将被划分为六种模式。通过对不同居民公共交通出行模式在两种情况下的居民公共交通出行效率进行分析,分别是固定出行时耗的出行距离变化情况、固定出行距离的出行时耗变化情况。结果表明无换乘模式中轨道交通出行效率最高,常规公交出行效率最低,含有轨道交通的换乘出行模式出行效率普遍较高,随着换乘次数的增加,出行模式的出行效率逐渐降低。

居民公共交通出行与公交网络的空间可达性空间分布存在一致性,不同社区的起讫点到公交网络的空间可达性差异较大,广州核心区的4个区的差值较小,其与公共交通网络的衔接较好,但是不仅边缘区的4个城区,也包括过渡区的3个城区,其与公共交通网络的衔接还有待提高,出行效率较低,两者的空间可达性均由核心区向边缘区逐层递减。居民公共交通出行与公交网络的时间可达性空间分布存在差异性。居民公共交通出行与公交网络的时间可达性空间分布存在差异性。广州核心区的4个区时间可达性值较低,出行效率较高,两者的空间可达性均由核心区向边缘区逐层递减。但是公交网络的时间可达性低值的社区数量明显小于居民公共交通出行,居民公共交通出行可达性好的社区分布要高于公共交通网络时间可达性,说明这些社区与公共交通网络的衔接在花费时耗上是小的,更容易到达公共交通网络系统中。

第四,公共交通网络结构对居民出行效率形成拓扑、层级与模式结构方面的影响,当网络层级越高,模式越单一,居民出行效率越高。

从对居民出行效率的影响来看,五大潜在因素中公共交通网络结构对居民出行效率直接影响最大,个体属性、公共交通网络结构、城市形态能够很好解释居民公共交通出行效率的变化,对居民公共交通出行效率具有直接的正向影响,而社会经济、出行习惯对居民公共交通出行效率的作用效果要低于其他三个内生潜变量的影响。城市形态和社会经济对居民公共交通出行效率的影响更为明显。

公共交通网络结构从拓扑结构、层级结构及模式结构三方面对居民出行效率均产生较大影响。可以发现在公共交通网络拓扑结构观测变量中节点度值对居民出行效率影响较大,站点途经线路的数量是提高居民出行效率的关键。从网络层级结构对居民出行效率的直接影响值来看,网络层级结构对居民出行效率呈现正向影响,说明当网络层级结构的等级越高,居民出行效率则越高。对于网络模式结构而言,其对居民出行效率呈现正向影响,在网络模式结构中,当模式组合越单一,其居民出行效率则越高。

9.2 主要贡献与创新

本书的主要贡献与创新来自以下三方面：

第一，引入出行迂回指标对居民出行效率进行综合测算，运用效率衰减率分析公共交通居民出行效率的衰减特征。

在已有的相关研究中针对居民出行效率的研究主要是运用出行时间或者出行距离单一要素进行表征。本书在公共交通居民出行效率的测度方面，引入出行迂回指标，重点考虑实际公共交通出行起讫点之间的非直达性。基于DEA模型从出行时间、出行距离及出行迂回多角度对居民出行效率进行综合测算。

同时已有研究主要是对居民出行效率的质量进行研究，也较少考虑居民出行效率的空间及衰减特征，本书采用效率衰减率指标，分别从公共交通居民出行效率衰减程度、衰减方向、与公共交通网络结构衰减的匹配程度对公共交通居民出行效率分布特征进行研究。可以发现居民出行效率衰减程度由城市核心区向边缘区逐层递增，并随圈层变化向广州北部、东部及南部边缘区衰减，网络结构对公共交通居民出行效率的影响随圈层由内向外不断增大，对不同网络层级结构对不同圈层的居民出行效率影响程度存在差异。

第二，辨识不同居民公共交通出行模式的公共交通网络在出行距离与出行时耗变化方面的差异性，了解公共交通居民出行效率与网络效率的差异性。

在现有研究中通常将公共交通网络效率视为居民出行效率，实际上居民出行效率与网络效率是存在差异的。本书将公共交通居民出行效率拆分为公共交通网络效率与非网络效率部分，针对公共交通网络效率部分的研究，主要是对于不同模式居民公共交通出行中，公共交通网络在出行距离与出行时耗变化方面的差异性进行分析，从居民六大类不同出行模式入手，探讨了公共交通网络出行效率在固定时耗与固定距离约束下，不同类型网络出行模式的出行效率差异性。可以发现，在单一方式无换乘出行模式中，单一轨道交通方式无换乘以40分钟出行时耗为界，出行距离形成分化，在单一方式一次换乘出行模式中，单一轨道交通一次换乘以60分钟出行时耗为界，出行距离形成分化，而在单一方式多次换乘出行模式中，居民轨道交通多次换乘出行主要在40分钟出行时耗内完成出行，表明轨道交通在出行过程将随着换乘次数的增加，居民出行时耗将先增加后降低。

针对居民出行效率与网络效率差异的非网络效率部分研究，主要是证实公共交通居民出行效率与网络效率的空间差异性。虽然全行程居民出行效率与公共交通网络效率的空间布局在空间可达性上存在一致性，但是在时间可达性上却存在差异，且不同类型社区的衔接效率也存在差异。

第三，明确公共交通网络在拓扑结构、层级结构及模式结构三方面对居民出行效率的影响。

目前已证实公共网络的大小、规模等对公共交通出行效率具有影响，但是其网络结构特性对居民出行效率具有何种影响还有待研究。本书通过公共交通网络结构对居民出行效率的影响分析，明确公共交通网络结构是五大潜在因素中对居民出行效率影响最大的因素，并且从拓扑结构、层级结构及模式结构三方面对居民出行效率均产生较大影响。

9.3 研究展望

居民公共交通出行是基于公共交通网络复杂大系统得以开展，对于广州这样的特大型城市而言，要了解每一个居民的出行效率空间格局具有一定难度，为此本书仅以集计分析作为切入点，分析了城市社区尺度的公共交通网络结构对居民出行效率的影响。下一步的研究将着重考虑对比不同出行方式类型网络结构对居民出行效率的影响，探讨在出行方式选择差异下居民出行效率的异同。

参考文献

[1] Alonso A., Monzón A., Cascajo R. Measuring Negative Synergies of Urban Sprawl and Economic Crisis over Public Transport Efficiency: The Case of Spain [J]. International Regional Science Review, 2017, 40 (1): 1-38.

[2] Angelakis V., Gundlegård D., Rydergren C., et al. Mobility Modeling for Transport Efficiency: Analysis of Travel Characteristics Based on Mobile Phone Data [J]. Media & Information Technology, 2013, 39 (5): 1-11.

[3] Ayadi A., Hammami S. Efficiency of Public Transport System in Tunisia: DEA - SFA Approach [J]. International Journal of Economics and Business Research, 2015, 9 (3): 316.

[4] Barabási A. L., Ravasz E., Vicsek T. Deterministic Scale - free Networks [J]. Physica A, 2001, 299 (3-4): 559-564.

[5] Barnum D. T. Bibliography of Urban Transit DEA Publications [J]. Ssrn Electronic Journal, 2009, 29 (1): 1-13.

[6] Bradley M., Kenworthy J. Congestion Offsets: Transforming Cities by Letting Buses Compete [J]. World Transport Policy & Practice, 2012, 18 (4): 46-47.

[7] Brownstone D., Golob T. F. The Impact of Residential Density on Vehicle Usage and Energy Consumption [J]. Journal of Urban Economics, 2009; 65 (1): 91-98.

[8] Cao X., Liang, F., Chen H., Liu Y. Circuity Characteristics of Urban Travel Based on GPS Data: A Case Study of Guangzhou [J]. Sustainability, 2017, 9 (11): 2156.

[9] Carrionmadera C., Levinson D., Harder K., et al. Value of Travel - Time Reliability: Commuters' Route - Choice Behavior in the Twin Cities [J]. Journal of Tianjin Normal University, 2011, 27 (2): S84.

[10] Cervero R. The Built Environment and Travel: Evidence from the United States [J]. European Journal of Transport and Infrastructure Research, 2003, 3 (2): 119 – 137.

[11] Chatman D. G. Residential Choice, The Built Environment, and Nonwork Travel: Evidence Using New Data and Methods [J]. Environment and Planning A, 2009, 41 (5): 1072 – 1089.

[12] Chen X., Yu L., Zhang Y., et al. Analyzing Urban Bus Service Reliability at the Stop, Route, and Network Levels [J]. Transportation Research Part A Policy & Practice, 2009, 43 (8): 722 – 734.

[13] Chen X., Hellinga B., Chang C. Optimization of Headways for Bus Rapid Transit System with Stop – skipping Control [C]. Transportation Research Board 91st Annual Meeting, Washington, D. C., 2012.

[14] Chen Y. Z., Li N., He D. R. A Study on Some Urban Bus Transport Networks [J]. Physica A, 2007 (376): 747 – 754.

[15] Chowell G., Hyman J. M., Eubank S., et al. Scaling Laws for the Movement of People between Locations in A Large City [J]. Physical Review E, 2003, 68 (6): 66 – 102.

[16] Cirianni F., Ianno D. Good Practices in Public Transport Planning: Competing Modal Choices and Enforced Transport Policies [C]. Proceedings of European Transportation, 2004, 35 (1): 1 – 10.

[17] Cohen S., Yannis G. Excess Commuting and Commuting Economy: Peak and Off – Peak Variation in Travel Efficiency Measures [M]. New Youk: John Wiley & Sons, Inc., 2016.

[18] Costa A., Markellos R. N. Evaluating Public Transport Efficiency with Neural Network Models [J]. Transportation Research Part C Emerging Technologies, 1997, 5 (5): 301 – 312.

[19] Currie G. Quantifying Spatial Gaps in Public Transport Supply Based on Social Needs [J]. Journal of Transport Geography, 2010, 18 (1): 31 – 41.

[20] De – Los – Santos A., Laporte G., Mesa J. A., et al. Evaluating Passenger Robustness in a Rail Transit Network [J]. Transportation Research Part C: Emerging Technologies, 2012, 20 (1): 34 – 46.

[21] Derrible S., Kennedy C. Applications of Graph Theory and Network Science to Transit Network Design [J]. Transport Reviews, 2011, 31 (4): 495–519.

[22] Duncan M. How much can trip chaining reduce VMT? A Simplified Method [J]. Transportation, 2016, 43 (4): 643–659.

[23] Durán-Hormazábal E., Tirachini A. Estimation of Travel Time Variability for Cars, Buses, Metro and Door-to-Door Public Transport Trips in Santiago, Chile [J]. Research in Transportation Economics, 2016 (59): 26–39.

[24] Eck J. R. V., Burghouwt G., Dijst M. Lifestyles, Spatial Configurations and Quality of Life in Daily Travel: An Explorative Simulation Study [J]. Journal of Transport Geography, 2005, 13 (2): 123–134.

[25] Ermagun A., Levinson D. Accessibility and Transit Performance [R]. Working Papers, 2015.

[26] Ewing R., Cervero R. Travel and the Built Environment: A Synthesis [J]. Transportation Research Record: Journal of the Transportation Research Board, 2001 (178): 87–114.

[27] Fazioli R., Filippini M., Prioni P. Cost-structure and Efficiency fo Local Public Transport: The Case of Emilia Romagna Bus Companies [J]. International Journal of Transport Economics, 1993, 20 (3): 305–324.

[28] Fielding G. J., Babitsky T. T., Brenner M. E. Performance Evaluation for Bus Transit [J]. Transportation Research Part A General, 1985, 19 (1): 73–82.

[29] Frankena M. W. The Efficiency of Public Transport Objectives and Subsidy Formulas [J]. Joural of Transport Economics & Policy, 1983, 17 (1): 67–76.

[30] Frankhauser P. Aspects Fractals Des Structures Urbaines [J]. L'Es Pace Gé Ographique, 1990, 19 (1): 45–69.

[31] Galbi D. A. Transforming the Structure of Network Interconnection and Transport [J]. Computer Science, 2003 (2): 105–123.

[32] Garrison W. L., Marble D F. Factor-analytic Study of the Connectivity of A Transportation Network [J]. Papers of the Regional Science Association, 1964, 12 (1): 231–238.

[33] Garrison W. L., Marble D F. The Structure of Transportation Networks [J]. Structure of Transportation Networks, 1962 (2): 62–74.

[34] Giacomin D. J., Levinson D. M. Road Network Circuity in Metropolitan Areas [J]. Environment & Planning B Planning & Design, 2015, 42 (6): 1040 - 1053.

[35] Green R. D., James D. M. Rail Transit Station Area Development: Small Area Modeling in Washington [M]. New Youk: ME Sharpe, 1993.

[36] Grotenhuis J. W., Wiegmans B. W., Rietveld P. The Desired Quality of Integrated Multimodal Travel Information in Public Transport: Customer Needs for Time and Effort Savings [J]. Transport Policy, 2007, 14 (1): 27 - 38.

[37] Gudmundsson S. Efficiency and Performance Measurement in the Air Transportation Industry [J]. Transportation Research Part E: Logistics and Transportation Review, 2004, 40 (6): 439 - 442.

[38] Guimerà R., Díaz - Guilera A., Vega - Redondo F., et al. Optimal Network Topologies for Local Search with Congestion [J]. Physical Review Letters, 2002, 89 (24): 248 - 701.

[39] Gutiérrez J., Monzón A., J M. P. Accessibility, Network Efficiency, and Transport Infrastructure Planning [J]. Environment & Planning A, 1998, 30 (8): 1337 - 1350.

[40] Handy S. L., Boarnet M. G., Ewing R., et al. How the Built Environment Affects Physical Activity: Views from Urban Planning [J]. American journal of preventive medicine, 2002, 23 (2): 64 - 73.

[41] Hilmola O. P. Efficiency of Public Passenger Transport by Rail in Larger Cities: European Biased Perspective [J]. International Journal of Services & Standards, 2010, 6 (3): 256 - 270.

[42] Holme P., Kim B. J., Yoon C. N., et al. Attack Vulnerability of Complex Networks [J]. Physical Review E Statistical Nonlinear & Soft Matter Physics, 2002, 65 (2): 56 - 109.

[43] Horner M. W. Excess Commuting and the Modifiable Areal Unit Problem [J]. Urban Studies, 2002, 39 (1): 131 - 139.

[44] Hu K., Liu C., Hu T., et al. Enhancing Traffic Capacity for Scale - free Networks by the One - way Links [J]. Journal of Physics A: Mathematical and Theoretical, 2010, 43 (17): 175 - 185.

[45] Huang A., Levinson D. Accessibility, Network Structure, and Consumersa

Destination Choice: A GIS Analysis of GPS Travel Data [C]. Working Papers, 2011.

[46] Huang J., Levinson D. M. Circuity in Urban Transit Networks [J]. Journal of Transport Geography, 2015 (48): 145 – 153.

[47] Huang W., Chow T. W. S. Effective Strategy of Adding Nodes and Links for Maximizing the Traffic Capacity of Scale – free Network [J]. Chaos: An Interdisciplinary Journal of Nonlinear Science, 2010, 20 (3): 33 – 123.

[48] Isabello A., Pensa S., Arnone M., et al. Reviewing Efficiency and Effectiveness of Interurban Public Transport Services: A Practical Experience [J]. Transportation Research Procedia, 2014, 1 (1): 243 – 252.

[49] Jarboui S., Forget P., Boujelbene Y. Efficiency Evaluation in Public Road Transport: Astochastic Frontier Analysis [J]. Transport, 2013, 30 (1): 1 – 14.

[50] Jarboui S., Forget P., Boujelbene Y. Public Road Transport Efficiency: A Literature Review Via the Classification Scheme [J]. Public Transport, 2012, 4 (2): 101 – 128.

[51] Jenelius E., Mattsson L. G., Levinson D. Traveler Delay Costs and Value of Time with Trip Chains, Flexible Activity Scheduling and Information [J]. Transportation Research Part B Methodological, 2011, 45 (5): 789 – 807.

[52] Jenelius E. Network Structure and Travel Patterns: Explaining the Geographical Disparities of Road Network Vulnerability [J]. Journal of Transport Geography, 2009, 17 (3): 234 – 244.

[53] Jiang B., Claramunt C. A Structural Approach to the Model Generalization of an Urban Street Network [J]. Geoinformatica, 2004, 8 (2): 157 – 171.

[54] Jiang B., Claramunt C. Topological Analysis of Urban Street Networks [J]. Environment & Planning B Abstract, 2004, 31 (1): 151 – 162.

[55] Jiang B., Duan Y., Feng L., et al. Topological Structure of Urban Street Networks from the Perspective of Degree Correlations [J]. Environment and Planning B - Planning & Design, 2013, 41 (5): 813 – 828.

[56] Jiang B., Omer I. Spatial Topology and its Structural Analysis based on the Concept of Simplicial Complex [J]. Transactions in Gis, 2007, 11 (6): 943 – 960.

[57] Jiang B., Yin J., Zhao S. Characterizing the Human Mobility Pattern in A Large Street Network [J]. Physical Review E Statistical Nonlinear & Soft Matter Phys-

ics, 2009, 80 (2): 121 – 136.

[58] Jiang B. A Topological Pattern of Urban Street Networks: Universality and Peculiarity [J]. Physica A Statistical Mechanics & Its Applications, 2007, 384 (2): 647 – 655.

[59] Jiang Z. Y., Liang M. G., An W. J. Effects of Efficient Edge Rewiring Strategies on Network Transport Efficiency [J]. Physica A: Statistical Mechanics and its Applications, 2014 (394): 379 – 385.

[60] Jraiw K. Urban Road Transport in Asia's Developing Countries: Safety and Efficiency Strategy [J]. Transportation Research Record: Journal of the Transportation Research Board, 2003 (1846): 19 – 25.

[61] Kansky K. J. Structure of Transportation Networks: Relationships Between Network Geometry and Regional Characteristics [J]. Econometrica, 1963 (2): 150 – 167.

[62] Karlaftis M. G., Tsamboulas D. Efficiency Measurement in Public Transport: Are Findings Specification Sensitive? [J]. Transportation Research Part A, 2012, 46 (2): 392 – 402.

[63] Karlaftis M. G. A DEA Approach for Evaluating the Efficiency and Effectiveness of Urban Transit Systems [J]. European Journal of Operational Research, 2004, 152 (2): 354 – 364.

[64] Kawabata M., Takahashi A. Spatial Dimensions of Job Accessibility by Commuting Time and Mode in the Tokyo Metropolitan Area [J]. Theory & Applications of Gis, 2009, 13 (2): 31 – 40.

[65] Kenworthy J. R., Laube F. B. Patterns of Automobile Dependence in Cities: An International Overview of Key Physical and Economic Dimensions with Some Implications for Urban Policy [J]. Transportation Research Part A: Policy and Practice, 1999, 33 (7): 691 – 723.

[66] Kim C. Commuting Time Stability: A Test of A Co – location Hypothesis [J]. Transportation Research Part A, 2008, 42 (3): 524 – 544.

[67] Kim K. S., Benguigui L., Marinove M. The Fractal Structure of Seoul's Public Transportation System [J]. Cities, 2003, 20 (1): 31 – 39.

[68] Kim K. S., Hwang K. An Application of Road Pricing Schemes to Urban

Expressways in Seoul [J]. Cities, 2005, 22 (1): 43-53.

[69] Kurant M., Thiran P. Trainspotting: Extraction and Analysis of Traffic and Topologies of Transportation Networks [C]. preprint ar Xiv: physics/0510151, 2006.

[70] Kurant M., Thiran P. Layered Complex Networks [J]. Physical Review Letters, 2006, 96 (13): 138-171.

[71] Lee K., Jung W. S., Park J. S., et al. Statistical Analysis of the Metropolitan Seoul Subway System: Network Structure and Passenger Flows [J]. Physuca A: Statistical Mechanics and Its Applications, 2008, 387 (24): 6231-6234.

[72] Levinson D. M., Huang A. A Positive Theory of Network Connectivity [C]. Working Papers, 2012.

[73] Levinson D. Network Structure and City Size [J]. Plos One, 2012, 7 (1): 143-153.

[74] Levinson D. Perspectives on Efficiency in Transportation [J]. International Journal of Transport Management, 2003, 1 (3): 145-155.

[75] Levinson D. The Evolution of Transport Networks [C]. Working Papers, 2004.

[76] Liu Z., Hu M. B., Jiang R., et al. Method to Enhance Traffic Capacity for Scale-free Networks [J]. Physical Review E, 2007, 76 (3): 87-101.

[77] Liu Z., Li X. Review of trip-chain-based travel activity study of residents [C] //Logistics Systems and Intelligent Management, 2010 International Conference on IEEE, 2010.

[78] Ma K., Wang Z., Jiang J., et al. Power Law and Small World Properies in A Comparison of Traffic City Networks [J]. Chinese Science Bulletin, 2011, 56 (34): 3731-3735.

[79] Marshall S. Line Structure Representation for Road Network Analysis [J]. Journal of Transport & Land Use, 2016, 9 (1): 29-64.

[80] Masuya Y., Tamura T., Saito K., et al. Urban Structure and Trip Length of Journey-to-work Travel Based on the Travel Performance Efficiency Index [C] // International Conference on Traffic and Transportation Studies (ICTTS), 4th, 2004, Dalian, China, 2004.

[81] Mazloumi E., Currie G., Rose G. Using GPS Data to Gain Insight into

Public Transport Travel Time Variability [J]. Journal of Transportation Engineering, 2010, 136 (7): 623 – 631.

[82] Mcguckin N., Nakamoto Y. Trips, Chains and Tours – Using an Operational Definition [C] // National Household Travel Survey Conference, 2004.

[83] Meyer J. R., Gómez – Ibáñez J. A. Autos, Transit, and Cities [J]. Journal of Health Politics Policy & Law, 1981, 20 (3): 32 – 38.

[84] Montis A. D., Barthélemy M., Chessa A., et al. The Structure of Interurban Traffic: A Weighted Network Analysis [J]. Environment and Planning B: Planning and Design, 2007, 34 (5): 905 – 924.

[85] Monzón A., Ortega E., López E. Efficiency and Spatial Equity Impacts of High – speed Rail Extensions in Urban Areas [J]. Cities, 2013, 30 (30): 18 – 30.

[86] Motter A. E. Cascade Control and Defense in Complex Networks [J]. Physical Review Letters, 2004, 93 (9): 198 – 211.

[87] Murphy E., Killen J. E. Commuting Economy: An Alternative Approach for Assessing Regional Commuting Efficiency [J]. Urban Studies, 2014, 48 (48): 1255 – 1272.

[88] Murphy E. Excess Commuting and Modal Choice [J]. Transportation Research Part A Policy & Practice, 2009, 43 (8): 735 – 743.

[89] Newman M. E. J. The Structure and Function of Complex Networks [J]. SIAM Review, 2003, 45 (2): 167 – 256.

[90] Niedzielski M. A Spatially Disaggregated Approach to Commuting Efficiency [J]. Urban Studies, 2006, 43 (13): 2485 – 2502.

[91] Nishikawa T., Motter A. E. Network Synchronization Landscape Reveals Compensatory Structures, Quantization, and the Positive Effect of Negative Interactions [J]. Proceedings of the National Academy of Sciences, 2010, 107 (23): 10342 – 10347.

[92] Odeck J., Bråthen S. The Efficiency of Norwegian Ferries in Providing Public Transport Services [J]. International Journal of Transport Economics [J]. Rivista internazionale di economia dei trasporti, 2009, 36 (1): 121 – 139.

[93] O'Sullivan D., Morrison A., Shearer J. Using Desktop GIS for the Investigation of Accessibility by Public Transport: an Isochrone Approach [J]. International

Journal of Geographical Information Science, 2000, 14 (1): 85 - 104.

[94] Parthasarathi P., Hochmair H., Levinson D. M. Network Structure and Activity Spaces [J]. Ssrn Electronic Journal, 2015 (80): 1 - 25.

[95] Parthasarathi P., Hochmair H., Levinson D. M. The Influence of Network Structure on Travel Distance [J]. Ssrn Electronic Journal, 2009, 39 (1): 137 - 154.

[96] Parthasarathi P., Levinson D. M. Network Structure and Metropolitan Mobility [J]. Social Science Electronic Publishing, 2011, 7 (83): 153 - 168.

[97] Parthasarathi P., Levinson D., Hochmair H. Network Structure and Travel Time Perception [J]. Plos One, 2013, 8 (10): 177 - 187.

[98] Parthasarathi P., Levinson D. Network Structure and the Journey to Work: An Intra - metropolitan Analysis [J]. Journal of Coastal Research, 2012, 24 (1A): 151 - 160.

[99] Parthasarathi P. Network Structure and Travel [J]. Dissertations & Theses - Gradworks, 2011, 366 (2): 931 - 977.

[100] Preston J., Rajé F. Accessibility, Mobility and Transport - related Social Exclusion [J]. Journal of Transport Geography, 2007, 15 (3): 151 - 160.

[101] Qin J., He Y., Ni L. Quantitative Efficiency Evaluation Method for Transportation Networks [J]. Research Journal of Applied Sciences Engineering & Technology, 2014, 7 (5): 944 - 949.

[102] Rodríguez D. A., Targa F. Value of Accessibility to Bogotá's Bus Rapid Transit System [J]. Transport Reviews, 2004, 24 (5): 587 - 610.

[103] Scott D. M., Kanaroglou P. S., Anderson W. P. Impacts of Commuting Efficiency on Congestion and Emissions: Case of the Hamilton CMA, Canada [J]. Transportation Research Part D Transport & Environment, 1997, 2 (4): 245 - 257.

[104] Seaborn C. W. Application of Smart Card Fare Payment Data to Bus Network Planning in London, UK [D]. Cambridge: Massachusetts Institute of Technology, 2008.

[105] Sen P., Dasgupta S., Chatterjee A., et al. Small - word Properties of the Indian Railway Network [J]. Physical Review E, 2002, 67 (36): 106 - 110.

[106] Sheth C., Triantis K., Teodorović D. Performance Evaluation of Bus Routes: A Provider and Passenger Perspective [J]. Transportation Research Part E

Logistics & Transportation Review, 2007, 43 (4): 453 – 478.

[107] Sienkiewicz J., Hołyst J. A. Statistical Analysis of 22 Public Transport Networks in Poland [J]. Physical Review E Statistical Nonlinear & Soft Matter Physics, 2005, 72 (4): 106 – 127.

[108] Sun L., Rong J., Ren F., et al. Evaluation of Passenger Transfer Efficiency of an Urban Public Transportation Terminal [C] // Intelligent Transportation Systems Conference, 2007. Itsc. IEEE, 2007: 436 – 441.

[109] Surace – Smith K. United States Activity Outside of the Law of the Sea Convention: Deep Seabed Mining and Transit Passage [J]. Columbia Law Review, 1984, 84 (4): 1032 – 1058.

[110] Teng J., Chen Y., Yang X. Coordinated Optimization of Service Frequencies for Bus Corridor with Multiple Transfer Stations [C]. Transportation Research Board 91st Annual Meeting, Washington, D. C., 2012.

[111] Tiebei L. I., Sipe N., Dodson J. Investigating Private Motorised Travel and Vehicle Fleet Efficiency: Using New Data and Methods to Reveal Socio – Spatial Patterns in Brisbane, Australia [J]. Geographical Research, 2013, 51 (3): 269 – 278.

[112] Vázquez A., Pastor – Satorras R., Vespignani A. Large – scale Topological and Dynamical Properties of Internet [J]. Physical Review E, 2002, 65 (6): 116 – 130.

[113] Vuchic V. R., Musso A. Increasing Potential of Road Pricing for Improved Efficiency of Urban Transportation [C] //World Transport Research: Selected Proceedings of the 8th World Conference on Transport Research, 1999 (Volume 2).

[114] Wardman M. Public Transport Values of Time [J]. Transport Policy, 2004, 11 (4): 363 – 377.

[115] Wibowo S. S., Olszewski P. Modeling Walking Accessibility to Public Transport Terminals: Case Study of Singapore Mass Rapid Transit [J]. Journal of the Eastern Asia Society for Transportation Studies, 2005 (6): 147 – 156.

[116] Wu J., Gao Z., Sun H., et al. Urban Transit System as A Scale – free Network [J]. Modern Physics Letters B, 2004, 18 (19): 1043 – 1049.

[117] Xie F., Levinson D. M. Evolving Transportation Networks [J]. Transportation Research Economics & Policy, 2011, 3 (1): 42 – 48.

[118] Xie F., Levinson D. Measuring the Structure of Road Networks [J]. Geographical Analysis, 2007, 39 (3): 336 –356.

[119] Xie F., Levinson D. Modeling the Growth of Transportation Networks: A Comprehensive Review [C] // Journal of Networks & Spatial Economics. University of Minnesota: Nexus Research Group, 2007.

[120] Xie F., Levinson D. Topological Evolution of Surface Transportation Networks [J]. Computers Environment & Urban Systems, 2009, 33 (3): 211 –223.

[121] Yaliniz P., Bilgic S., Vitosoglu Y., et al. Evaluation of Urban Public Transportation Efficiency in Kutahya, Turkey [J]. Procedia – Social and Behavioral Sciences, 2011 (20): 885 –895.

[122] Yerra B. M., Levinson D. M. The Emergence of Hierarchy in Transportation Networks [J]. Annals of Regional Science, 2005, 39 (3): 541 –553.

[123] Youn H., Gastner M. T., Jeong H. Price of Anarchy in Transportation Networks: Efficiency and Optimality Control [J]. Physical Review Letters, 2008, 101 (12): 128 –134.

[124] Yuan H., Lu H. Evaluation and Analysis of Urban Transportation Efficiency in China [J]. Institute of Transportation Engineering, 2001 (2): 131 –145.

[125] Zanin M. Can We Neglect the Multi – layer Structure of Functional Networks? [J]. Physica A Statistical Mechanics & Its Applications, 2015 (430): 184 –192.

[126] Zhang G. Q., Wang D., Li G. J. Enhancing the Transmission Efficiency by Edge Deletion in Scale – free Networks [J]. Physical Review E, 2007, 76 (1): 87 –101.

[127] Zhao F., Wu J., Sun H., et al. Population – driven Urban Road Evolution Dynamic Model [J]. Networks & Spatial Economics, 2016 (2): 1 –22.

[128] Zhou J., Murphy E., Long Y. Commuting Efficiency in the Beijing Metropolitan Area: An Exploration Combining Smartcard and Travel Survey Data [J]. Journal of Transport Geography, 2014, 41 (41): 175 –183.

[129] Ziari H., Keymanesh M. R., Khabiri M. M. Locating Stations of Public Transportation Vehicles for Improving Transit Accessibility [J]. Transport, 2007, 22 (2): 99 –104.

[130] 柏春广, 蔡先华. 南京市交通网络的分形特征 [J]. 地理研究, 2008, 27 (6): 1419-1426.

[131] 蔡军. 居民出行效率与合理路网间距的确定 [J]. 城市交通, 2005 (3): 58-63.

[132] 曹小曙, 林强. 基于结构方程模型的广州城市社区居民出行行为 [J]. 地理学报, 2011, 66 (2): 167-177.

[133] 曹小曙, 闫小培. 经济发达地区交通网络演化对通达性空间格局的影响 [J]. 地理研究, 2003, 22 (3): 305-312.

[134] 柴彦威, 谭一洺, 申悦, 等. 空间—行为互动理论构建的基本思路 [J]. 地理研究, 2017, 36 (10): 1959-1970.

[135] 常鸣, 马寿峰. 我国大城市公交网络结构的实证研究 [J]. 系统工程学报, 2007, 22 (4): 412-418.

[136] 陈斌锋, 吴志峰, 胡伟平. 基于分形理论与GIS的城区交通路网复杂性分析——以广州市城区为例 [J]. 热带地理, 2011, 31 (1): 46-51.

[137] 陈博文, 周素红, 姜超. 活动视角下建成环境对广州居民通勤效率的影响 [J]. 城市规划学刊, 2016 (4): 67-74.

[138] 陈体江. 城镇体系与公路网络的分形研究 [D]. 长沙: 长沙理工大学, 2010.

[139] 陈彦光, 刘继生. 河南省城市交通网络的分形特征 [J]. 信阳师范学院学报 (自然科学版), 1998, 11 (2): 172-177.

[140] 褚浩然, 郑猛, 杨晓光, 等. 出行链特征指标的提出及应用研究 [J]. 城市交通, 2006 (3): 64-67.

[141] 段德忠, 刘承良, 陈欣怡. 基于分形理论的公交网络空间结构复杂性研究——以武汉市中心城区为例 [J]. 地理与地理信息科学, 2013, 29 (2): 66-67.

[142] 段杰, 李江. 基于空间分析的城市交通网络结构特征研究 [J]. 中山大学学报 (自然科学版), 2002, 41 (6): 105-108.

[143] 段新, 岑晏青, 路敖青. 基于DEA模型的31省份公路运输效率分析 [J]. 交通运输系统工程与信息, 2011, 11 (6): 25-29.

[144] 冯永玖, 刘妙龙, 童小华. 基于加权长度的交通网络分形维数 [J]. 复杂系统与复杂性科学, 2007, 4 (4): 32-37.

[145] 顾瑾,陶绪林,周体光. 基于 DEA 模型的江苏省道路交通运输效率评价与分析[J]. 现代交通技术,2008,5(1):69-72,80.

[146] 郭建科,韩增林,许妍. 基于集聚分形的大连城市交通网络演变研究[J]. 交通运输系统工程与信息,2007,7(5):121-126.

[147] 郭志鹏. 公平与效率新论[M]. 北京:解放军出版社,2011.

[148] 韩传峰. 城市公交路网性能的综合计算评估[J]. 哈尔滨工业大学学报,2005,37(6):864-866.

[149] 韩会然,杨成凤,宋金平. 公共交通与私家车出行的通勤效率差异及影响因素——以北京都市区为例[J]. 地理研究,2017,36(2):253-266.

[150] 黄佩蓓,刘妙龙. 基于 GIS 的城市交通网络分形特征研究[J]. 同济大学学报,2002,30(11):1370-1374.

[151] 戢晓峰,魏雪梅,陈方. 基于结构方程模型的公共交通系统公平性评估——以昆明市为例[J]. 公路交通科技,2013,30(1):126-140.

[152] 季珏,高晓路,刘星辰. 城市交通效率的多目标评价方法研究——以北京市城六区为例[J]. 地理科学进展,2016,35(1):118-125.

[153] 蒋家高. 公共交通出行链研究[D]. 昆明:昆明理工大学,2013.

[154] 匡敏. 运输效率论:运输资源优化配置的理论与实践[M]. 北京:中国铁道出版社,2005.

[155] 李江,郭庆胜. 基于 GIS 的城市交通网络复杂性定量描述[J]. 华中师范大学学报(自然科学版),2002,36(4):534-537.

[156] 林涛,孙婷婷. 长江三角地区高速公路网络与城镇体系空间结构的分形研究[J]. 人文地理,2012,27(6):43-49.

[157] 刘春贵,郭忠行. 基于 DEA 低碳供应链绩效评价研究[J]. 科技管理研究,2012,32(9):103-107.

[158] 刘继生,陈彦光. 交通网络空间结构的分形维数及其测算方法探讨[J]. 地理学报,1999,54(5):471-478.

[159] 刘妙龙,黄佩蓓. 上海大都市交通网络分形的时空特征演变研究[J]. 地理科学,2004,24(2):144-149.

[160] 刘萍. 基于 DEA 法的城市群公路交通网络质量评价[J]. 公路与汽运,2011(5):28-32.

[161] 刘茭. 交通网络空间形态定量分析方法研究与应用[D]. 泰安:山

东农业大学，2013.

[162] 刘岳峰，张鑫，孙华波，刘婷. 公交出行完整路线计算方法研究 [J]. 武汉大学学报（信息科学版），2008，33（4）：375-378.

[163] 陆化普，王建伟. 基于交通效率的交通规划新理论研究——第十一届全国结构工程学术会议特邀报告 [C] //全国结构工程学术会议，2002.

[164] 栾学晨，杨必胜，张云菲. 城市道路复杂网络结构化等级分析 [J]. 武汉大学学报（信息科学版），2012，37（6）：728-732.

[165] 罗丽梅，过秀成，叶茂，等. 基于出行效率最优的路网等级配置方法研究 [C] //中国城市交通规划学会2009年论文集，2009.

[166] 南振岐，滕彦芳，武尚磊，董清. 基于交通效率的城市公共交通路网研究 [J]. 兰州大学学报（自然科学版），2006，42（5）：76-78.

[167] 秦萧，甄峰，熊丽芳，等. 大数据时代城市时空间行为研究方法 [J]. 地理科学进展，2013，32（9）：1352-1361.

[168] 秦萧，甄峰. 大数据与小数据结合：信息时代城市研究方法探讨 [J]. 地理科学，2017，37（3）：321-330.

[169] 沈惊宏，陆玉麒，兰小机，等. 区域综合交通可达性评价——以安徽省为例 [J]. 地理研究，2012，31（7）：1280-1293.

[170] 沈惊宏，陆玉麒，兰小机. 基于分形理论的公路交通网络与区域经济发展关系的研究 [J]. 地理科学，2012，32（6）：658-660.

[171] 史定华. 网络探索复杂性的新途径 [J]. 系统工程学报，2005，20（2）：115-120.

[172] 孙秋霞，孙璐，刘新民. 基于出行个体行为的交通网络效率研究 [J]. 重庆交通大学学报（自然科学版），2016，35（2）：110-113.

[173] 孙壮志. 城市交通网络形态特征分形计量研究 [J]. 交通运输系统工程与信息，2007，7（1）：30-37.

[174] 王恒，李悦铮. 大连市旅游交通空间结构分析与优化 [J]. 海洋开发与管理，2009，26（9）：95-98.

[175] 王少华，钟耳顺，张小虎，等. 北京交通网络拓扑结构及可达性格局历史变化研究 [J]. 测绘与空间地理信息，2014，37（1）：9-12.

[176] 王淑伟，孙立山，荣建. 北京市轨道站点吸引范围研究 [J]. 交通运输系统工程与信息，2013，13（3）：183-188.

[177] 王新生，刘纪远，庄大方，王黎明. 中国特大城市空间形态变化的时空特征 [J]. 地理学报, 2005, 60 (3): 392-400.

[178] 王月玥. 基于多源数据的公共交通通勤出行特征提取方法研究 [D]. 北京: 北京工业大学, 2014.

[179] 吴建军，高自友，孙会君，等. 城市交通系统复杂性——复杂网络方法及其应用 [M]. 北京: 科学出版社, 2010.

[180] 吴娇蓉，周冠宇. 上海市居民通勤方式链特征分析与效率评价 [J]. 城市交通, 2017, 15 (2): 67-76.

[181] 吴世江，史其信，陆化普. 基于交通效率的城市公共交通路网布局模型 [J]. 土木工程学报, 2005, 38 (1): 117-120.

[182] 吴威，曹有挥，梁双波. 运输效率研究述评及基于交通运输地理学视角的研究展望 [J]. 地理科学进展, 2013, 32 (2): 243-250.

[183] 鲜于建川，隽志才. 出行链与出行方式相互影响模式 [J]. 上海交通大学学报, 2012, 44 (6): 792-796.

[184] 谢成立. 城市快速路布局方法及其分形特性研究 [D]. 南京: 河海大学, 2007.

[185] 许志海，张昭云. 分形理论在交通网络分布形态研究中的应用 [J]. 测绘工程, 2006, 15 (1): 27-30.

[186] 杨东援，吴海燕，宗传苓. 采用分形几何学方法概述路网覆盖形态 [J]. 中国公路学报, 1996, 9 (3): 29-35.

[187] 杨敏，陈学武，通勤出行简单链和复杂链的选择行为研究 [J]. 武汉理工大学学报 (交通科学与工程版), 2008 (32): 191-194.

[188] 叶青. 基于复杂网络理论的轨道交通网络脆弱性分析 [J]. 中国安全科学学报, 2012, 22 (2): 122-126.

[189] 于海宁，张宏莉，余翔湛. 交通网络拓扑结构及特性研究综述 [J]. 华中科技大学学报 (自然科学版), 2012 (S1): 274-279.

[190] 俞桂杰，彭冰语，褚衍昌. 复杂网络理论及其在航空网络中的应用 [J]. 复杂系统与复杂性科学, 2006, 3 (1): 79-84.

[191] 袁若岑，王丽琼，温志伟，等. 基于图论的城市轨道交通网络连通性研究 [J]. 现代城市轨道交通, 2013 (4): 68-71.

[192] 湛东升，张文忠，余建辉，等. 问卷调查方法在中国人文地理学研究

的应用［J］.地理学报,2016,71(6):899-913.

［193］张丽.基于出行链的通勤出行行为研究［D］.成都:西南交通大学,2011.

［194］张弥.城市体系的网络结构［M］.北京:中国水利水电出版社、知识产权出版社,2007.

［195］张译,张毅,胡坚明.城市公共交通网络的拓扑性质分析［J］.交通运输系统工程与信息,2006,6(4):57-61.

［196］赵红军,尹伯成,沈国仙.上海市民出行效率调查与分析［J］.城市问题,2008(4):96-102.

［197］赵金山,狄增如,王大辉.北京市公共汽车交通网络几何性质的实证研究［J］.复杂系统与复杂性科学,2005,2(2):45-48.

［198］赵昕,关宏志,刘诗序.基于出行链的有车家庭假日出行方式组合研究［J］.武汉理工大学学报(交通科学与工程版),2011,35(6):1139-1142.

［199］赵莹,柴彦威.基于出行链的居民行为决策影响因素分析［J］.城市发展研究,2010,17(10):96-101.

［200］赵月.网络拓扑结构对交通流量分布特性的影响分析［J］.铁道运输与经济,2008,30(10):8-11.

［201］郑啸,陈建平,邵佳丽,等.基于复杂网络理论的北京公交网络拓扑性质分析［J］.物理学报,2012,61(19):1-11.

［202］周波.基于复杂网络理论的铁路货运量预测［J］.铁道货运,2008,25(3):20-22.

［203］周江评,陈晓键,黄伟,等.中国中西部大城市的职住平衡与通勤效率——以西安为例［C］//国外城市规划学术委员会及国际城市规划杂志编委会年会,2013.

［204］周江评,张纯,陈晓键.中国城市之形态、职住平衡和通行效率研究——以北京、西安和苏州为例［C］//中国城市交通规划年会,2016.

［205］周明,王化雨.济南市公共交通网络的拓扑特性研究［J］.计算机与现代化,2007,13(1):139-142.

［206］周溪召,智路平.城市轨道交通网络拓扑结构研究［J］.华东交通大学学报,2016,33(2):1-8.